应用型高等院校规划教材

大学生职业发展与就业创业指导

倪　阳　主编

北京师范大学出版集团
BEIJING NORMAL UNIVERSITY PUBLISHING GROUP
安 徽 大 学 出 版 社

图书在版编目(CIP)数据

大学生职业发展与就业创业指导/倪阳主编. —合肥:安徽大学出版社,2013.6(2020.8 重印)

应用型高等院校规划教材

ISBN 978-7-5664-0636-1

Ⅰ. ①大… Ⅱ. ①倪… Ⅲ. ①大学生—职业选择—高等学校—教材 Ⅳ. ①G647.38

中国版本图书馆 CIP 数据核字(2013)第 129109 号

大学生职业发展与就业创业指导

DAXUESHENG ZHIYE FAZHAN YU JIUYE CHUANGYE ZHIDAO

倪 阳 **主编**

出版发行: 北京师范大学出版集团
安 徽 大 学 出 版 社
(安徽省合肥市肥西路 3 号 邮编 230039)
www.bnupg.com.cn
www.ahupress.com.cn

经　　销: 全国新华书店
印　　刷: 安徽昶颉包装印务有限责任公司
开　　本: 184mm×260mm
印　　张: 17.5
字　　数: 344 千字
版　　次: 2013 年 7 月第 1 版
印　　次: 2020 年 8 月第 11 次印刷
定　　价: 46.00 元
ISBN 978-7-5664-0636-1

策划编辑: 卢　坡　王　黎
责任编辑: 卢　坡　王　黎
责任校对: 程中业
装帧设计: 李　军
美术编辑: 李　军
责任印制: 陈　如

主　　编　倪阳

副 主 编　孔令十　江文贵

编写人员　王小婷　邢存海　郜玉明
刘　顺　房　燕　孔令十
陈　薇　张玉虎　陈　芳
张发勤　孟凡会

目　录

前　言

就业是民生之本。近几年，大学毕业生的就业问题一直是全社会关注的热点，“形势严峻”几乎成为大学生就业的常态。帮助大学毕业生顺利就业，关乎科教兴国、人才强国战略的实施，关乎经济社会发展和综合国力的提升，这是政府、社会和学校义不容辞的责任，更需要大学生的自身努力。

“认识你自己”——对大学生而言，尽管未必需要洞悉这一经典命题深邃的哲学意蕴，但不可否认，它必将引发大学生对于自身发展和价值追求的思考和探寻：我想做什么？我会做什么？我能做什么？就业是社会人力资源配置的过程，对供需双方而言，理想的就业就是双方都在遵从社会规范的前提下找到最满意的对方。

为更好地促进大学生就业，国务院办公厅于2007年12月下发了《大学生职业发展与就业指导课程教学要求》，指明了课程教学建设的方向和重点，明确了课程教学的目标、内容和评估手段。带着对大学生就业与持续发展问题的热切关注，滁州学院组织有关同志编写了这本书。如何引导和帮助大学生更好地规划未来的职业生涯、在激烈的就业竞争中获得主动、走好步入社会的第一步，则是本书编写的基本出发点。

较之于同类型的教材，本书的特点有三方面：一是针对性较强。参编者都是长期在大学生就业指导一线工作的同志，工作经验比较丰富，其中有高级职业指导师和创业培训师数名。在教材编写过程中，编者紧扣《大学生职业发展与就业指导课程教学要求》，结合大学生的生活、学习、求职择业实际，将自身在就业工作中的实践、经验和思考加以凝练并融入教材，非常贴近实际、贴近学生。二是内容丰富。本书以提升学生素质、增强学生发展潜力为主线，初步搭建了包括职业选择、生涯规划、就业形势和政策、求职择业过程指导、职场新人的适应性指导以及创业教育等在内的较完整框架，可以说是“一揽子”的指导。三是体现创新。本书在编写中吸收了相关领域的最新研究成果，借鉴了新的观点、理论和方法，更符合时代发展特点和趋势。在体例安排上，既有理论阐述，又有案例引导，附有思考题，说教的内容相对减少，师生共同参与讨论和思考的篇幅酌情增加，更适于师生互动，利于增强教学效果。总之，本书充分体现了贴近实际、注重实效、有所创新的编写思路，具有明显的系统性、全面性和实用性，不仅可作为高校教材，还适合大学生、各类求职者和职场人士阅读参考。

本书由倪阳担任主编，孔令十、江文贵担任副主编。全书经多次讨论修改，由孔令十负责最后统稿、润色。各章编写人员如下：第一章王小婷，第二章邢存海，第三章郜玉明，第四章刘顺，第五章房燕，第六章孔令十，第七章陈薇，第八章张玉虎、陈芳，第九章张发勤，第十章孟凡会。本书在编写过程中得到了有关院校领导和专家的指导，得到了北京师范大学出版集团安徽大学出版社王黎、卢坡等同志的大力帮助，在此一并表示感谢。

为了完成本书的编写，编者参阅了大量的国内外文献，参考、借鉴了国内外许多专家的著作和研究成果，因人数较多不便一一列出，在此表示深深的敬意和感谢。由于编者水平有限，书中难免有错误和疏漏之处，敬请广大读者批评指正。

编　者

2013 年 7 月于滁州

第一章

职业及职业选择

职业作为人类所特有的现象，是社会发展和个人生存的基础。对社会来说，职业是整个社会体系的一个重要组成部分；对个人而言，是个体生存与发展的基石。高校毕业生无论学习何种专业，毕业后都要就业，都要工作，都要通过职业来融入社会并实现个人的理想和价值。职业生涯在每个人的生命周期中占据很长的时间，职业对人生的影响重大。大学生就业过程实质就是从专业学习转入求职择业的过程。大学生要想较好地就业，就有必要先了解什么是职业，职业的产生、发展及变化趋势等一系列与之相关的知识。通过运用这些知识，结合自己的兴趣、爱好、性格，正确地做好职业选择，这对未来的职业发展具有重要的意义。

本章学习要点

1. 职业的发展；
2. 职业与专业的关系；
3. 了解职业资格证书种类。

第一节 职业的产生和发展

案例

淘宝生态催生13种职业，客服从业达284万人

随着时代的发展，网上购物生意火热，“淘宝”作为最大的购物网站之一，无疑催生了许多新兴的职业。其中，人数最多的是淘宝网店客服，2013

年人数已经达到了284万人，但是仍有60万的岗位缺口。为网店做模特的“淘女郎”从业人员达到约3.8万人，而且有脸模、腿模、手模等不同分工。网店装修师超过80万，成为不少大学生就业的热门。“淘宝”方面介绍，在“淘宝”直接和间接的就业人员已经超过1000万人，“淘宝”已经成为一个“自循环和自生长的生态系统”，而不仅仅是一个“购物平台”。(摘自搜狐IT消息)

启示：职业是随着生产力的不断发展而发展的。它是人们在社会分工中运用专门的知识和技能承担工作职责并获取合法收入的载体。随着时代的发展，职业的内涵和外延都在不断发生变化，新职业不断产生，传统职业逐渐走向消亡或者发生改变。

一、职业的产生与演变

(一)职业的产生

职业并非从来就有的，它是人类社会生产力发展到一定阶段的产物，是人类社会劳动分工的体现。职业是一个具有历史感的名词，它的产生、发展都是随着历史进程的发展而演变的。

在原始社会早期，人类活动较为简单，生产力水平低下，劳动没有形成固定的分工。主要是男人打猎、捕鱼，女人采摘果实、料理家务，老人制作劳动工具，这是原始氏族内部因为年龄、性别、体能而产生的自然分工。这种分工还不是职业，只是职业产生的萌芽。

到了原始社会晚期，随着人类征服自然的能力的提高，社会生产力得到进一步发展，人类社会经历了三次社会大分工(畜牧业从农业中分离、手工业从农业中的分离和商业及商人阶级的产生)后，产生了人类社会最初的职业：农民、牧人、工匠、商人。

到了奴隶社会，随着私有制和阶级的出现，便产生了脑力劳动和体力劳动的分工。奴隶主和富商们拥有的劳动产品资源比较丰富，这部分人逐渐脱离了体力劳动，专门从事管理、组织生产和经营等活动。奴隶们拥有的劳动产品和资源比较贫乏，没有人身自由，他们只能靠体力劳动来换取生活资料。生产力的发展促进了职业的种类分化和增加。

(二)职业的演变

社会分工使得职业得以产生，社会分工的发展必然影响和制约着职业的发展。职业的发展与社会分工紧密联系，职业的演变是与生产力的不断提高以及人类社会生活需求的不断增加相适应的。旧的职业不断被淘汰，新的职业不断出现，这就是职业的演变。

在人类社会的漫长历史发展过程中，职业的演变曾经是缓慢的。随着生产工具、劳动对象的发展，尤其是人类所掌握的科学技术知识的不断丰富，社会分工越来越细，专业化程度越来越高，职业的种类越来越多。

职业演变的趋势是有规律可循的，它的变化主要受以下几个因素影响：

1. 生产力发展是推进职业演变的根本原因

生产工具、生产资料、劳动者掌握技术的水平和能力都是生产力的构成。人们需要不断改进生产工具，开发生产资源，提高生产技术和生产组织管理水平，从而推动了生产的发展，也推动了社会分工的变化。因此，每次新的产业革命，必然伴随着职业的重新组合和大批新职业的产生。

2. 科技发明及其广泛应用，是现代社会职业迅速演变的重要原因

科学技术是第一生产力，当一项新的科学发明直接应用于生产或为人们生活服务时，必然与新材料、新工艺、新技术、新的管理相联系，同时也必然孕育出新的相关职业。

3. 人们物质文化生活水平的提高，会促进相关服务和职业的产生和发展

物质文化生活水平提高了，会激励相应需求的增加，因为相关职业便会应运而生，如近几年迅速发展的保健行业、电子商务、咨询服务等。

二、职业的发展

职业从产生开始，随着社会的发展，一直是在不断地变化和演变，有的繁荣兴起，有的逐渐消失，各自经历着不同的道路。从总体上看，主要呈现以下几种发展趋势：

（一）职业种类在数量上逐渐增多

随着社会的发展和技术进步的加快，职业种类增速也逐渐加快。生产工具的进步、生产的社会化，人们物质生活水平的提高，促进了新兴行业不断涌现，新的职业随之增加。我国对职业的分类标准在 1982 年时为 8 大类、64 中类、301 小类，而 1999 年颁布的《中华人民共和国职业分类大典》，将我国职业归为 8 个大类，66 个中类，413 个小类，1838 个细类（职业）。从 1999 年至今的 10 多年间，每年又都会在原版本的基础上新增补几十个新的职业。从新增的职业来看，职业种类的数量发展速度是非常快的，并且主要是在现代服务业、制造业等领域。如，随着物流业、电子商务的发展，快递员、网络销售职业迅速成为热门；人们对健康及精神生活的追求日益提高，便使得美容、健身、营养师等职业迅速发展。实践证明，新职业的开发，对引导职业教育和职业培训改革、促进就业和再就业、完善劳动力市场建设、加强人力资源能力建设具有重要作用。

（二）职业分化逐渐精细

职业的产生是社会分工的结果。社会分工先是区分出第一产业、第二产业、第三产业，然后在各产业内部分出不同行业，行业中又分化成许多职业岗位。职业岗位又按照完成工作的性质、内容和流程被细分为多种职业，例如，在过去，农民就是泛指从事作物种植的农业劳动者，而现在则划分为农艺工、果树工、蔬菜工、桑园工、蚕虫工、茶园工等许多种。再如，计算机出现后，有了软硬件操作员、程序员、专门的计算机教师、网页设计师、计算机销售、维修等不同的职业。

（三）职业的内容不断创新

随着科技的进步和生产力的不断发展，同样一种职业在过去和现在也有着不同的内容。同一职业中，旧的业务知识和技能、效率低下的方法逐步被更新的、更快捷、更高科技的技术和方法所取代。例如，过去用铅版印刷时，印刷工人需要有铸字工、拣字工、排版工、打纸型工、印刷工等一系列工种，现在印刷厂用电子计算机排版代替手工铅版，使印刷工人的工作内容有了根本性的改变。

（四）职业更加专业化、综合化和多元化

随着科学技术的发展，有些职业的专业化越来越强，这就要求从业者必须具备一定的专业能力，与岗位相匹配。比如保险公司雇佣的精算师，必须是要有较强的数学专业水平，要有对保险费、赔付准备金、分红、保险额、退休金、年金等进行精准计算的能力，缺乏相关专业知识的人就难以胜任工作的要求。除了专业性越来越强以外，职业开始向综合化、多元化方向发展，每种职业不再是只有相对固定范围的界限，而是职业与职业之间相互交叉延伸，“身兼数职”，界限逐渐趋于模糊。如，从事医学的人员，可能既是在医院里的医生，又是高校从事教学的教师甚至管理者、科研工作者，很多时候一个人有几种职能、几种角色。

（五）职业结构不断调整，服务业的职业数量大量增加

第二次世界大战前，三大产业结构之间的比重升降不剧烈。随着科学技术水平的提高，就业人口所占比例中，第一产业（指广义的农业，包括种植业、畜牧业、渔业和林业等）逐年下降，第二产业（指广义的工业，包括制造业、采掘业、建筑业等）稳中有降，第三产业（指广义的服务业，包括运输业、通信业、商业贸易、金融业、旅游业、饮食业、仓储业、房地产业、文化产业等）逐年上升。随着第一、第二产业劳动的机械化、自动化程度的提高，将会有大量的劳动者充实到第三产业中，第三产业就业人数占全部就业人数的比例将不断提高。

1978 年，我国第一、二、三产业从业人员比重分别为 70.7%、17.6%和 11.7%；2007 年底，三个产业的比重分别是 40.83%、26.80%和 32.37 %；2011 年，人力资源和社会保障部公布的《2011 年度人力资源和社会保障事业发展统计公报》中数据，2011 年 7.6 亿就业人员中，有 35.7%在第三产业，而第一产业就业人员占比为 34.8%。中国第三产业首次超过第一产业，成为中国就业主渠道。但与发达国家相比，中国的第三产业发展仍然不足。发达国家第三产业吸纳就业的比重超过 60%，与其相比，中国的第三产业尚有很大的发展空间。

三、未来职业的发展趋势

（一）社会职业种类越来越多

随着社会分工的发展和职业的分化，职业已远远超过“三百六十行”。19 世纪 70 年代，全世界职业种类就超过 42000 种，目前则更多。随着科学技术的进步和社会分工的细化，未来新兴的职业种类将层出不穷，以满足人们日益增长的物质和文化生活需要，这是生产力发展的必然结果。且未来职业将更加与人们生活息息相关、与高新技术密切相连。就世界范围内来说，21 世纪将形成许多新的职业，如高级信息服务行业、人身安全保障行业、太空和海洋开发行业、环保行业等。在新职业出现的同时，许多旧职业也逐渐被淘汰。未来社会发展将形成 9 大科技产业，包括生物工程产业、生物医药产业、光电子信息产业、智能机械产业、软件产业、新材料开发与制造产业、核能与太阳能等新能源开发产业、空间技术与开发产业、海洋技术与开发产业。终身依附一个组织的固定职业不断削减，独立的、不依赖于任何组织的自由职业不断产生。例如，培训师、咨询顾问、个体医生、家庭教师等等。

（二）社会职业结构变迁的速度越来越快

农业革命到工业革命经历了数千年，而从工业革命到新的产业革命，才 200 多年。在这短短的 200 多年里，不断涌现新的行业，且行业的主次地位的变化也越来越快，职业淘汰的周期也在缩短。工业革命时期，主要是纺织业。一直到 20 世纪，钢铁、汽车和建筑业才先后超过纺织业，但是，电子行业从产生发展到成为一个主要行业，只用了几十年时间。尤其值得一提的是第一、二产业和第三产业之间的结构关系也发生了巨大变化。长期以来，人们忽视第三产业，优先发展第一产业和第二产业，这一做法近些年得到了调整，很多国家第三产业得到了前所未有的重视，在国民经济发展中发挥了重大作用。一般而言，发达国家的第三产业占从业者的比例都已经超过了 60%。

未来职业结构变化，第一、二产业的社会职业以消亡变动和重组为主，第三产业正迅猛发展，如交通运输业、邮电通讯业、商业、金融保险业、信息咨询业、租赁广告业、卫生、体育、教育培训和文化艺术等等，尤其是其中的信息产业，潜力更为巨大。这些新兴行业的出现和兴起以及第一、第二产业不断推广应用新技术、新成果，将为社会提供更多的就业岗位，提供新的发展机遇。

（三）职业对人才的素质要求日益提高

脑力劳动者职位在社会职位总额中所占比例越来越大。在我国，脑力劳动者和专业技术人员的比重在不断增大，如科学家、咨询师、医师、经理等。科技越发达，脑力劳动在社会职业中的重要地位越明显，社会职业对从业者的智力、技能、管理等综合素质的要求就越来越高。同时，职业之间的交叉和综合日益广泛，复合程度不断提高，单一技能和知识结构难以适应新职业的要求。一些新型企业的管理者也是新技术的研究者和市场的开拓者，这便要求他具有较强的综合素质和应变能力。由于我国人口众多，就业压力较大，自主创业不仅可以为自己创造就业和致富机会，也可以为别人创造出更多的就业岗位，所以创业型人才更成为社会需要的重要资源。总之，智能型、复合型、通用型、创业型人才日益受到市场欢迎。

（四）职业流动速度增强

传统的职业模式中，一个人的职业一生很少发生变动。如，我国过去对大学生就是采取“统包统配”的就业模式，一个人一旦被安置就业，就等于与用人单位签订了生死合同，“从一而终”成了中国人典型的职业生存状态。组织成员往往先从基层做起，经过多年的经验积累逐步沿着特定的线性等级向上升迁，等级越高，获得的权力也越大，同时承担的责任也越大，相应的报酬也更高。而在当今新的组织环境中，由于上升的空间受到限制，雇员们更加频繁地在组织的不同部门间流动、在不同组织和不同专业间流动，流动模式更加多样化，不稳定的因素也越来越多。一份调查结果显示：在找到第一份工作后，50％的毕业生选择在1年内更换工作；两年内的流动率接近75％。33％的学生“先就业后择业”，第一份工作仅仅是由学校到社会的跳板。

第二节　职业与专业

案例

快递员成为热门职业

“月收入4000元以上”。某日，记者在收取快件的时候，某市一家快递公司的快递员李先生对记者说。这位李先生是刚从高校毕业两年的本科生，在高校读书期间，学习的却是农业类专业，与现在的职业似乎相差很远。当问到具体收入，李先生则笑着表示“还好”，而且他说对自己的工作“很满意”：虽然累点，但是收入高。记者采访了该市许多家公司快递员的收入，基本表示都在3000元以上。某快递公司总经理说：“活多的时候，收入水涨船高很正常。”

骑着电动三轮车或开着面包车风里来雨里去，在住宅区和各单位之间一天能跑上跑下几十趟，在很多人眼里，快递员很难与“高薪族”画等号。记者通过一些招聘信息发现，由于物流配送费涨价，快递员紧缺，快递员已成为近期最受欢迎的职业之一，90%以上的职位月薪都开出3000至5000元，该市一家快递公司招聘快递员将薪水锁定4500元，并且管吃管住，如此高的薪金水准堪比当地的很多白领的月薪。

启示：快递员是随着近几年来中国物流产业的快速发展而“爆发”出的职业。这是新兴的职业，是由于社会的发展随之而产生的。大学生在高校期间学习各种“专业”，而走入社会以后，从事的职业往往与所学的专业是大相径庭的。所以，在校大学生的能力培养很重要，尤其是综合素质和动手能力。

一、职业的内涵与功能

（一）职业的内涵

虽然我们经常会说到和用到“职业”这一词，并且与不同的职业从业者打交道，但在现实生活中，人们对职业这一概念内涵的理解却是泛化和模糊的。有些指的是所从事的工作，有些指的是生活来源，还有的与社会角色同义。

从词义上来讲，职业包含两个部分，即“职”与“业”。“职”是一种行为，是履行职责、权利与义务；“业”是一种事务，是从事的内容。从这个角度来解析，职业就是一种承担某种责任和义务的行业性、专门化的活动。

从社会角度看，职业是劳动者获得的社会角色，是人们在社会中所从事的作为谋生手段的工作，劳动者为社会承担一定的义务和责任，并获得相应的报酬；从国民经济活动所需要的人力资源角度来看，职业是指不同性质、不同内容、不同形式的专门劳动岗位。

由此可见，构成职业的要素主要包括：职业名称，即具体的工作岗位；职业主体，即具体从业人员；职业客体，即职业活动的具体内容；职业手段，即从业人员所需具备的知识技能；职业报酬，即经济收入等方面。

综上，简单而言，职业就是从业人员在其岗位上按照一种职业化状态来完成所从事的工作。职业化是指工作状态的标准化、规范化、制度化，即在合适的时间、合适的地点，用合适的方式，说合适的话，做合适的事。职业人员在知识、技能、观念、思维、态度、心理上符合职业规范和标准。具体讲包括：职业人员职业化素养、职业化行为规范和职业化技能三个部分内容。职业道德、职业意识、职业心态是职业化素养的重要内容。

（二）职业的特点

职业具有自身的特点：

1. 职业具有社会性和时代性

马克思曾明确指出："每一种职业都是社会分工中的一定部门。"职业随着社会分工的出现而产生，又随着社会分工的发展而发展。有些职业逐渐被摒弃，有些职业迅速繁荣兴起，不同的时代有不同的热门职业，因而具有社会性和时代性。

2. 具有专业性和技术性

职业活动都需要其具备一定的专业知识和职业技能。有些职业活动的知识和技能甚至需要接受长时间的专门教育和培训才能获得。

3. 具有经济性和连续性

经济性是说人们从事职业活动会因此而获得相应的收入或报酬。人们通过获经济收入来维持自己和家庭的生计，并实现个人的理想和价值。连续性是指一个人只有在较长时间持续进行某种相同或相近的活动，并通过这种活动较稳定地获得一定的经济收入，这项活动才能称其为职业活动。

4. 具有规范性和发展性

从事职业活动需遵循职业规范，包括法律条文、组织规划、职业道德、社会风俗习惯等。职业是随着社会的进步，特别是现代科学技术的发展而发展的。

（三）职业的功能

职业的功能主要包括个人和社会两个层面的。

1. 个人层面

（1）职业对个人能力、兴趣的影响。一个人的能力是在个人遗传素质的基础上，在一定的社会环境里，通过社会实践而形成和发展起来的。人的能力是多方面的，如语言表达能力、组织管理能力以及在所学专业上某几个方面的能力等等。长期从事某种职业，就会使人在某几方面的能力得到进一步的提高，而在其他方面的能力可能会相对削弱。同时，每一种职业都要求掌握有关的知识和技术，遵守一定的规则、章程和职业道德，从而影响了角色承担者的行为方式、处事原则和态度，乃至个人的性格。如，军人的日常生活方式就与机关工作人员有别，教师的言谈举止又与工人不同，等等。长期从事某种职业也会对职业的某些方面形成浓厚的兴趣，如音乐家对声音，地质工作者对石头，历史学家对古籍等的兴趣就是如此。

(2)职业是个人获取经济收入、维持生存的重要手段。人活在世界上，首先需要解决生存和生活问题，而这一切需要有相应的经济收入作为支撑，以便维持个人生存和家庭的生计，满足个体成长和发展的基本需要。作为社会人，总是通过一定形式的职业来从事劳动，以获得经济收入来换取生存和发展所必需的产品和服务。职业就是人们参与社会生产、从事社会劳动、获得经济收入的主要手段和方式。职业影响和决定了个人的生存质量、行为特点和社会角色。

(3)职业是实现非经济利益的主要途径。职业还能使人们获得各种非经济利益，比如权力、地位、名誉和成就感等。这些会使一个人的内心获得满足，成就感增加，从而又更加喜欢自己的职业，更加努力的工作。不同职业、职位给就业者带来的权力、社会地位显然存在差别。比如，高层管理类职位给就业者带来的权力就比较大，而服务类职业、职位给就业者带来的权力较小。同时，经济收入和社会权力对职业的社会声望有一定影响，但不能完全决定其高低。影响职业或职位声望高低的因素还有职业声誉、晋级提升的机会、劳动环境条件、安全感和社会认可度等。

(4)职业是承担社会义务的重要方式。人们通过职业从事社会活动，并且通过参与社会生产和分工发挥自己的智慧和才能，得到群体的认可和尊重，体现自己的社会价值。所以，职业承载着一个人特定的社会角色，是个人生命价值的社会体现。职业可以满足个人的社会需要，也是个人承担社会义务的体现。职业劳动创造出社会财富，从而为社会的存在和发展奠定物质基础。

2. 社会层面

(1)职业是劳动者分类的必要途径。从人类社会发展来看，专业化分工极大地促进了社会生产的发展，也使得人们按照不同的行业分类从事不同的职业，从而促进了社会的发展和进步。职业的分化有利于劳动者的分类，按照职业的分类将社会人分成不同的人群，有利于实现有效的沟通和管理。

(2)职业是实现政府管理的基本单元。各种不同职业是构成社会经济制度运行的主体。职业也是维持社会稳定，实现社会控制的基本单元。国家为了有效地管理劳动者，合理实现充分就业，减少由此产生的社会问题，通过有效的职位分类方法和职业资格鉴定制度来保证各类劳动者的工作权利。以各种职业为基本单元制订相应的政策措施和管理办法，从而满足和保护了不同职业劳动者的具体需求和切身利益，有助于全社会的共同发展。

(3)职业是推动经济社会发展的主要方式。人类社会由科技、教育、经济和政治等多方面构成。如科技工作者推动着科技的发展,教育工作者推动着教育事业的发展等。每种职业都对人类社会的发展起到了积极的促进作用。在当今的社会里,几乎每一种行为活动,都有与之相应的职业:如体育成了职业,文学艺术成了职业,家务劳动成了职业,就业指导也成了职业。从事着不同职业的人们在其各自的范围内为社会贡献着各自的力量。正因为如此,从事职业活动不仅是个人发展的主要方式,更是为人类、为社会做贡献的重要方式。

二、职业的分类

所谓职业分类,是指按一定的规则和标准把一般特征和本质特征相同或相似的社会职业,分成并归纳到一定类别系统中去的过程。社会分工是职业分类的依据。在社会分工体系的每一个环节上,劳动对象、劳动工具以及劳动的支出形式都各有特点,这种特殊性就决定了各种职业之间的差异性。

世界上经济发达国家都非常重视职业分类问题的研究,这不仅是形成产业结构概念和进行产业结构、产业组织及产业政策研究的前提,同时也是对劳动者及其劳动进行分类管理、分级管理及系统管理的需要。

(一)职业分类的意义

按照性质的不同可以将不同的职业归类,有助于国家对职工队伍进行分类管理,根据不同的职业特点和工作要求,建立相应的招录、调配、考核、奖惩等管理方法,使管理更规范化、更加具有针对性。

按照内容的不同将职业分类,给各个职业分别确定了工作责任以及履行职责及完成工作所需要的职业素质,这就为岗位责任制提供了依据。

按照目标的不同将职业分类,是对职工进行考核和发展的重要依据。要考查职工是否能胜任工作,就必须制订出考核标准,对各个职业岗位工作任务的质量、目标提出要求,而这些都必须在职业分类的基础上才能完成。职业分类中规定的各个职业岗位的责任和工作人员的从业条件,不仅是考核的基础,同时也是进行培训的重要依据。

(二)职业分类的特点

1. 产业性

比较通用的分类是分为三类产业。第一产业包括农业、林业、牧业和渔业等;第二产业是工业和建筑业,工业中包括采掘业、制造业等等;第三产业是流通和服务业。在传统农业社会,农业人口比重最大;在工业化社会,工业领域中的职业数量和就业人口显著增加；在科学技术高度发达和经济发展迅速的社会，第三产业职业数量和就业人口显著增加。

2. 行业性

从广义上来说，人们经常说的职业与行业似乎是相同的，但现代职业的概念与行业是既有联系又有区别的两个概念。在职业划分中，行业一般作为职业的门类。行业是指从事国民经济中同性质的生产或其他经济社会的经营单位或者个体的组织结构体系的详细划分，如林业、汽车业、银行业、保险业、电讯业，等等。而职业可以按照企业、事业单位，机关团体和个体从业人员所从事的生产或其他社会经济活动的性质的同一性来分类。可以说，职业的行业性表示了人们所从事职业的行业类别属性。

3. 职位性

所谓职位是一定的职权和相应的责任的集合体。职权和责任的统一形成职位的功能，职权和责任是组成职位的两个基本要素；职权相同，责任一致，就是同一职位。在职业分类中的每一种职业都含有职位的特性。比如，大学教师这种职业包含有助教、讲师、副教授、教授等职位。再如，国家机关公务员包括科级、处级、厅（局）级、省（部）级等职位系列。

4. 组群性

无论以何种依据来划分职业都带有组群特点。如，科学研究人员中有的人群从事哲学研究、有的从事社会学研究，还有的从事经济学、理学、工学、医学等研究，每一种职业活动都具有一定的数量。再如，咨询服务事业有从事科技咨询的组织机构和人员，还有从事心理咨询工作和职业咨询工作的人群，等等。

5. 时代性

时代是在一定时期经济、政治、文化等状况的总和，是一个客观的历史进程。随着时代的发展和进步，职业变化迅速，同一种职业名称，其所包含的活动内容和方式已经发生了翻天覆地的变化，所以职业的划分带有明显的时代性。

（三）我国的职业分类

1.《职业分类与代码》

参照国际标准和方法，1986 年，我国国家统计局和国家标准局首次颁布了中华人民共和国国家标准《职业分类与代码》(GB6565-86)，并启动了编制国家统一职业分类标准的宏大工程。这次颁布的《职业分类与代码》将全国职业分为 8 个大类、63 个中类、303 个小类。1992 年，原国家劳动部会同国务院各行业部委组织编制了《中华人民共和国工种分类目录》，这个目录根据管理工作的需要，按照生产劳动的性质和工艺技术的特点，将当时我国近万个工种归并为分属 46 个大类的 4700 多个工种，初步建立起行业齐全、层次分明、内容比较完整、结构比较合理的工种分类体系，为进一步做好职业分类工作奠定了坚实基础。

2.《中华人民共和国职业分类大典》

20 世纪 90 年代中期，随着社会主义市场经济体制的逐步建立和科学技术的迅猛发展，我国的社会经济领域发生了重大变革，这对人力资源管理提出了新的要求。为此，国家提出要制订各种职业的资格标准和录用标准，实行学历文凭和职业资格两种证书制度。《中华人民共和国劳动法》中明确规定："国家确定职业分类，对规定的职业制订职业技能标准，实行职业资格证书制度。"根据社会经济发展的需要，1995 年 2 月，劳动和社会保障部、国家统计局和国家质量技术监督局联合中央各部委共同成立了国家职业分类大典和职业资格工作委员会，组织社会各界上千名专家，经过 4 年的艰苦努力，于 1998 年 12 月编制完成了《中华人民共和国职业分类大典》，并于 1999 年 5 月正式颁布实施。

《中华人民共和国职业分类大典》是我国第一部对职业进行科学分类的权威性文献。由于它的编制与国家标准《职业分类与代码》(GB6565-86)的修订同步进行，相互完全兼容，因此，它本身也就代表了国家标准。《中华人民共和国职业分类大典》的重要贡献在于，它在广泛借鉴国际先进经验(特别是《国际标准职业分类》ISCO-88)和深入分析我国社会职业构成的基础上，突破了过去以行业管理机构为主体，以归口部门、单位甚至用工形式来划分职业的传统模式，采用了以从业人员工作性质的同一性作为职业划分标准的新原则，并对各个职业的定义、工作活动的内容和形式以及工作活动的范围等作了具体描述，体现了职业活动本身固有的社会性、目的性、规范性、稳定性和群体性的特征。《中华人民共和国职业分类大典》科学地、客观地、全面地反映了当前我国社会的职业构成，填补了我国长期以来在国家统一职业分类领域存在的空白，具有深远的意义和广泛的应用领域。

《中华人民共和国职业分类大典》把我国职业划分为由大到小、由粗到细的四个层次：大类(8 个)、中类(66 个)、小类(413 个)、细类(1838 个)。细类为最小类别，亦即职业。8 个大类分别是：第一大类：国家机关、党群组织、企业、事业单位负责人，其中包括 5 个中类，16 个小类，25 个细类；第二大类：专业技术人员，其中包括 14 个中类，115 个小类，379 个细类；第三大类：办事人员和有关人员，其中包括 4 个中类，12 个小类，45 个细类；第四大类：商业、服务业人员，其中包括 8 个中类，43 个小类，147 个细类；第五大类：农、林、牧、渔、水利业生产人员，其中包括 6 个中类，30 个小类，121 个细类；第六大类：生产、运输设备操作人员及有关人员，其中包括 27 个中类，195 个小类，1119 个细类；第七大类：军人，其中包括 1 个中类，1 个小类，1 个细类；第八大类：不便分类的其他从业人员，其中包括 1 个中类，1 个小类，1 个细类。

从职业结构看，职业的分布有三个特点：首先，技术型和技能型职业占主导。有实际职业总量的约 70%是分布在"生产、运输设备操作人员及有关人员"这一大类，它们分布于我国工业生产的各个主要领域。这类职业的工作内容主要是以技术型和技能型操作为主。其次，知识型与高新技术型职业较少。现有职业结构中，属于知识型与高新技术型的职业数量不超过总量的3%。第三，第三产业职业比重较小，仅占实际职业总量的8%左右。

为保证各地劳动力市场使用的职业分类与代码的科学和规范，有利于劳动力市场信息联网，原劳动和社会保障部在主持编纂《中华人民共和国职业分类大典》的同时，根据重新修订的职业分类国家标准《职业分类与代码》(GB/T6565-1999)和《中华人民共和国职业分类大典》，制订了《劳动力市场职业分类与代码(LB501-1999)》，并于2002年进行了修改。新标准《劳动力市场职业分类与代码(LB501-2002)》分为6个大类，56个中类，236个小类，17个细类。中国职业分类大典2005增补本共收录77个新职业，这些新职业涉及第一、二、三产业，主要集中在现代制造业和现代服务业，以管理、策划、创意、设计、分析、制作和健康、环境管理居多。如花艺环境设计师、礼仪主持人、计算机乐谱制作师等。对从业人员的理论知识和实际职业能力都有较强要求，多属于高技能人才中的知识型、技能型人才，也称为"灰领"人才。

三、专业

(一)专业的含义

所谓专业，是指高等学校和中等专业学校根据学科分工或生产部门分工把学业分成的门类。这个概念是从社会分工需要，从学习和人才培养的角度按学科与技术来划分的。

专业有广义和狭义之分。广义上的专业是指某种职业不同于其他职业的一些特定的劳动特点，强调其特性。狭义上的专业，主要是指从事的职业是比较高级、复杂、专门化程度较高的劳动，这种劳动必须经过专门教育训练获得较高专门知识和能力才能胜任，强调其复杂性和难度。

按照职业对专业的要求程度不同，职业可以分为一般性的职业和专业性的职业。一般性的职业就是可以通过简单的再学习和培训即可较快适应和从事的职业，对从事者原本具有的相关专业能力和知识要求不高，如营业员、快递员。另一种是对从事者已具有的专业知识和技能要求较高，需要较长时间的学习和积累才能胜任的，如医生、科学家。当然，无论是一般性的职业还是专业性的职业都只是社会分工的不同，与劳动者原有的学习和生活经历不同有关系，职业本身都没有高低贵贱之分，都是社会生产不可缺少的。

(二)专业的分类

自中世纪的欧洲起,大学就开始分专业教学,培养专门人才,专业走进了高等教育领域。我国高等学校的专业设置是一个不断完善的过程。1998 年颁布的《普通高等学校本科专业目录》分设哲学、经济学、法学、教育学、文学等 11 个学科门类,下设 71 个二级类,249 种专业。2004 年国家教育部统一颁布了指导性目录,共有农、林、牧、渔等 19 个大类,532 个专业。

四、职业与专业的关系

职业与专业有联系,也有区别。专业是相对于学科而言,而职业是指所从事的工作。专业数与职业数相比至少为 1:10,而每一种职业又有许多不同的岗位,这里面又会涉及许多针对性的专业。正是专业与职业的这种关系,使专业内的课程设置具有复杂性和困难性,也就有了毕业生就业时所谓"专业对口" 和"专业不对口"的问题。

(一)职业与专业的对应关系

关于职业与专业的关系,有人说,专业决定了职业;又有人说,专业与职业没有多少联系,因为事业成功的人有很多从事的根本不是自己原来所学的专业。其实,这只能说明人们对二者关系认识上的片面。职业与专业之间不是前者所说的一一对应的关系,当然也不是后者所说的一点关系也没有。职业与专业之间的关系归纳起来有"一对一"、"一对多"、"多对一"这样三种对应关系。

1."一对一"

"一对一"一般为技术性较强、专业分工明确的中职、高职类工科专业。比如,数控机床专业学生毕业后最适合的是在企业中作数控机床的操作与维护人员,最后发展成为高级技师;烹饪专业学生毕业后最适合的就是成为厨师。高校中这类职业专业化教育教学定位相对比较明确,学生学习范围相对比较窄,但将来的就业定位很清晰。

2."一对多"

"一对多"就是指一个专业对应多个职业方向。这些专业一般是学习内容比较广博,发展方向可以分散的专业,比如哲学、历史、中文、经济学等专业。以经济学为例,经济学专业毕业的学生可以从事企业管理、经济学研究、新闻记者、策划营销、经济分析、高校教师等多种职业。但是,高等教育中往往这类专业毕业生就业又会面临着一些尴尬的境地,毕业以后觉得自己有很多可以选择的职业,但是又都学得不精细,只知皮毛;抑或是自己的专业跟很多职业都是擦边,但又不够直接对口,投简历时容易被用人单位忽略。

3.**“多对一”**

“多对一”就是不同的专业可以发展成为同一个职业方向。这种职业一般技术含量不高，但要求个人在实践中自己领悟和学习，如业务开拓人员、新闻记者、企业管理人员等。以新闻记者这个职业为例，它可以接收经济学、新闻、中文、哲学、历史等许多专业的学生。

（二）大学生要努力学习专业知识，增强职业意识

高等学校是培养与现代化建设要求相适应的高素质人才的摇篮。大学生在进入高等学校经过专业学习和训练后，就要选择职业进入各个行业。所以，大学生在校期间要增强职业意识，为未来职业发展做好准备。要熟悉自己所学专业所对应的职业或职业群，关心这些职业的发展变化情况；要了解与自己所学专业相关的职业资格证书有哪些，根据自己和家庭的实际情况决定考取哪些职业资格证书。

“三百六十行，行行出状元”。这话在今天仍然广泛适用。大学生一经走入社会，便要与职业联系起来，长期或终生从事某种专门的事务或职业。通过职业，与其他人建立起广泛的社会联系，这种联系对个人和社会的存在和发展都有着特殊的意义。社会的发展是离不开无数个体的劳动付出的，个体的发展又是要依靠社会大环境的。职业就是连接个人和社会共同发展的桥梁。个人就是靠这种联系来不断地发展自我、获得利益、实现个人价值。社会就是靠这种分工，使各行各业的人们在各自的岗位上，承担起相应的社会责任。这都是社会发展不可缺少的，所以无论现在在大学里学习哪种专业，或者将来可能从事哪种职业，都是社会的需要，只要爱岗敬业，无私奉献，干一行爱一行，都能出成绩、成“状元”。

第三节　职业资格证书制度

案例

大学毕业生未来想从事教师职业，如何申报教师资格证？

燕同学，是某高校2012届数学教育专业（师范类）毕业生，毕业前夕正在积极地找工作。在一次招聘会上，有记者对其进行采访。在问他想找什么样的工作时，他很明确地回答说：“想当中学教师”。因为他觉得教师这个职业在社会大众心目中还是很受人尊敬，并且相对比较稳定的，至少他的父母也认为“教师这个职业好，是事业单位工作，收入稳定”。那么，未来想从事教师职业，需要什么样的基本条件和技能呢？而这最基本的前提要具有

教师资格证，如何才能办理呢？

教师资格证是教育行业从业人员——教师的许可证。高等教育师范类毕业生在读期间通过学校开设的教育学和教育心理学课程考试，并且要在全省统一组织的普通话考试中成绩达到二级乙等(语文类专业为二级甲等)以上，并且通过了教学实践环节，方有资格在毕业时申报教师资格证。非师范类和其他社会人员需要在社会上参加认证考试等一系列测试才能申请教师资格证。

启示：目前很多职业都要求“持证上岗”，从业者必须具备相应的职业资格。大学生在校期间就要提早做好职业规划，并为之努力，考取相关的一些证书是必要的，也为毕业后从事该职业准备好“敲门砖”。

一、建立的依据及内涵

国家职业资格证书制度是劳动就业制度的一项重要内容，也是一种特殊形式的国家考试制度。它是指按照国家制订的职业标准，通过政府认定的考核鉴定机构，对从业者的技能水平或职业资格进行客观、公正、科学、规范的评价和鉴定，并对合格者授予相应的国家职业资格证书。

推行国家职业资格证书制度，是落实党中央、国务院提出的“科教兴国”战略方针的重要举措，也是我国人力资源开发的一项战略措施，同时还是贯彻《劳动法》、《职业教育法》的重要表现。中共中央《关于建立社会主义市场经济体制若干问题的决定》指出：“要制订各种职业的资格标准和录用标准，实行学历文凭和职业资格两种证书制度。”《劳动法》第六十九条规定：“国家确定职业分类，对规定的职业制订职业技能标准，实行职业资格证书制度。”《职业教育法》第八条规定：“实行学历证书、培训证书和职业资格证书制度。”这些都为推行职业资格证书制度提供了法律依据。

职业资格证书与学历文凭证书不同。职业资格证书与某一职业能力的具体要求密切结合，反映特定职业的实际工作标准和规范，以及劳动者从事这种职业所达到的实际能力水平。我国技术性职业(工种)的职业资格证书，分为“初级技能”、“中级技能”、“高级技能”以及“技师”、“高级技师”五种，由人力资源和社会保障部统一印制，人力资源和社会保障部或国务院有关部门按规定办理和核发。职业资格证书是持有者具备某种职业所需要的专门知识和技能的证明，是劳动者求职、任职和用人单位录用劳动者的主要依据，也是境外就业、对外劳务合作人员办理技能水平公证的有效证件。

二、推行职业资格证书制度的现状和总体目标

我国自1993年推行职业资格证书制度以来，已初步建立起职业资格证书制度的法律法规和工作体系。目前，全国共有职业技能鉴定所（站）6000多个，考核组织1900多个，考评人员7万余人，形成了覆盖全国的职业技能鉴定网络。据统计，1998年全国共有320万人参加职业技能鉴定，其中280万人获得相应的职业资格证书。而到了2011年一年就有1400多万人通过鉴定取得了职业资格证书，新增高技能人才282万人。预计2012年至2015年间，中国将有7000万名技能劳动者取得职业资格证书。国家人口发展“十二五”规划中明确指出：“加大专业技术人才和高技能人才培养力度。建立和完善职业资格证书制度，对城乡有就业要求和培训愿望的劳动者参加职业技能培训给予培训费补贴。”在过去、现在以及未来的一段时期内，我国推行职业资格证书制度的总体目标都是：以全面提高劳动者素质，增强劳动者就业能力和工作能力为出发点，以“社会效益第一”和“质量第一”为基本原则，进一步完善职业技能鉴定社会化管理体系，使职业技能鉴定的覆盖面明显扩大，鉴定质量明显提高，职业资格证书的权威性在社会上明显增强，逐步实现职业资格证书与学历文凭并重，职业资格证书制度与就业制度相衔接。通过一段时间的努力，要在技术复杂、通用性强、涉及国家财产、人民健康安全和消费者切身利益的职业（工种）中，全面推行国家职业资格证书制度。

三、职业资格证书的等级及要求

国家职业资格证书规定：原劳动部门负责以技能为主的职业资格鉴定和证书的核发与管理，原人事部门负责专业技术人员的职业资格评价和证书的核发与管理，而职称的评审由人事部门主管（现统一划归为人力资源和社会保障部门主管）。

原劳动和社会保障部把职业资格分为5个等级：

（1）国家职业资格五级（初级）：能够运用基本技能独立完成本职业的常规工作。

（2）国家职业资格四级（中级）：能够熟练运用基本技能独立完成本职业的常规工作；在特定的情况下，能运用专门技能完成技术较为复杂的工作；能够与他人合作。

（3）国家职业资格三级（高级）：能够熟练地运用基本技能和专门技能完成较为复杂的工作，包括完成部分非常规性的工作；能够独立处理工作中出现的问题；能指导和培训初、中级人员。

（4）国家职业资格二级（技师）：能够熟练运用专门技能和特殊技能完成复杂的、非常规性的工作；掌握本职业的关键技术技能，能够独立处理和解决技术或工艺难题；在技术技能方面有创新；能指导和培训初、中、高级人员；具有一定的技术管理能力。

(5)国家职业资格一级(高级技师):能够熟练运用专门技能和特殊技能在本职业的各个领域完成复杂的、非常规性的工作;熟练掌握本职业的关键技术技能,能够独立处理和解决高难度的技术问题或工艺难题;在技术攻关和工艺革新方面有创新;能组织开展技术改造、技术革新活动;能组织开展系统的专业技术培训;具有技术管理能力。

各职业又按照本职业从业人员的职业活动范围、工作责任、工作难度来确定职业的等级数目。根据实际情况,在部分职业中可不设立高等级,在特定的职业中可不设立低等级。

四、职业资格证书的种类

我国1995年1月7日颁发的《职业资格证书制度暂行办法》规定:职业资格包括从业资格和执业资格。从业资格是政府规定专业技术人员从事某种专业技术性工作的学识、技术和能力的起点标准,通过学历认定或考试取得,供用人单位参考。目前,绝大部分的职业资格证书证明的是从业资格。

从业资格中,又包括两种,一种是从事某种职业必须具备的资格。根据我国《劳动法》、《职业教育法》、原劳动和社会保障部《招用技术工种从业人员规定》规定,对从事技术复杂、通用性广、涉及国家财产、人民生命安全和消费者利益的职业(工种)的劳动者,必须经过培训,并取得职业资格证书后,才可以就业上岗,这种技术工种(职业)有4类:

一是生产、运输设备操作人员。例如:车工、铣工、磨工、镗工、组合机床操作工、加工中心操作工、铸造工、锻造工、焊工。

二是农林牧渔水利业生产人员。例如:动物疫病防治员、动物检疫检验员、沼气生产工。

三是商业、服务业人员。例如:营业员、推销员、出版物发行员、中药购销员、鉴定估价师、医药商品购销员、中药调剂员。

四是办事人员和有关人员。例如:秘书、公关员、计算机操作员、制图员、话务员、用户通信终端维护员。

另外一种是不强制具备的资格,如企业人力资源管理师,有没有这个证书,都可以去做人力资源管理工作。这个证书仅供用人单位在招聘人力资源管理类人才时参考。

随着老职业的逐步消亡、新职业的产生,人力资源和社会保障部每年都会发布几批新的职业。新职业分两类,一类是全新职业,随社会经济发展和技术进步而形成的新的社会群体性工作。另一类是更新职业,指原有职业因技术更新产生较大变化,从业方式与原有职业相比已发生质的变化。同时,也包括了原来一些划分较为笼统、没有受到重视、但现在已经能够“自立门户”、可以成为新职业的一部分职业。

执业资格是被承认具有对某些文件签字的权力，且要负法律责任。政府对某些责任较大、社会通用性强、关系公共利益的专业技术工作实行的准入控制，是专业技术人员依法独立从事某种专业技术工作学识、技术和能力的必备标准，必须通过考试方法取得，考试由国家定期举行。执业资格已实行考试的有：建造师（一级、二级）、监理工程师、注册建筑师、注册结构工程师、执业药师（执业中药师）、房地产估价师、注册会计师、注册资产评估师、造价工程师、珠宝玉石质量检验师、注册税务师、拍卖师、企业法律顾问、矿产资源储量评估师、假肢与矫形制作师、注册城市规划师、棉花质量检验师、矿业权评估师、注册咨询工程师、注册土木工程师、注册安全工程师等。考试由国家定期举行。

阅读材料

1. 全国职业资格证书种类概览

（1）人力资源和社会保障部证书：人力资源管理师，营销师，电子商务师，物流师，物业管理师，经营师，策划师，营养师，秘书，项目管理师，心理咨询师，公关员，企业培训师，职业经理人，理财规划师，园艺师，景观设计师；

（2）住房和城乡建设部证书：注册造价工程师，注册监理工程师，注册土木工程师，注册化工工程师，注册城市规划师，注册物业管理师，注册电气工程师，注册机械工程师，注册冶金工程师，注册房地产估价师，注册房地产经纪人，注册公用设备工程师，注册采矿/矿物工程师，注册石油天然气工程师，一级/二级注册建造师，一级/二级注册建筑师，一级/二级注册结构工程师；造价员，建筑预算员，建筑质检员，建筑材料员，建筑施工员，建筑安全员，装饰预算员，装饰施工员，物业管理企业经理；

（3）环境保护部证书：注册核安全工程师；

（4）财政部证书：会计从业资格证，会计职称，注册会计师，注册资产评估师，注册资产评估师（珠宝）；

（5）教育部证书：教师资格证；

（6）司法部证书：执业律师；

（7）国家卫生和计划生育委员会证书：执业医师，执业药师，执业护士，注册营养师；

（8）农业部证书：执业兽医

（9）水利部证书：注册水利工程师，注册水利工程监理工程师；

（10）国土资源部证书：注册土地估价师，注册矿业权评估师，注册矿产储量评估师；

(11)国家旅游局证书:导游资格,中级导游;

(12)国家测绘局证书:注册测绘师,中国地震局,一级/二级地震安全性评价工程师;

(13)国家税务总局证书:注册税务师;

(14)国家安全生产监督管理总局证书:注册安全工程师;

(15)国家质量监督检验检疫总局证书:注册设备监理师,注册棉花质量检验师,一级、二级注册计量师,注册珠宝玉石质量检验师;

(16)中国保险监督管理委员会证书:中国精算师,中国准精算师;

(17)中国证券监督管理委员会证书:国际注册投资分析师;

(18)国家发展和改革委员会证书:注册咨询工程师(投资),注册价格鉴证师;

(19)其他:ISO9000内审员/外审员,ISO14000,保险经纪人,保险代理人,报关员,监理工程师,咨询工程师,安全评价师,设备监理师,造价工程师,岩土工程师,房地产估价师,土地估价师,建造师,结构工程师,质量资格,投资项目管理师,安全工程师,房地产经纪人,土地登记代理人,环境影响评价师,经济师,注册税务师,资产评估师,会计职称,报关员,报检员,外销员,单证员,注册会计师,会计证,统计师,审计师,企业法律顾问,国际商务师,BEC,公共英语,自考英语,英语四级,日语等级,执业药师,助理医师,口腔执业药师,中医师,国际商务单证员,国际商务跟单员,国际货运代理师,营销师,物流管理师,信用管理师,会展管理师,房地产职业经理人,理财规划师,汽车营销师,职业经理人,人力资源管理师,项目管理师,心理咨询师。

2. 心理咨询师职业资格报考逐渐热起来

在美国,每千人就有1名心理咨询师,有30%的人定期看心理医生,80%的人会不定期去心理诊所。许多家庭都有自己的私人心理医生。心理治疗还被纳入医保体系,费用可以报销。在我国,心理咨询师是拥有广阔前景的职业,特别在教育、医疗、社区、机关、企业、司法系统等领域将有更大需求。

我国从2002年正式启动心理咨询师从业资格项目,目前要想报考心理咨询师的主要有三级、二级和高级。预计自2014起还将进行新的级别划分,分为四个等级。

三级心理咨询师报考条件(以下条件满足其一):

(1)具有心理学、教育学、医学专业本科及以上学历。

(2)具有心理学、教育学、医学专业大专学历,经心理咨询师三级正规培训达规定标准学时数,并取得结业证书。

(3)具有其他专业本科以上学历,经心理咨询师三级正规培训达规定标准学时数，并取得结业证书。

二级心理咨询师报考条件（以下条件满足其一）：

（1）具有心理学、教育学、医学专业博士学位。

（2）具有心理学、教育学、医学专业硕士学位，经心理咨询师二级正规培训达规定标准学时数，并取得结业证书。

（3）取得心理咨询师三级职业资格证书，连续从事心理咨询工作满3年，经心理咨询师二级正规培训达规定标准学时数，并取得结业证书者。

（4）具有心理学、教育学、医学中级及以上专业技术职业任职资格，经心理咨询师二级正规培训达规定标准学时数，并取得结业证书，连续从事心理咨询工作满3年。

高级心理咨询师报名条件（以下条件满足其一）：

（1）具有心理学、教育学、医学专业博士学位，经心理咨询师一级正规培训达规定标准学时数，并取得结业证书，且连续从事心理咨询工作满3年。

（2）具有硕士学位，取得心理咨询师二级职业资格证书，连续从事心理咨询工作满3年，经心理咨询师一级正规培训达规定标准学时数，并取得结业证书。

（3）具有心理学、教育学、医学副高级及以上专业技术职业任职资格，经心理咨询师一级正规培训达规定标准学时数，并取得结业证书，且连续从事心理咨询工作满3年。

练习与思考

1. 试述自己所学专业的职业群及其相应的要求。
2. 当代社会职业发展的趋势有哪些？
3. 大学生如何树立正确的择业观？

参考文献

[1] 拜五四：《大学生职业选择与生涯规划》，北京：化学工业出版社，2005。

[2] 匡增明：《大学生职业发展与就业指导实用教程》，北京：化学工业出版社，2011。

[3] 周长茂：《大学生职业生涯规划》，北京：中国石化出版社，2011。

[4] 马晓华：《大学生职业生涯规划》，北京：北京交通大学出版社，2009。

第二章

职业生涯规划

盖房子，是边盖边设计，还是先有设计图再施工？下棋的时候，是想一步还是想很多步取胜的机会比较大？职业需要规划，职业也可以规划。职业生涯规划就是人生的战略设计，其核心是确立职业发展目标。职业生涯发展过程，就是围绕圆心、拓展半径的过程，也即围绕职业发展目标不断拓展自身的知识、能力和经验的过程，同时也是一个人一生中职业、职位的变化及理想、价值的实现过程。

本章学习要点

1. 职业生涯设计的基本理论；
2. 大学生的自我认知和职业环境认知；
3. 大学生职业生涯的决策和实施。

第一节　职业生涯规划的基本理论

一、什么是职业生涯规划

(一)生涯与职业

“生”原意为“活着”，“涯”为“边际”。《辞海》中对“生涯”的解释是：从事某种活动或职业的生活。一般意义上说，生涯就是生活。

美国职业生涯管理专家舒伯(Super. D. E)认为，生涯是一个人生活里各种事件的演进方向与历程，包括一个人在一生中所扮演的角色及结果，它包括三个层面：(1)

时间，即个人的年龄或生命的过程，又可细分为成长、试探、建立、维持或衰退等时期；(2)广度或范围，即每个人一生所扮演的各种不同角色；(3)深度，即个人投入的程度。

（二）职业生涯

“职业生涯”，顾名思义是指一个人一生所从事的工作、职业活动。作为一种客观存在，尽管不同国家的学者对职业生涯的内涵有着不同的认识，但职业生涯的基本内涵可从以下四方面认识。

一是，职业生涯是个体的概念。指个体的行为经历，它表示一个人一生中在各种职业岗位上的行为经历。

二是，职业生涯是以职业为核心的概念。简单地说，是指一个人的终生职业经历。职业生涯是人一生中最重要的历程，是追求自我实现的重要人生阶段，对人生价值起着决定性作用。

三是，职业生涯是时间的概念。它是指与工作相关的整个职业生涯期，起始于工作之前的学习和训练，终止于完成或退出职业工作，而不仅仅是指一个工作阶段。

四是，职业生涯是发展和动态的概念。受各方面因素的影响，一个人的职业有着变更和发展的经历，其中包括从事何种职业，职业的发展、转换、晋升，等等。

美国职业心理学家施恩(E. H. Schein)教授将职业生涯分为外职业生涯和内职业生涯。

外职业生涯是指从事一种职业时的工作时间、地点、单位、内容、职务与职称、工资待遇等因素的组合及其变化过程。外职业生涯通常可以通过名片、工资单体现出来。内职业生涯是指从事一种职业时的知识、观念、经验、能力、心理素质、内心感受等因素的组合及其变化过程。内职业生涯是通过从事职业时的表现、工作结果、言谈举止表现出来的。外职业生涯的发展通常由别人决定、给予、认可，也容易被别人否定、收回、剥夺。而内职业生涯的发展主要靠自己的不断探索而获得，不随外职业生涯的发展而自动具备，也不因外职业生涯的失去而自动丧失。

在职业生涯发展过程中，起更重要作用的是内职业生涯。在职业生涯的初期，对内职业生涯提升最快的工作就是一个好工作。大学生在选择职业的时候，不要只看重薪水、福利等外在的东西，而是要选择对自己的能力锻炼最大的、对自己今后的职业方向影响最大的工作。

（三）职业生涯规划

职业生涯规划，也称职业生涯设计，是指将个人发展与组织发展相结合，对决定一个人职业生涯的主客观因素进行分析、总结和测定，确定一个人的事业奋斗目标，并选择实现这一目标的职业，编制相应的工作、教育和培训的行动计划，对每一步的时间、顺序和方向做出合理的安排。简言之，职业生涯规划就是你打算选择什么样的行业，什么样的职业，什么样的组织，想达到什么样的成就，想过一种什么样的生活，如何通过你的学习与工作达到你的目标。

职业生涯规划其实就是人生战略设计，也就是对未来的职业发展做出一种安排。我们的生命品质，取决于下决定的能力。决定影响行为，行为产生结果。卓越人生的三个决定，一是决定明确的人生方向；二是决定在这一生中，哪些目标对我们真正具有意义；三是决定当某些事件发生后，要采取哪些改变或行动。

一定意义上说，职业生涯发展过程，就是围绕圆心、拓展半径的过程，即围绕职业发展目标，不断拓展自身的知识、能力和经验的过程。职业规划不是学习计划，它的重点是工作能力的提升。大学生涯设计是职业生涯规划的阶段性设计，其主要目标是内职业生涯的发展，是职业知识、观念、经验、能力、心理素质等的培养、提高。

二、职业生涯规划的基本理论

有关职业生涯选择和发展的理论大致可以分为两类：结构取向理论和过程取向理论。结构取向理论把职业生涯问题和决策看作是在一个时间点上发生的事件，即在个人生活当中某一时刻所发生的事。强调选择什么以及将个人与环境相匹配。过程取向理论把职业生涯问题和决策看作是各种事件和选择在一生中的发展过程，这一发展过程随个人年龄增长变得日渐复杂。这类理论强调最先的选择，然后是指向某一目标的一系列事件或任务。每一种理论都有一些优点和不足，现介绍以下几种。

（一）帕森斯的特质—因素理论

特质—因素理论（又称“人职匹配理论”）是美国职业指导专家帕森斯（Frank Parsons）提出的，是最早的职业辅导理论，也是用于职业选择与职业指导的经典性理论之一。1908年帕森斯在波士顿创办职业指导局，被认为是职业指导的起点。1909年，他出版《选择职业》一书，第一次系统阐述了科学的职业指导理论，即特质—因素理论。

特质—因素理论认为，职业选择就是使职业兴趣、职业能力与职业所需要的素质相匹配。特质就是人的生理、心理特质或总称为人格特质。因素是指客观工作标准对人的要求。该理论主要以个性心理学和差异心理学为基础，承认人的个性结构存在客观差异，强调心理因素在职业选择中的匹配作用，重视心理测量技术的运用和问题的诊断。

特质因—素理论的核心是人与职业的匹配。其理论前提是：每个人都有一系列独特的特质，并且可以客观而有效地进行测量；不同职业需要配备不同特质的人员；个人特质与工作要求之间配合得愈紧密，职业成功的可能性越大。

帕森斯认为职业与人的匹配，分为两种类型：（1）条件匹配。所需专门技术和专业知识的职业与掌握该种特殊技能和专业知识的择业者相匹配。如，脏、累、险等劳动条件很差的职业，需要吃苦耐劳、体格健壮的劳动者与之匹配。(2)特长匹配。即某些职业需要从业者具有一定的特长。如，具有敏感、易动感情、不守常规、有独创性、个性强、理想主义等人格特性的人，宜于从事审美性、自我感情表达的艺术创作类型的职业。

职业选择的“三步范式”法。“三步范式”法被很多人认为是职业选择和职业设计的至理名言。经不断发展和完善，已形成职业选择和职业指导过程中广泛运用的三个步骤：第一步，分析个人的特质，即评价个体的生理和心理特征；第二步，分析职业对人的要求；第三步，进行人职匹配，即个人在了解自己的特点和职业要求的基础上，借助职业指导者的帮助，选择一份既适合自己特点又有可能获得的职业。

(二)舒伯的职业发展阶段理论

职业生涯发展理论是自“特质—因素”理论之后，重要的生涯理论突破。该理论使职业咨询从关心当前的职业适应，发展为着眼整个职业生涯的规划。从此，职业咨询从就业指导走向生涯规划辅导。其代表人物舒伯便成为职业生涯规划辅导历史上自帕森斯之后又一位里程碑式的大师。

舒伯的职业发展理论，是以年龄为依据，围绕着职业生涯不同时期而进行的。舒伯将职业发展时期分为成长阶段(从出生到 14 岁)、探索阶段(从 15 岁到 24 岁)、确立阶段(从 25 岁至 44 岁)、维持阶段(从 45 岁至 64 岁)、衰退阶段(65 岁以后)五个不同的阶段。每一个阶段都有特定的发展任务需要完成，且前一阶段发展任务的达成与否关系到后一阶段的发展。其中，探索阶段和确立阶段与大学生职业生涯规划紧密相关。

1. 探索阶段(从 15 岁到 24 岁)

指个人在学校生活与闲暇活动中研究自我，并进行职业上的探索。探索阶段是人生道路上非常重要的转变时期，它可以分为暂定期、过渡期和试行期。

(1)暂定期。从 15 岁至 17 岁。这一时期个人在空想、议论和学业中开始全面考虑欲望、兴趣、能力、价值观、雇佣机会等，做出暂时性的选择。

(2)过渡期。从 18 岁到 21 岁。这是个人接受专门教育训练和进入劳动力市场开始正式选择的时期，这时个人着重考虑现实，在现实和环境中寻求“自我”的实现。

(3)试行期。从 22 岁到 24 岁。这个时期进入似乎适合自己的职业，并想把它当作终生职业。

2. 确立阶段(从 25 岁至 44 岁)

指进入职业以后的人发现真正适合于自己的领域，并努力试图使其成为自己的永久职业。这一阶段又可分为试行期和稳定期。

(1)试行期。确立阶段的初期,有些人在岗位上“试验”,若不合适就改为其他职业。目前很多大学生刚工作就不断地“跳糟”,就是他们在不断地“试验”、寻找最适合自己的职业。

(2)稳定期。经过工作岗位上的“试验”,人们最终找到适合自己的岗位,之后在某种职业岗位上稳定下来。

在以后的研究岁月中,舒伯对发展任务的看法又向前跨了一步。他认为,在人一生的生涯发展中,各个阶段同样要面对成长、探索、建立、维持和衰退的问题,因而形成“成长→探索→建立→维持→衰退”的循环。如一个大学一年级的新生,必须适应新的角色与学习环境,经过“成长”和“探索”,“建立”了较固定的适应模式,“维持”了大学学习生活之后,又要开始面对另一个阶段——准备求职。原有的已经适应了的习惯会逐渐“衰退”,继而对新阶段的任务又要进行“成长”、“探索”、“建立”、“维持”与“衰退”,如此周而复始。

之后,舒伯又提出一个更为广阔的新观念——生活广度、生活空间的生涯发展观。这个生涯发展观除了原有的发展阶段理论之外,较为特殊的是加入了角色理论,并将生涯发展阶段与角色彼此间交互影响的状况,描绘出一个多重角色生涯发展的综合图形。这个生活广度、生活空间的生涯发展图形,舒伯将它命名为“一生生涯的彩虹图”(如下图):

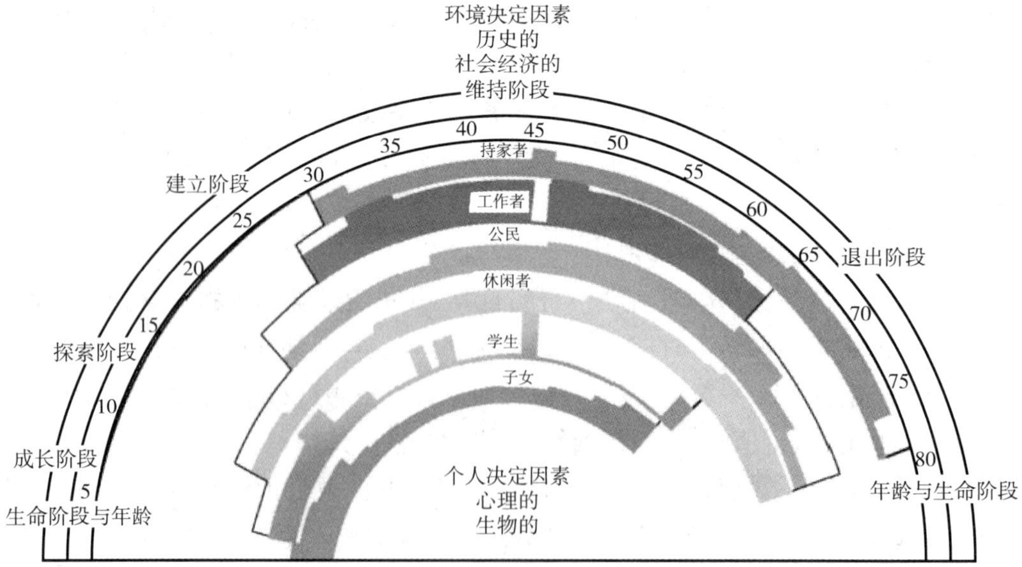

舒伯认为,人的行为方向受到三种时间因素的影响:一是对过去成长痕迹的“审视”;二是对目前发展状况的“审视”;三是对未来可能发展方向的“展望”。这三种因素是相互影响的,过去是现在的成因,现在又是未来的基础。生涯的彩虹图就提供了一个最佳的透视工具。

(三)霍兰德的人格类型理论

由美国约翰·霍普金斯大学心理学教授、著名的职业指导专家约翰·霍兰德(John Holland)提出,实质在于人格与职业的相互适应。

20 世纪 60 年代,霍兰德在帕森斯的观点的基础上,结合当时的人格心理学概念,认为职业选择是个人人格在工作世界的表露和延伸,即人们在工作选择和经验中表达自己的个人兴趣和价值。他认为人的人格类型、兴趣与职业密切相关,兴趣是人们活动的巨大动力,凡是具有使人产生兴趣的职业,都可以提高人们的积极性,促使人们积极地、愉快地从事该职业。而且,职业兴趣与人格之间存在很高的相关性,每一特殊类型人格的人,便会对相应职业类型中的工作或学习感兴趣。他认为,人可分为 6 种人格类型:现实型(简称 R)、研究型(简称 I)、艺术型(简称 A)、社会型(简称 S)、企业型(简称 E)和事务型(简称 C),个人的人格属于其中的一种。人所处的环境也可以相应分为 6 种类型,即现实型(R)、研究型(I)、艺术型(A)、社会型(S)、企业型(E)和事务型(C),这 6 种类型按照一个固定的顺序可排成一个六边形(RIASEC),如图所示:

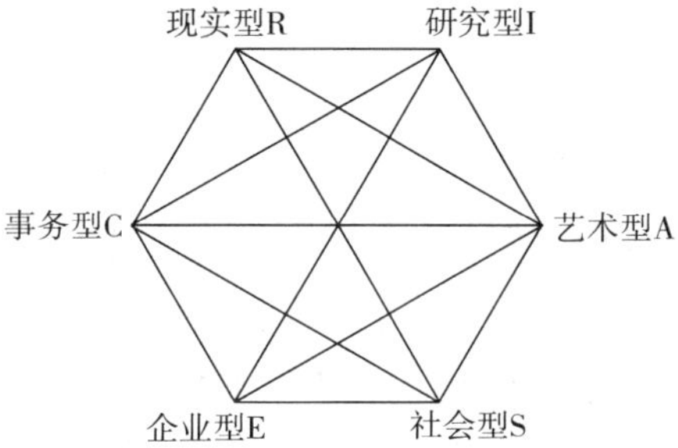

霍兰德认为,每个人都是这 6 种类型的不同组合,只是占主导地位的类型不同。每一种职业的工作环境也是由 6 种不同的工作条件所组成,其中有一种占主导地位。一个人的职业是否成功,是否稳定,是否顺心如意,在很大程度上取决于其个性类型和工作条件之间的适应情况。霍兰德职业人格能力测验就是通过对被试者在活动兴趣、职业爱好、职业特长以及职业能力等方面的测验,确定被试者上述 6 种类型的组合情况(按 6 个方面的得分从大到小排序,排在首位的就是被试者占主导地位的类型),并根据其个性类型寻找适合被试者的职业(已根据 R、I、A、S、E、C 的不同组合将职业分类,每种组合类型都能从中找到适合于该种类型的职业)。

霍兰德的职业选择理论,实质在于劳动者与职业的相互适应,同一类型的劳动与职业互相结合,便是达到适应状态和结果;劳动者找到适宜的职业岗位,其才能与积极性会得以更好地发挥。

(四)职业锚理论

职业锚的概念是由施恩教授提出的。所谓职业锚就是指当一个人不得不做出选择的时候，无论如何都不会放弃的职业中的那种至关重要的东西或价值观。职业锚实际上就是人们选择和发展自己的职业时所围绕的中心。这一概念包含人们在工作实践中通过自我认识或自省发现的自身三个方面的内容：一是才干和能力，知道自己能干什么；二是动机和需要，知道自己想干什么；三是态度和价值观，知道自己为什么要干。由此可见，职业锚是一个比通常意义上的价值观和动机更加宽泛的概念。它整合了个体的能力、动机、需要、态度以及价值观等各方面因素，是个体和早期各种工作情景之间相互作用的产物，是个体的一种整体自我观和自我职业价值观。实际上，职业锚就是人们选择和发展自己的职业时所围绕的中心。一个人对自己的天资和能力、动机和需要以及态度和价值观有了清楚的了解之后，就会意识到自己的职业锚到底是什么。职业锚是以一个人的工作经验为基础的。明确职业锚有三大作用：便于选择自己的职业发展道路、便于确定职业目标和职业角色、有助于提高个人的工作技能，提高自己的职业竞争力。

施恩最初提出职业锚的概念时把它分为五种类型：技术或功能型，管理型，创造型，自主与独立型，安全型。1996 年，施恩对职业锚进行了重新界定，增至为八种类型：管理型、技术职能型、自主性、安全稳定型、创新型、生活型、服务型、挑战型。

管理型职业锚的人多具有较强的分析能力、人际沟通能力等，认为自己比较适合成为一名管理者，因此，他们渴望能够独立地承担一部分工作，表现出希望成为管理者的强烈动机，他们的职业目标就是追求更高的管理工作职位。

技术型职业锚的人所有的心思都用在了自己技术或职能方面的发展、成长上。他们非常重视自己技术或职能的应用，希望有能够促进自己技术进步和职能发展并能应用这些技术或职能的环境和机会。

自主型职业锚的人永远不会放弃自己对于自由、独立的追求。他们讨厌来自组织、制度或上级的限制，渴望能够按照自己的方式来安排学习、工作和生活。具有弹性的工作时间和方式是他们的最爱。

安全稳定型职业锚的人认为工作的安全与稳定的重要性是高于一切的。同时，他们会以对组织的忠诚来回报这种稳定性。

创新型的人常常能够刻苦努力地学习，一旦时机成熟，他们就会摆脱外界的束缚，去开拓自己的事业，向世人展示自己的生存价值。

生活型职业锚的人不会放弃的是自己整体生活质量的提高。这类人总是希望能够平衡学习、工作和生活的各个方面，从而达到整体的和谐。

服务型职业锚的人一直所追求的核心价值是服务。对他们来说，能够帮助他人、保护人们的安全、提高人们生活水平、对他人有益的活动，才是真正有价值的事情。

挑战型职业锚的人眼里通常只有一个词：成功。越是看起来不容解决的事情，越能够激发他们的斗志；对手越是厉害，困难越大，成功以后的高峰体验才越是明显。

总之，不同职业锚的人职业追求不一样，在职业选择过程中，只有正确认定自己的职业锚类型，识别自己的职业抱负模式和职业成功的标准，才能够“对症下药”，提高工作满意度和工作效率。

施恩认为职业锚的确认需要一个过程，要经过早期几年的工作实践，并不断地加深对自己的能力、动机、态度以及价值观等的认识以后才能够达到。因此，很难在进入职业领域前就通过直接测试获得。但职业锚理论可以帮助我们进行自我分析和自我定位。如，管理型职业锚的人可以考虑进入行政管理部门或企业管理部门。技术职能型职业锚的人可以考虑进入企业进行技术开发等有关的工作。安全型、服务型职业锚的人比较适合选择做教师等相对稳定的职业，而成功的企业家大多是创新型职业锚的人。大学生可以通过积极参加校园文化活动或社会实践活动来逐步发现自己的职业锚。

第二节　自我认知与职业发展环境

“认识自己”很不容易，并且极端重要。我国古代哲学家老子说：“知人者智，自知者明。”自知比知人更难，难就难在它需要勇气，需要理智，还需要智慧。西方思想家认为自知是人类最高智慧的体现。没有自知，就不可能有效地进行职业生涯规划，也不可能拥有成功的人生。

一、自我认知

“我适合做什么”是大学生在职业生涯规划过程中最常思考的问题，也是大学生职业定位的关键点。想要弄清楚“我适合什么样的职业”、“我在什么样的职业中能够充分发挥潜能”、“我在完成什么样的工作时所获得的自我成就感最高”等问题，首先需要认清“我”是什么样的人、“我”的喜好是什么。一个人只有先认清自己拥有什么样的优越条件，才能够更好地运用这些条件。因此，自我认知也是职业生涯规划的基础。个体对自我的认识越透彻，就越能够了解自己的所需所能，从而在现实职业环境中寻找与个人人格特质相匹配的职业。

（一）气质与职业

气质是个体稳定的心理活动的动力特征，主要表现在心理活动的强度、速度、灵活性与指向性等方面。气质是人的天性，也就是人们平常所说的“秉性”，是不容易改变的。人的气质差异是先天形成的，受神经系统活动过程的特性所制约。孩子刚一出生时，最先表现出来的差异就是气质差异，有的孩子爱哭好动，有的孩子平静安稳。

公元前5世纪，古希腊著名医生希波克拉底提出了体液理论的气质学说。他认为人体内有四种体液：血液、黄胆汁、黑胆汁和黏液。根据这四种体液在人体中所占比重不同，他把人的气质分为多血质、胆汁质、黏液质和抑郁质这四种基本类型，这种分类的方式一直沿用至今。

1. 多血质

多血质人的特点是活泼、好动、敏感、反应迅速、喜欢与人交往、注意力容易转移、兴趣容易变换等等。他们擅长与外界打交道，适合从事灵活多变、富有刺激性和挑战性的工作。如，政府及企事业单位的管理工作、外事、公关、医生、律师、运动员、新闻工作者、演员、公安侦察员、服务员等。但多血质的人不适合做过细或者机械、单调的工作。

2. 胆汁质

胆汁质的人直率、热情、精力旺盛、情绪易于冲动、心境变换剧烈，适合从事与人打交道、工作内容环境充满变化性的工作。如，导游、节目主持人、推销员、外事接待人员和演员等，但很难胜任长期安坐的细致工作。

3. 黏液质

黏液质的人安静、稳重、反应缓慢、沉默寡言、情绪不易外露，注意稳定且难以转移，善于忍耐，适合做稳定的、按部就班的、静态的工作。如，外科医生、法官、文员、播音员、会计、出纳和统计工作等，而不太适合做创造性的工作。

4. 抑郁质

抑郁质的人孤僻、行动迟缓、体验深刻、善于觉察别人不易觉察到的细小事物，适合安静、细致的工作。如，人事、机要、秘书、编辑、档案、化验、保管工作，也适合从事研究工作和艺术造型等工作，而不适合热热闹闹的场合。

气质只给人们的言行涂上某种色彩，但不能决定人的社会价值，并无性质上的好坏之分。任何一类气质都同时具有积极和消极两面性。一般说来，各种气质类型的人在从事某些职业时，都会特别有效率。

（二）性格与职业

性格是指一个人对事物的稳定态度以及与之相适应的习惯化的行为方式，是个体区别于他人的主要特征。性格表现了人们对现实和周围世界的态度，并表现在他的行为举止中，主要体现在对自己、对别人、对事物的态度和所采取的言行上。这种态度和行为方式是经常性的、习惯化的，不是那种特殊条件下偶然表现出来的。相较于气质而言，性格是后天形成的，较容易改变。

1920年，瑞士心理学家和精神分析医师荣格(Carl G. Jung)在他的《心理类型》中提出了性格类型这一概念。根据观察，荣格推断出，“个体的不同行为反应源于个人在运用心智方面具有不同的倾向”。人们按照各自的倾向行事，便逐渐形成各自的行为模式。荣格将性格分为3种维度和8种类型。20世纪50年代，美国一对母女麦耶斯(Myers)和布瑞格斯(Briggs)在此研究的基础上又提出一种维度，从而形成了4种维度、8种行为风格、16种性格类型。根据个体认知外在世界方法的不同，分为感觉型和直觉型；根据个体对专注外在世界的角度不同，可分为内向型和外向型；根据个体处理事情的态度的不同，可分为判断型和知觉型；根据个体下结论、作决定的方式不同，可分为思考型和情感型。

心理学研究表明，不同性格的人对职业的适应性也是不同的，选择职业要考虑性格与所选职业的相匹配，尽量选择与自己性格特点契合度高的工作。各种职业对人们的性格都有着特定的要求，所以只有符合某种职业对性格的要求，个体才能适应这一职业。个体性格与职业的匹配越高往往越能带来工作的成就感。

（三）兴趣与职业

兴趣是人们力求认识某种事物和从事某项活动的意识倾向。它表现为人们对某件事物、某项活动的选择性态度和积极的情绪反应。兴趣在人的实践活动中可以使人集中注意，产生愉快紧张的心理体验。当这种兴趣直接指向与职业有关的活动时，就表现为职业兴趣。职业兴趣是一个人对待工作的态度，对工作的适应能力，表现为有从事相关工作的愿望和兴趣。拥有职业兴趣将增加个人的工作满意度、职业稳定性和职业成就感。职业兴趣是个体探究某种职业或从事某种职业活动所表现出来的特殊个性倾向，是选择职业的重要依据。良好的职业兴趣可以充分地发掘人的职业潜能，从而取得事业的成功。

兴趣在职业选择过程中有三个主要的作用：一是判断个体对某一职业所能产生兴趣的浓厚程度；二是预测个体在职业活动中能否充分发掘个体潜能，获得职业生涯的成功；三是判断个体能否更好适应某一职业环境和职业角色的可能性。一旦产生浓厚的职业兴趣，个体会表现出对自己职业及工作岗位的热爱，坚定自己的职业生涯发展目标，在工作中竭尽全力发挥自己的聪明才智。

（四）能力与职业

能力的概念非常复杂。一般认为能力是一种心理特征，是顺利完成某种活动的心理条件。个体能力的产生和发展是与社会生活分不开的。能力表现在活动中，并在活动中得到发展。只有在个体从事某种活动的过程中，才能观察、了解到个体所具有的能够从事该项活动的能力水平。人的活动是复杂的、多样化的，所以，要成功地完成某种活动，往往需要多种能力相结合。

心理学上把能力分为一般能力和特殊能力两大类。一般能力是顺利完成不同种类活动过程中表现出的基本能力，包括观察力、记忆力、注意力、想象力、思维力等。这些在认知过程中表现出的一般能力又被称为“智力”。特殊能力是指在某种专业实践活动得到体现的能力，只在特殊活动领域中发生作用。比如，从事音乐工作的人必须具备曲调感、节奏感、听觉记忆等能力；从事专业心理咨询人员的独特理解能力等等。一般能力与特殊能力相互联系，构成辩证统一的有机整体。

有些职业要求从业者具有较高的智力水平，例如从事科学、文化、教育等方面的职业。此时，智力在一定程度上决定了个体可以从事的职业类型。相对于科研人员、大学教师、律师、工程师等职业而言，一般的职业受智商的影响则不太明显。特定的职业对从业者的特殊能力要求各有不同。如会计要求具有算术能力，教师要求具有语言表达能力，市场分析师要求具有逻辑推理能力，工程师要求具有空间判断能力，设计师要求具有创新思维能力，等等。

（五）职业价值观

不同的决定造成不同的命运，而主宰我们做出不同决定的关键因素就是个人的价值观。价值观是人生的指南针，它指引着人生的方向。每当你面临抉择的时候，它就会替你做出决定，引导你拿出相应的行动。价值观是人的过滤器，它决定了什么对你是最重要的，什么对你是不重要的，什么是有意义有价值的，什么是无聊的乏味的。价值观是人生决策的依据。一旦你知道了自己最重要的人生价值是什么，那么怎么下决定就轻而易举。相反的，如果你不知道什么对你才是最重要的，那么就很难做出决定。有杰出成就的人，常常能很快做出决定，因为他清楚地知道自己人生最重要的价值。

如果我们不知道自己人生中最重要的是什么——我们确实应该坚持什么样的价值观——那么就无法知道该建立什么样的成功基础，也就无法知道该做出何种有效的决定。行为科学研究结果表明，人不会持续不断地做连自己都不知道为什么要做的事情。价值观是确定职业人生目标的前提。

职业价值观也称为择业观，是一个人对职业的认识和态度，以及他对职业目标的追求和向往，是人生目标和人生态度在职业选择方面的具体表现。职业价值观体现了理想、信念、世界观对于职业的影响，它为个体的职业选择、努力实现工作目标提供充分的理由，决定着人们的职业期望，影响着人们对职业方向和职业目标的选择。人们在选择职业时，他的职业价值观体现在个人的择业标准以及对具体职业的评价上。职业价值观属于社会意识，它具有社会性、历史性、个别差异性。职业价值观是大学生价值观的重要组成部分，它极其活跃，但也极不稳定。

二、职业发展环境

我们在进行职业生涯规划的时候，不能脱离社会的现实环境和未来发展。因此，大学生在进行个人职业生涯规划前，必须认识和分析职业发展环境。当今世界，每一天都充满着无穷无尽的变化，用瞬息万变来形容再合适不过。这就让我们探索、把握和研究外部环境变化变得更加复杂和困难。所以，要想对外部环境做较为全面的了解和掌握，就一定要运用全面而系统的视角，以各种因素的“变”为前提，对其进行衡量、评估、反应，这是有效职业生涯规划的必要条件。

（一）宏观职业发展环境

1. 政治环境

一个国家的政治体制、方针、政策等都属于政治因素。政治和经济的关系密不可分，政治不仅影响到一国的经济体制，而且影响着企业的组织体制，进而也影响到个人的职业发展。政治制度和氛围还会潜移默化地影响个人的追求，从而影响个体对职业发展的选择。如大学生志愿服务西部计划、大学生选调下基层等，都体现了我国我党和国家就业政策对大学生就业的引导。

2. 经济环境

经济环境是影响职业选择和职业发展的重要因素。首先，职业受到经济形势变化的影响最为明显又最为复杂。一般情况下，经济发展状况较好，社会人才需求量大，职业选择的机会较多；相反，经济发展状况较差，人才需求减少，职业选择的机会就会减少。其次，在经济发展水平高的地区，企业相对集中，个人职业选择的机会会比较多，因而就有利于个人职业发展；反之，在经济落后地区，个人职业选择的机会相对来说就比较少。再者，当人们的收入水平提高时，对商品消费的需求会增加，企业会扩大生产，从而增加对人力资源的需求，职业选择和职业发展的机会增多，反之就会减少。

3. 文化环境

社会文化环境包括了教育条件和水平、文化设施等。营造一个良好的社会文化氛围，能使个人受到良好的教育和熏陶，为职业发展奠定更好的基础。

社会文化是影响人们欲望、行为的基本因素。个人的基本信念、价值观和规范的变动都会通过社会文化反映出来。如果人们追求工作的安全感和稳定性，那么人力资源在各企业之间的流动就相对较少，如日本公民喜欢终身雇佣制。如果一个地区的人们崇尚职业的新奇性和变换性，那么这个地区的人们在各个企业之间的变动频率就会较高，如美国公民普遍喜欢市场的契约制度。我国社会文化的复杂性决定了个人职业选择与职业发展要考虑工作所在地的文化因素，如我国沿海地区的人们可能喜欢与员工保持契约关系，而内地公民可能喜欢传统的稳定的雇佣制度。

（二）中观职业发展环境

职业环境是今后可能选择的职业在社会大环境中的发展现状、社会地位、未来趋势以及所需技术含量，等等。

1. 行业环境

行业环境包括行业发展现状、发展前景以及重大事件对该行业的影响。行业的整体环境直接影响到企业的发展状况，进而影响到每个人的职业生涯发展。因此，我们在职业生涯规划的时候必须分析自己所选择的行业的发展现状、优势及问题，发展前景、重大事件对行业的影响等。

行业是企业的聚合。从事同类产品的生产销售或提供类似服务的企业达到一定的数量才形成一个行业。如化工行业、家电行业、服装行业等。同样是家电行业，就包括生产电视机、洗衣机、空调、冰箱等不同类型具体产品的若干家企业。在同一行业内，可以从事不同的职业。如，家电行业，可以做家电设计，可以做行政管理，也可以做家电销售等等。

分析行业环境，一定要结合宏观职业发展环境的发展趋势，重点分析行业的发展前景，是新兴的朝阳行业，还是没落的夕阳行业。要关注国家对该行业的政策，是鼓励扶持，还是限制约束。

2. 企业环境

西方有一句名言：你选择了一个组织，就选择了一种生活。企业是从业者生存和发展的土壤，是大学生职业生涯中重要的实践环节，企业环境直接影响到职业生涯规划的结果。通过对企业环境的分析，了解企业的过去、现状和未来的前景，使我们的职业选择建立在清楚的"知彼"的基础上，不仅有利于我们制订职业生涯规划，而且有利于今后我们的求职就业。

对企业组织的分析，主要包括：企业组织的特色和发展目标、企业的生命周期、企业的人力资源状况、企业文化等。此外，企业组织提供的培训机会也是企业组织环境分析的重要因素之一。

大学生认识职业环境的渠道基本上可以分为动态和静态两种。动态渠道包括通过短期的培训、社会实践、实习或者参观等。静态渠道则是指通过阅读刊物、企业简介、互联网等媒介了解信息。只有对职业环境有充分的认识，才能破除我们对某些职业或工作的刻板印象。

（三）微观职业发展环境

1. 学校环境

学校环境是指所在学校的发展历史、办学特色与优势资源、科研水平、学校声誉、校友去向等因素。特定的学校培养的学生各具特色，是影响职业生涯规划的一个重要因素。教育是赋予一个人才能、塑造一个人人格、促进一个人发展的活动。徐显明在《大学理念论纲》中指出：一个人一生中需要三个"母亲"来塑造他的品格：自然人格是母亲给的，民族品格是祖国给的，文化品格则是母校给的。大学既传递知识，也创造文化。一个人进了大学，他会受到大学的熏陶。母校的文化味道，必将与他终生相伴。

读书学习，有着双重的目的：一是掌握知识，一是发展思维技能。我们往往注意前者而忽略后者。大学生要充分利用学校的教师资源、同学资源、朋友资源，构建良好的学习圈，拓宽知识面；要全面培养自己的能力，特别是培养自己的思维能力。"教育就是叫人去思维"。人的素质差异，本质不在于他们所掌握的知识信息量的差异，而在于他们思维能力的差异。敢不敢创新、能不能创新，这才是大学毕业生能否从茫茫人海中脱颖而出的根本所在。

2. 家庭环境

英国教育家约翰·洛克认为："家庭教育决定孩子一生的命运。"家庭是个人成长的最基础也是最核心的环境。子女与父母的亲密关系、父母的教养方式、父母的职业、家庭的社会经济地位等，父母对子女未来的职业期望、家庭对子女的支持以及家庭的需要等因素都会对大学生的职业生涯设计产生不容忽视的影响。"艺术世家"、"教育世家"、"商贾世家"等世代从事某一领域行业的家庭常常出现在我们的现实生活中。但研究也表明，如果大学生个体自我认识程度越高，且能将自身兴趣与专业选择和职业生涯发展紧密结合，那么家庭因素对他的影响相对也就越小。

3. 社会关系

人是社会的人，每时每刻要和别人打交道。一个人在职业发展过程中，必然要寻求并得到他人的帮助。有人说，一个人赚的钱，12.5%是靠自身的知识，87.5%则来自人脉关系。30岁以前靠专业赚钱，30岁以后拿人脉赚钱。可见，社会关系对于人生和职业成功何等重要。因而，在职业生涯规划中，需要就社会关系环境进行分析和评估。社会关系是指社会大众在共同认可及遵守的行为标准规范下的一种互动，这种互动因个人社会地位的不同而扮演不同的角色。社会关系重点指亲属关系和人际关系。通常人们认为人脉关系主要依托于家庭关系背景，其实它的另一部分来源于大学生自己在日常的学习、生活和工作中的有意识培养和积累。所以，大学生应好好珍惜大学期间建立起来的人脉关系。这几年你认识的朋友可能会是你毕业以后最宝贵的财富。

第三节 大学生职业生涯规划的决策与实施

著名潜能激发大师、美国的安东尼·罗宾先生提出"必定成功公式"。这条公式的第一步是"要知道你所追求的"，也就是要有明确的目标。第二步是"要知道该怎么去做”，否则你只是在做梦。在经过认真的自我认知和职业环境认知，真正“知己”、全面“知彼”的前提下，确定职业生涯发展目标，制订实施策略与行动计划，并在实施中不断调整修正目标和行动方案，才能完成职业生涯规划。

一、大学生的职业选择

我们究竟会成为一个什么样的人，决定权在我们自己。决定你“是什么”的，不是你的能力，而是你的选择。我们的未来不是别人给的，是我们自己选择的。一个人最伟大的力量是选择的力量。

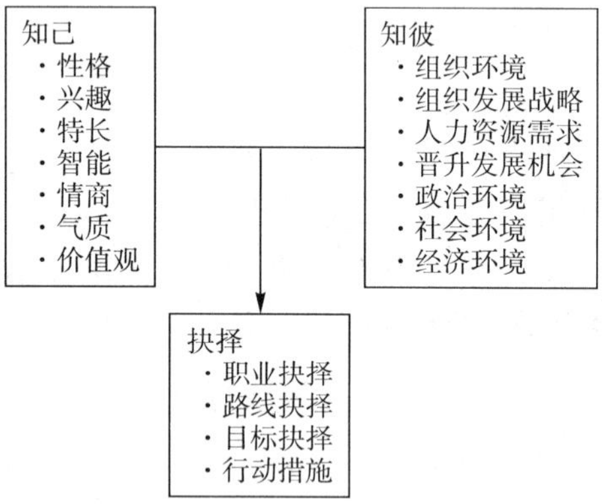

职业生涯设计三要点关系图

经自我评估和职业环境分析，大学生要做出自己的职业定向和职业选择。职业的选择是大学生人生事业发展的起点，选择正确与否，直接关系到人生事业的成败。良好的职业定位是以自己的最佳才能、最优性格、最大兴趣、最有利的环境等信息为依据的。大学生面临的最大任务就是择业和就业，因此，掌握一些择业的方法非常重要。

（一）职业选择的基本原则

1. 择己所爱

兴趣是最好的老师。从事你所喜欢的工作，工作本身能给你一种满足感，你的职业生涯也会从此变得妙趣横生。调查表明：兴趣与成功机率有着明显的正相关性。在规划自己的职业生涯时，务必考虑自己的特点，择己所爱，选择自己所喜欢的职业。

2. 择己所长

任何职业都要求从业者掌握一定的技能，具备一定的能力条件。而一个人一生中不可能掌握所有技能。所以你必须在进行职业选择时择己所长，从而有利于发挥自己的优势。判断一个人是否成功，最主要看他是否最大限度地发挥了自己的优势。一是充分用足了自己的长处；二是用足了环境的长处。

3. 择世所需

社会的需求不断变化，旧的需求不断消失，新的需求不断产生。新的职业也不断产生。所以在设计你自己的职业生涯时，一定要顺应社会发展需要，择世所需。最重要的是，目光要长远，能够准确预测未来行业或者职业发展方向，再做出选择。不仅仅是有社会需求，并且这个需求要长久。

4. 择己所利

职业是个人谋生的手段，其目的在于追求人生幸福。所以你在择业时，首先考虑的是自己的预期收益——个人幸福最大化。明智的选择是在由收入、社会地位、成就感和工作付出等变量组成的函数中找出一个最大值。这就是选择职业生涯中的收益最大化原则。

（二）职业生涯方向选择的“6W”法

1. “What you are?”

你是什么样的人？这是自我分析过程。分析的内容包括个人的兴趣爱好、性格倾向、特长、教育背景、过往经历等等。这样对自己有个全面的了解。要了解并正确认识自己的优缺点。有的人虽然缺点不明显，可也找不到突出的优点；有的人虽然缺点明显，但优点也很突出。相比之下，人们往往更欣赏后者。

2. “What you want?”

你想要什么？这是目标展望过程。包括职业目标、收入目标、学习目标、成就感等。特别要注意的是学习目标，只有不断确立学习目标，才不会被激烈的竞争淘汰，才能不断超越自我，登上职业高峰。世界上最大的悲剧莫过于有太多的年轻人从来没有发现自己真正想做什么。

3. “What you can do?”

你能做什么？自己专业技能何在？最好能学以致用，发挥自己的专长，在学习过程中积累自己的专业相关知识技能。个人工作经历也是一个重要的经验积累，可用以判断你能够做什么。知道自己能干什么，也要知道自己不能干什么。知道自己能够做些什么，说明你在不断成长；知道自己不能够做些什么，说明你在不断成熟。

4. “What can support you?”

什么是你的职业支撑点？你具有哪些职业竞争能力？你的各种资源和社会关系如何？个人、家庭、学校、社会的种种关系，也许都能够影响你的职业选择。

5. “What fit you most?”

什么是最适合你的？行业和职位众多，哪个才是适合你的呢？待遇、名望、成就感和工作压力及劳累程度都不一样，就看个人的选择了。最好的并不一定是合适的，合适的可能才是最好的。

6. "What you can choose in the end?"

最后你能够选择什么？通过前面的分析过程，你就能够做出一个简单的职业生涯规划了。

二、职业生涯发展路线的选择

所谓职业生涯发展路线，是指当一个人选定职业后，为了实现职业目标和职业理想所选择的路径。比如，是向专业技术方向发展，还是向行政管理方向发展？不同的发展路线对从业者的素质要求不同，影响到今后的发展阶梯也不同。职业生涯发展路线包括一个个发展阶梯，我们可以由低阶至高阶步步上升。例如，大学教师的职业生涯发展路线通常是：助教→讲师→副教授→教授。在企业中，财务人员的职业生涯发展路线可以是会计员→主管会计师→财务部经理→公司财务总监，等等。

在职业生涯发展路线抉择过程中，可以针对下面三个问题询问自己：

我想往哪一路线发展？

我适合往哪一路线发展？

我可以往哪一路线发展？

第一个问题是通过对自己的价值观、理想、成就动机和兴趣的分析，确定自己的目标取向。第二个问题是通过对自己的能力、性格、特长的分析，确定自己的能力取向。第三个问题是通过对自己所处的社会环境、经济环境、组织环境等的分析，确定自己的机会取向。基于对这三个取向的综合分析，确定职业生涯路线。

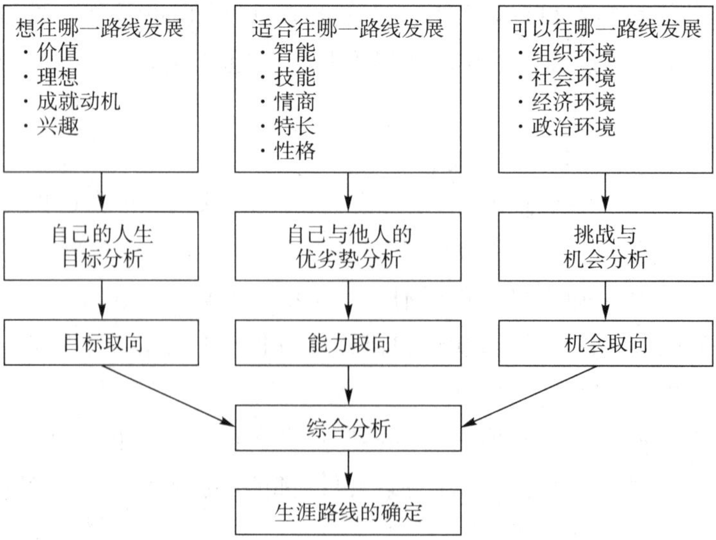

职业生涯路线分析过程图

每个人的基本素质不同，职业生涯发展路线也就不一样。有的人适合搞研究，能够在专攻领域求得突破；有的人适合做管理，可以成为一名优秀的管理人员；有的人适合创业，可以成为一名成功的企业家。一般而言，有四种职业生涯发展路线可供我们选择，即专业技术型路线、行政管理型路线、先专业技术后行政管理和创业。

如果你对科学研究感兴趣，善于独立思考，而不喜欢从事管理活动，专业技术型发展道路可能是你较好的选择。如果你很喜欢与人打交道，能得心应手地处理人际关系，并善于影响、控制他人，追求权力，行政管理型发展道路就可能是你最恰当的选择。如果你虽然在开始时选择了专业技术方向，但仍然对管理有兴趣，并且希望在管理领域有所作为，也可以选择先专业技术后行政管理的发展道路。即，一开始从事某种技术性专业，不断积累自己的专业知识，打一下坚实的专业技术基础。然后，在适当的时候，转向专业技术部门的管理职位。现在，越来越多的人选择了自我创业的道路。创业自有乐趣，但也充满了艰辛。客观上，创业要有良好的机会和适宜的土壤。主观上，创业者不仅要有强烈的成就动机，而且心理素质要好，能够承担风险，并且善于发现开拓新领域、新产品、新思维。

三、设定职业生涯目标

生涯目标的设定，是在继职业选择、职业生涯路线选择后，对人生目标做出的抉择。职业生涯目标包括人生目标、长期目标、中期目标和短期目标。根据规划跨及时间的长短，短期目标一般为 1～2 年内的目标，中期目标为 2～5 年内的目标，长期目标为 5～10 年内的目标。人生目标是我们的最终的职业目标。一个人能否成就一番事业，很大程度上取决于有无一个正确而适当的人生目标。因而，进行职业生涯规划应该首先确立你的人生目标。

（一）确立目标是职业生涯规划的核心

美国斯坦福大学曾经作过一项调查，他们随机抽取了一群年龄、条件、学历等都大体相同的人。调查发现：27%的人没有什么目标，60%的人目标模糊，10%的人有明确目标，3%的人不仅有明确的目标，而且能把目标写下来，经常对照检查。

30 年之后，再次对这群人进行调查，结果发现：

当初 27%的没有目标的人都处在社会的最底层，他们贫困、潦倒，靠社会救济金过日子，有的甚至成了流浪汉。

60%的目标模糊的人，普普通通，没有什么作为，处在蓝领阶层。

10%目标明确的人成为白领阶层，属于专业人士，进入上流社会。

那些占 3%把目标写在纸上并经常检查的人，成了社会的顶尖人士及各行各业的领袖。

调查者因此得出结论：目标对人生具有巨大的导向作用，有什么样的目标就会有什么样的人生。

据此，请回答以下问题：

我有没有目标？有多长时间的目标？

我的目标清晰吗？有没有写下来？

我是否经常检查自己的目标？

我愿意成为27%、60%、10%、3%中的哪一类人？

目标在职业生涯中究竟有哪些作用呢？

1. 目标引领方向

目标是什么？如果你在大海里航行，它就是指引航向的灯塔。如果一艘轮船在大海中失去了方向，就会在海上打转，直到把燃料用完仍然也到达不了岸边。事实上，它所用掉的燃料，可能足以使它来往于大海两岸好几次。一个人如果没有明确的目标以及达到这些目标的明确计划，不管他如何努力工作，都像是一艘失去方向的轮船。

比如乘坐出租车。可以设想一下：上车后，你不要讲话。司机如果问你："去那里？"你就说："看着办吧！"很显然，开了几十年出租车的老司机，这个时候也没有任何办法把你送到目的地。为什么？因为司机只是知道怎样选择最佳路线把你送到"你想去的地方"。他知道怎样做，他知道方法、手段和技巧，并且把它做好。至于需要把车往哪里开，司机并不知道。所以，如果连你都不知道自己想去哪里，你就无法告诉司机目的地。目的永远在技巧和方法前面。

有一句谚语说得好："对一艘盲目航行的船来说，任何方向的风都是逆风。"同样，如果你不知道去哪儿，你哪儿也去不了。人生没有目标，就好比在黑暗中远征。设定明确的目标，是所有成就的起点。

2. 目标引导行动

目标是我们行动的依据。举一个例子，假如一个人现在住的是平房，他想在院子里盖间小厨房。当他确定了盖厨房这个目标后，他就会注意收集砖块、瓦片等材料。走在街上，他就会留意哪里有砖块、哪里有瓦片，碰见砖头捡块砖头，碰见瓦片捡块瓦片，经过一段时间他就能把原料备全，最终就能把小厨房盖起来。可如果没有盖厨房这个目标，那么，他走在路上就不会注意是否有砖块，也不会注意是否有瓦片，即使这些材料都摆在他的面前，他也会认为是没有用的东西。

人生如同盖房。只有树立了明确的目标，才可能向着目标的方向努力，才能有意识地创造条件，使自己获得成功。

3. 目标激发动力

美国马里兰大学管理学兼心理学教授洛克(Edwin A. Locke)和休斯在研究中发现，外来的刺激(如奖励、工作反馈、监督的压力)都是通过目标来影响动机的。目标能引导活动指向与目标有关的行为，使人们根据难度的大小来调整努力的程度，并影响行为的持久性。1967年，洛克提出了“目标设定理论”(Goal Setting Theory)。该理论认为，目标本身就具有激励作用，目标能把人的需要转变为动机，使人们的行为朝着一定的方向努力，并将自己的行为结果与既定的目标相对照，及时进行调整和修正，从而能实现目标。这种使需要转化为动机，再由动机支配行动以达成目标的过程就是目标激励。

一个人有了明确的奋斗目标，也就产生了前进的动力。有了目标，就有了热情、有了积极性、有了使命感和成就感。目标给了你一个看得着的射击靶。随着你努力实现这些目标，你就会有成就。

4. 目标决定价值

有这样一个故事。一天，一位记者到建筑工地采访，分别问了三个建筑工人一个相同的问题。他问第一个建筑工人正在干什么活，那个工人头也不抬地回答：“我正在砌一堵墙。”他问第二个建筑工人同样的问题，第二个建筑工人回答：“我正在盖房子。”记者又问第三位工人，这次他得到的回答是：“我在为人们建造漂亮的家园。”记者觉得三位建筑工人的回答很有趣，就将其写进了自己的报道。

若干年后，记者在整理过去的采访记录，突然看到了这三个回答。三个不同的回答让他产生了强烈的欲望，想去看看这三位工人现在的生活怎么样。

等他找到这三位工人的时候，结果让他大吃一惊：当年的第一个建筑工人现在还是一个建筑工人，仍然像从前一样砌着他的墙；而现在拿着图纸的设计师竟然是当年的第二个工人；至于第三位工人，记者没费多少工夫就找到了，他现在成了一家房地产公司的老板，前两个工人正在为他工作。

一个人的目标直接决定了他将来的价值实现。目标，像分水岭一样，轻而易举地把资质相似的人们分成为少数的精英和多数的平庸之辈。前者主宰了自己的命运，后者随波逐流，甚至枉度一生。

（二）职业目标选择的原则

关于职业目标的选择原则，不同的理论表述各异。这里简单介绍一下“SMART原则”。所谓“SMART原则”，即是：目标必须是具体的(Specific)；目标必须是可以衡量的(Measurable)；目标必须是可以达到的(Attainable)；目标必须和其他目标具有相关性(Relevant)；目标必须具有明确的截止期限(Time-based)。

1. S(Specific)——明确性

所谓明确就是要用具体的语言清楚地说明要达成的标准。

心理学家曾经做过这样一个实验：组织三组人，让他们分别向着10公里以外的三个村子进发。

第一组人既不知道村庄的名字，也不知道路程有多远，只告诉他们跟着向导走就行了。刚走出两三公里，就开始有人叫苦；走到一半的时候，有人几乎愤怒了，他们抱怨为什么要走这么远，何时才能走到头，有人甚至坐在路边不愿走了；越往后，他们的情绪就越低落。

第二组人知道村庄的名字和路程有多远，但路边没有里程碑，只能凭经验来估计行程的时间和距离。走到一半的时候，大多数人想知道已经走了多远，比较有经验的人说："大概走了一半的路程。"于是，大家又簇拥着继续往前走。当走到全程的四分之三的时候，大家情绪开始低落，觉得疲惫不堪，而路程似乎还有很长。当有人说："快到了！""快到了！"大家才振作起来，加快了行进的步伐。

第三组人不仅知道村子的名字、路程，且公路旁每距一公里都有一块里程碑，人们边走边看里程碑，每缩短一公里大家便有一小阵的快乐。行进中他们用歌声和笑声来消除疲劳，情绪一直很高涨，所以很快就到达了目的地。

由此，心理学家得出结论：当人们的行动有了明确目标的时候，并能把行动与目标不断地加以对照，进而清楚地知道自己的行进速度与目标之间的距离，人们行动的动机就会得到维持和加强，就会自觉地克服一切困难，努力到达目标。

2. M(Measurable)——衡量性

衡量性就是指目标应该是明确的，而不是模糊的；应该有一组明确的数据，作为衡量是否达成目标的依据。目标的衡量标准遵循"能量化的量化，不能量化的质化"。

1984年，在东京国际马拉松邀请赛中，名不见经传的日本选手山田本一出人意料地夺得了世界冠军。当记者问他凭什么取得如此惊人的成绩时，他说了这么一句话：凭智慧战胜对手。当时许多人都认为他在故弄玄虚。马拉松是体力和耐力的运动，说用智慧取胜，确实有点勉强。两年后，意大利国际马拉松邀请赛在意大利北部城市米兰举行，山田本一代表日本参加比赛又获得了冠军。记者问他成功的经验时，性情木讷、不善言谈的山田本一仍是上次那句让人摸不着头脑的话：用智慧战胜对手。10年后，这个谜终于被解开了。山田本一在他的自传中这么说："每次比赛之前，我都要乘车把比赛的线路仔细地看一遍，并把沿途比较醒目的标志画下来，比如第一个标志是银行，第二个标志是一棵大树，第三个标志是一座红房子，这样一直画到赛程的终点。比赛开始后，我就以百米的速度奋力地向第一个目标冲去，等到达第一个目标后又以同样的速度向第二个目标冲去。40多公里的赛程，就被我分解成这么几个小目标轻松地跑完了。起初，我并不懂这样做的道理，我把我的目标定在40几公里处的终点线上，结果我跑到十几公里时就疲惫不堪了，我被前面那段遥远的路给吓倒了。"

大富豪的财富、大学者的学问、大作家的著作等都是通过无数个小目标的达成累积而来。有个大学生很善于利用"目标分解法"：他大一时就开始背英文字典，一天背两三个英文单词，到大四时，虽然还没整本背完，但他懂得的单词却比同班同学多好几倍，在考“托福”时，竟以645分的高分被著名的哈佛大学录取。

在现实生活中，我们很多人做事之所以会半途而废，往往不是因为难度较大，而是觉得成功离我们较远。确切地说，我们不是因为失败而放弃，而是因为放弃（倦怠）而失败。

3. A(Attainable)——**可实现性**

目标是要让执行人实现、达到的，可以制订出跳起来摘“桃子”的目标，不能制订出跳起来摘“星星”的目标。

美国加利福尼亚大学的学者做了这样一个实验：把6只猴子分别关在3间空房子里，每间两只，房子里分别放着一定数量的食物，但放的位置高度不一样。第一间房子的食物就放在地上，第二间房子的食物分别从易到难悬挂在不同高度的适当位置上，第三间房子的食物悬挂在房顶。数日后，他们发现第一间房子的猴子一死一伤，伤的缺了耳朵断了腿，奄奄一息。第三间房子的猴子也死了。只有第二间房子的猴子活得好好的。

究其原因，第一间房子的两只猴子一进房间就看到了地上的食物，于是，为了争夺唾手可得的食物而大动干戈，结果伤的伤，死的死。第三间房子的猴子虽做了努力，但因食物太高，难度过大，够不着，被活活饿死了。只有第二间房子的两只猴子先是各自凭着自己的本能蹦跳取食，最后，随着悬挂食物高度的增加，难度增大，两只猴子只有协作才能取得食物，于是，一只猴子托起另一只猴子跳起取食。这样，每天都能取得够吃的食物，很好地活了下来。做的虽是猴子取食的实验，但对于我们设定职业生涯目标具有一定的启发意义。如果所定的目标难度太高，乃至经过努力都没有方法完成，最终你会因为看不到实现的希望而选择放弃。只有所努力的目标是可实现的，我们才会继续坚持下去。

4. R(Relevant)——**相关性**

目标的相关性是指实现此目标与其他目标的关联情况。如果实现了一个目标但与其他目标的实现与否完全不相关，或者相关度很低，那这个目标即使被达到了意义也不是很大。

职业目标确立时，要突出重点，要避免出现面面俱到的求全情况。目标过多而没有重点，往往会在不知不觉中消耗你的精力，不但会使效率变低，还会使自己变得犹豫不决。如果每个目标都是重点，那么每个目标都不是重点。因此，为了突出重点，就需要严格控制职业目标的数量。这如同用放大镜将太阳光聚焦到一个明确的点上，光线的集中会很快使几张厚厚的纸烤出一个洞来。如果没有集中到一个点上，即使照上一年，也不会把这些纸烤出洞。可见，这个明确的点就是一个重点，就是职业目标当中的一个发力点，需要集中力量投入到关键性目标上，从而顺利实现原先既定的目标。

5. T(Time-based)——**时限性**

目标的时限性就是指目标是有时间限制的。目标设置要具有时间限制，根据任务的权重、事情的轻重缓急，拟定出完成目标的时间要求，定期检查完成进度，及时掌握项目进展的变化情况，以及根据工作计划的异常变化及时调整工作计划。

没有时间期限的职业目标，即使已量化得很具体，也是不现实的，因为职业目标在什么时候被完成仍是模糊的。没有截止时间，就很难估计要投入多少精力去实现目标。

如果确定的目标需要较长的时间，而你也有充足的时间去努力，为了保持始终如一的状态，不妨为目标设定一个或几个“子期限”。这样你的潜能很有可能会由于设定的“子期限”而激发出来。比如，这个学期要完成一个职业目标65%的工作量，而剩下的35%的工作任务可在下个学期完成。

四、制订行动计划

行动计划是把职业目标转变为相应行动的工具。计划，是为目标而制订的行动纲领。它是实现目标的具体方案，是实现目标的手段。切实可行的计划，可以使你少走许多弯路。有人说，一个好的计划，能节省你5年的时间。请不要吝啬定计划的精力，尽可能使其详尽，可执行性强。

为了在今后求职的时候能够胜人一筹，大学生必须对照职业目标来估计自己还需要进行怎样的培训，获取什么样的知识、技能和经验。找出任何你觉得必须强调的要点：你是需要获得学位、职业证书、执照，还是更新自己的知识或增添新的关键技能？

以下是对大学生的一些建议：

（一）辅修相关专业

知识代表着力量、财富和资源。根据自己的职业目标来学习必要的知识是非常关键的一步。假如你现在的专业与你今后的职业方向差别比较大，那么你可以辅修相关的专业，学习相关的知识和技能。也可以有计划地选修与职业方向有关的课程，选择电视或远程教育课程，修习自考课程等。

（二）接受相关培训

为了掌握一些职场上需要用到的知识，提高技能水平，大学生还可以参加一些职前培训活动。在条件许可的前提下，有针对性地参加职业证书培训班、商务礼仪培训班、领导力训练营和演讲提高班等。

（三）丰富实践经历

做兼职等社会实践可以提高你的技能，并有助于了解自己在技能方面的实际水平。参加一些公益性的活动，不仅可以使活动的对象获益，用自己的行动来回报社会，而且还可以使本人的一些技能得到锻炼，实践能力、动手能力得到增强。

（四）寻找良师益友

在职业生涯发展过程中，成功的前辈、良师或益友像一盏明灯，引导你成长，指导你进步，激励你发奋。大学生要做有心人，经常同他们进行互动，向他们虚心请教，与他们建立深厚交情，以便获得生活智慧，把握成功的机会，从而走向美丽的职业人生。

五、反馈评估和行动方案的调整

俗话说："计划赶不上变化。"要使职业生涯规划行之有效，就须不断地对职业生涯规划进行评估与修订。

（一）反馈评估

反馈评估是个人对自己的不断认识过程，也是对社会的不断认识过程。评估可以参照各类短期、中期预定目标和实际结果比照而行。一般说来，任何形式的评估都可以归结为自我素质和行为对现实环境的适应性判断，分析自己现状，特别是针对变化的环境，找出偏差所在，并做出修正。

1. 抓住关键点

猎人不可能同时追逐几只兔子。同样的，在我们的评估过程中也不必面面俱到，而是抓住一两个关键的目标进行追踪。通过优先排序，重点评估那些可能达到核心目标的主要策略执行的效果。

2. 找到突破点

有时候，在某一点上取得突破性的进展将使整个局面发生意想不到的改变。想一想，先前规划中的策略方案，哪一条对于目标的达成应该有突破性的影响？达到了吗？为什么没达到？如何寻求新的突破？

3. 关注薄弱点

在反馈评估过程中，当然要肯定自己取得的成绩与长处，但更重要的是根据变化的形势和环境，发现自己的"短板"，然后想办法弥补不足。唯有如此，你的职业生涯这只"桶"才能有更大的容量。

(二)行动方案的调整

接下来,就要根据评估的结果进行目标和策略方案的调整。调整的内容包括:职业的重新选择;职业生涯路线的选择;阶段目标修正;实施措施与行动计划的变更。

通过反馈评估和修正,应该达到下列目的:

一是,对自己的强项充满信心(我知道我的强项是什么);

二是,对自己的发展机会有一个清楚的了解(我知道自己什么地方还有待于改进);

三是,找出关键的有待改进之处;

四是,为这些有待改进之处制订详细的行为改变计划;

五是,以合适的方式答复那些给予反馈的人,并表示感谢;

六是,实施修订后的行动计划,确保能取得显著的进步和成就。

总之,大学生职业生涯规划是一个持续动态的过程。有效的职业生涯规划需要对生涯目标进行评估和做出适当的调整,才能使之更好地符合自身发展和社会发展的需要,从而使自己立于不败之地。

六、职业生涯成功的个人因素

一个人职业生涯能否取得成功,需要有来自外部环境的机遇,但最根本的,还是个人素质与努力的结果。

有学者从20世纪美国最成功的几百位名人的终生经验中提炼出17条职业成功条件:积极的心态;确定的目的;多走些路;正确的思考;自我控制;集体心理;应用心理;令人愉快的个性;个人的首创精神;热情;集中注意力;协作精神;总结经验教训;创造性的见识;预算时间和金钱;保持身心健康;应用普遍规律的力量。

高度概括和总结已有的实践经验后我们发现,欲获取职业成功,个人必须具备的决定性的基本要素或条件是:目标、态度、行动。

(一)坚持目标

"成功的秘诀在于坚持目标"。好比非洲豹觅食猎物,偷偷盯住一只羚羊后,抓住时机,骤然出击,在飞奔追逐的过程中,绝不旁骛别的任何一只。

"目标刻在水泥上,计划写在沙滩上"。这是英国人的一句谚语。长远目标,不能见异思迁,动辄就变。一旦确立,应作为你终生的座右铭和真理,一般不再随意更改。爱迪生说过,全世界的失败,有75%只要坚持下去,原都可以成功。成功最大的障碍,就在放弃。成功属于锲而不舍、坚忍不拔的人。

(二)积极的态度

人与人之间只有很小的差别,但这种很小的差别却往往造成了巨大的差异!很小的差别就是所具备心态的积极与否,巨大的差异就是成功与失败。

弗兰克尔指出,人生有三种重要价值,一是经验价值,来自于个人遭遇;二是创造价值,出自个人独创;三是态度价值,也就是面临困境,如遭遇失败或者罹患绝症时的反应。这三种价值中,境界最高的是态度价值。在拿破仑·希尔的成功法则17条中,他把"积极心态"放到第一,由此可见其重要。"影响力训练"机构曾经作过上万次的调查。结果显示,决定一个人成为成功者的最关键要素中,80%属于个人自我价值取向的"态度"类因素;7%属于运气、机遇、环境、时间、天赋、背景等所谓的不可控制的因素。能否驾驭客观的因素,还是因为你的态度,因为它根源于我们对待客观因素的态度,以及把握客观因素的技巧。

积极心态是"无条件"的、"用不尽"的资源,并且它不是越用越弱、越用越少,而是越用越强、越用越多,是可以不断再生、用之不竭的。当你充分享受到了它给你带来的力量,给你的生命带来的丰盈和快乐时,你就会更加乐于开发它,让生命之泉喷涌得更为彻底。

(三)付诸行动

"仅有知识是不够的,我们必须应用;仅有愿望是不够的,我们必须行动"。奥格·曼狄诺在《羊皮卷》中指出:一张地图,不论多么详尽、比例多精确,它永远不可能带着它的主人在地面上移动半步。一个国家的法律,不论多么公正,永远不可能防止罪恶的发生。任何宝典,即使我手中的羊皮卷,永远不可能创造财富。只有行动才能使地图、法律、宝典、梦想、计划、目标具有现实意义。行动,像食品和水一样,能滋润我,使我成功。最短的距离是从手到嘴,最长的距离是从说到做。再长的路,一步步也能走完;再短的路,不迈开双脚也无法到达。

1. 立即行动,把握今天

人生只有三天,活在昨天的人迷惑,活在明天的等待,只有活在今天最踏实。懂得时间宝贵的人,都知道一个今天胜过几个明天和后天。只有今天才是我们生命中最最重要的一天;只有今天才是我们生命唯一可以把握的一天;只有今天才是我们可以用来超越对手,超越自己的一天。

人生最昂贵的代价之一就是:凡事等待明天。"明日复明日,明日何其多;我生待明日,万事成蹉跎"。不要把希望寄托在明天,希望永远都在今天,希望就在现在。立即行动!只有行动才会让我们的梦想变成现实。

2. 有效行动，提高效率

一是分清重要的事与紧急的事。比如，防火是重要的事情，而救火是紧急的事情；如果不注意防火，就要常常救火。往往紧急的事情给人的压力比较大，迫使人们赶紧去做。相对来说重要的事情反而没有那么大的压力，大多数人做事情都是以压力为导向的。压力之下，总觉得非要先做紧急的事情，结果就是永远到处救火，永远没有停歇的时候。事实是你越重视解决那些重要但不紧急的事情，就越能够把很多重要的事情变得不紧急。例如，在进入大学时就给自己很明确的职业定位，并在大学期间一步一步认真准备，那当毕业迫在眉睫的时候，你就可以不慌不忙而又稳操胜券。

二是做正确的事与正确地做事。做正确的事，就是说方向一定要正确；正确地做事，就是方法一定要正确！做正确的事，追求的是效果，是目标，这是思想方法；正确地做事，追求的是效率，是过程，这是行动方法。两者之间是前提与方法的关系，如果前提错了，那么再好的方法也不能得到想要的效果。“做正确的事”和“正确地做事”是不可分割的两个方面，“做正确的事”就像是船上的帆，“正确地做事”相当于船上的桨，船帆可以左右船前进的方向，而最终达到预定的目标，但离不开提供动力的桨。只有“做正确的事”，“正确地做事”才有真正的意义；而只有“正确地做事”，才能保证“做正确的事”的贯彻实施。

3. 持续行动，每天进步一点点

日本有句俗语：“再冷的板凳，坐上三年也会焐暖”。成功最简化的步骤是：选定你的目标，放弃所有与目标无关的东西，接下来就是坚持到底，永不放弃，直至成功。

伟大和平庸之间只有一步之遥。伟大的人人生过程都是一样的，跌倒了，爬起来，再跌倒，再爬起来，只不过前者跌倒的次数比爬起来的次数要少一次，而平庸者跌倒的次数比爬起来的次数多了一次。最后一次爬起来的人，人们就把他叫做“成功者”，最后一次爬不起来、不敢爬起来的人，人们就把他们定义成“失败者”。

成功最大的障碍，在于放弃。在现实生活中，我们很多人之所以会半途而废，往往不是因为难度太大，而是觉得成功离我们很远。确切地说，我们不是因为失败而放弃，而是因为放弃而失败。

“行百里者半九十”，贵在坚持。

阅读材料

一、霍兰德职业兴趣测试量表及测试结果对照表

[指导语]人格即个性，它与职业有着密切的关系，不同职业对从业者的人格特征的要求是有差距的，如果通过科学的测试，可以预知自己的人格特

征,这有助于选择适合于个人发展的职业。您将要阅读的这个《职业性格自测问卷》,可以帮助您作一次简单的人格自评,从而获知自己的人格特征更适合从事哪方面的工作。请根据对每一题目的第一印象作答,不必仔细推敲,答案没有好坏、对错之分。具体填写方法是,根据自己的情况回答"是"或"否"。

(一)测试题

1. 我喜欢把一件事情做完后再做另一件事。
2. 在工作中我喜欢独自筹划,不愿受别人干涉。
3. 在集体讨论中,我往往保持沉默。
4. 我喜欢从事戏剧、音乐、歌舞、新闻采访等方面的工作。
5. 每次写信我都一挥而就,不再重复。
6. 我经常不停地思考某一问题,直到想出正确的答案。
7. 对别人借我的和我借别人的东西,我都能记得很清楚。
8. 我喜欢抽象思维的工作,不喜欢动手的工作。
9. 我喜欢成为人们注意的焦点。
10. 我喜欢不时地夸耀一下自己取得的好成就。
11. 我曾经渴望有机会参加探险。
12. 当我一个独处时,会感到更愉快。
13. 我喜欢在做事情前,对此事情做出细致的安排。
14. 我讨厌修理自行车、电器一类的工作。
15. 我喜欢参加各种各样的聚会。
16. 我愿意从事虽然工资少、但是比较稳定的职业。
17. 音乐能使我陶醉。
18. 我办事很少思前想后。
19. 我喜欢经常请示上级。
20. 我喜欢需要运用智力的游戏。
21. 我很难做那种需要持续集中注意力的工作。
22. 我喜欢亲自动手制作一些东西,从中得到乐趣。
23. 我的动手能力很差。
24. 和不熟悉的人交谈对我来说毫不困难。
25. 和别人谈判时,我总是很容易放弃自己的观点。
26. 我很容易结识同性别朋友。
27. 对于社会问题,我通常持中庸的态度。
28. 当我开始做一件事情后,即使碰到再多的困难,我也要执着地干下去。

29. 我是一个沉静而不易动感情的人。
30. 当我工作时,我喜欢避免干扰。
31. 我的理想是当一名科学家。
32. 与言情小说相比,我更喜欢推理小说。
33. 有些人太霸道,有时明明知道他们是对的,也要和他们对着干。
34. 我爱幻想。
35. 我总是主动地向别人提出自己的建议。
36. 我喜欢使用榔头一类的工具。
37. 我乐于解除别人的痛苦。
38. 我更喜欢自己下了赌注的比赛或游戏。
39. 我喜欢按部就班地完成要做的工作。
40. 我希望能经常换不同的工作来做。
41. 我总留有充裕的时间去赴约会。
42. 我喜欢阅读自然科学方面的书籍和杂志。
43. 如果掌握一门手艺并能以此为生,我会感到非常满意。
44. 我曾渴望当一名汽车司机。
45. 听别人谈"家中被盗"一类的事,很难引起我的同情。
46. 如果待遇相同,我宁愿当商品推销员,而不愿当图书管理员。
47. 我讨厌跟各类机械打交道。
48. 我小时候经常把玩具拆开,把里面看个究竟。
49. 当接受新任务后,我喜欢以自己的独特方法去完成它。
50. 我有文艺方面的天赋。
51. 我喜欢把一切安排得整整齐齐、井井有条。
52. 我喜欢作一名教师。
53. 和一群人在一起的时候,我总想不出恰当的话来说。
54. 看情感影片时,我常禁不住眼圈红润。
55. 我讨厌学数学。
56. 在实验室里独自做实验会令我寂寞难耐。
57. 对于急躁、爱发脾气的人,我仍能以礼相待。
58. 遇到难解答的问题时,我常常放弃。
59. 大家公认我是一名勤劳踏实的、愿为大家服务的人。
60. 我喜欢在人事部门工作。

(二)计分方法

职业人格的类型:(符合以下"是"或"否"答案的记 1 分,不符合的记 0 分)

常规型:“是”(7,19,29,39,41,51,57),否(5,18,40)

现实型:“是”(2,13,22,36,43),否(14,23,44,47,48)

研究型:“是”(6,8,20,30,31,42),否(21,55,56,58)

管理型:“是”(11,24,28,35,38,46,60),否(3,16,25)

社会型 :“是”(26,37,52,59),否(1,12,15,27,45,53)

艺术型 :“是”(4,9,10,17,33,34,49,50,54),否(32)

请将得分最高的三种类型从高到低排列,得出一个(或两个)三位组合答案,再对照《测试结果与职业匹配对照表》得出人格类型所匹配的职业。

(三)人格类型与职业环境的适配(参考)

RIA:牙科技术员、陶工、建筑设计员、模型工、细木工、制作链条人员。

RIS:厨师、林务员、跳水员、潜水员、染色员、电器修理、眼镜制作、电工、纺织机器装配工、服务员、装玻璃工人、发电厂工人、焊接工。

RIE:建筑和桥梁工程、环境工程、航空工程、公路工程、电力工程、信号工程、电话工程、一般机械工程、自动工程、矿业工程、海洋工程、交通工程技术人员、制图员、家政经济人员、计量员、农民、农场工人、农业机械操作、清洁工、无线电修理、汽车修理、手表修理、管工、线路装配工、工具仓库管理员。

RIC:船上工作人员、接待员、杂志保管员、牙医助手、制帽工、磨坊工、石匠、机器制造、机车(火车头)制造、农业机器装配、汽车装配工、缝纫机装配工、钟表装配和检验、电动器具装配、鞋匠、锁匠、货物检验员、电梯机修工、装配工、托儿所所长、钢琴调音员、印刷工、卡车司机。

RAI:手工雕刻、玻璃雕刻、制作模型人员、家具木工、制作皮革品、手工绣花、手工钩针纺织、排字工作、印刷工作、图画雕刻、装订工。

RSE:消防员、交通巡警、警察、门卫、理发师、房间清洁工、屠夫、锻工、开凿工人、管道安装工、出租汽车驾驶员、货物搬运工、送报员、勘探员、娱乐场所的服务员、起卸机操作工、灭害虫者、电梯操作工、厨房助手。

RSI:纺织工、编织工、农业学校教师、某些职业课程教师(诸如艺术、商业、技术、工艺课程)、雨衣上胶工。

REC:抄水表员、保姆、实验室动物饲养员、动物管理员。

REI:轮船船长、航海领航员、大副、试管实验员。

RES:旅馆服务员、家畜饲养员、渔民、渔网修补工、水手长、收割机操作工、搬运行李工人、公园服务员、救生员、登山导游、火车工程技术员、建筑工作、铺轨工人。

RCI:测量员、勘测员、仪表操作者、农业工程技术、化学工程技师、民用工程技师、石油工程技师、资料室管理员、探矿工、煅烧工、烧窖工、矿工、炮手、保养工、磨床工、取样工、样品检验员、纺纱工、漂洗工、电焊工、锯木工、刨床工、制帽工、手工缝纫工、油漆工、染色工、按摩工、木匠、农民建筑工作、电影放映员、勘测员助手。

RCS:公共汽车驾驶员、一等水手、游泳池服务员、裁缝、建筑工作、石匠、烟囱修建工、混凝土工、电话修理工、爆炸手、邮递员、矿工、裱糊工人、纺纱工。

RCE:打井工、吊车驾驶员、农场工人、邮件分类员、铲车司机、拖拉机司机。

IAS:普通经济学家、农场经济学家、财政经济学家、国际贸易经济学家、实验心理学家、工程心理学家、心理学家、哲学家、内科医生、数学家。

IAR:人类学家、天文学家、化学家、物理学家、医学病理、动物标本剥制者、化石修复者、艺术品管理者。

ISE:营养学家、饮食顾问、火灾检查员、邮政服务检查员。

ISC:侦察员、电视播音室修理员、电视修理服务员、验尸室人员、编目录者、医学实验定技师、调查研究者。

ISR:水生生物学者、昆虫学者、微生物学家、配镜师、矫正视力者、细菌学家、牙科医生、骨科医生。

ISA:实验心理学家、普通心理学家、发展心理学家、教育心理学家、社会心理学家、临床心理学家、目标学家、皮肤病学家、精神病学家、妇产科医师、眼科医生、五官科医生、医学实验室技术专家、民航医务人员、护士。

IES:细菌学家、生理学家、化学专家、地质专家、地理物理学专家、纺织技术专家、医院药剂师、工业药剂师、药房营业员。

IEC:档案保管员、保险统计员。

ICR:质量检验技术员、地质学技师、工程师、法官、图书馆技术辅导员、计算机操作员、医院听诊员、家禽检查员。

IRA:地理学家、地质学家、声学物理学家、矿物学家、古生物学家、石油学家、地震学家、声学物理学家、气象学家、原子和分子物理学家、电学和磁学物理学家、设计审核员、人口统计学家、数学统计学家、外科医生、城市规划家、气象员。

IRS:流体物理学家、物理海洋学家、等离子体物理学家、农业科学家、动物学家、食品科学家、园艺学家、植物学家、细菌学家、解剖学家、动物病理学家、作物病理学家、药物学家、生物化学家、生物物理学家、细胞生物学家、临床化学家、遗传学家、分子生物学家、质量控制工程师、地理学家、兽医、放射性治疗技师。

IRE:化验员、化学工程师、纺织工程师、食品技师、渔业技术专家、材料和测试工程师、电气工程师、土木工程师、航空工程师、行政官员、冶金专家、原子核工程师、陶瓷工程师、地质工程师、电力工程量、口腔科医生、牙科医生。

IRC:飞机领航员、飞行员、物理实验室技师、文献检查员、农业技术专家、生物技师、动植物技术专家、油管检查员、工商业规划者、矿藏安全检查员、纺织品检验员、照相机修理者、工程技术员、编计算程序者、工具设计者、仪器维修工。

CRI:簿记员、会计、记时员、铸造机操作工、打字员、按键操作工、复印机操作工。

CRS:仓库保管员、档案管理员、缝纫工、讲述员、收款人。

CRE:标价员、实验室工作者、广告管理员、自动打字机操作员、电动机装配工、缝纫机操作工。

CIS:记账员、顾客服务员、报刊发行员、土地测量员、保险公司职员、会计师、估价员、邮政检查员、外贸检查员。

CIE:打字员、统计员、支票记录员、订货员、校对员、办公室工作人员。

CIR:校对员、工程职员、海底电报员、检修计划员、发扳员。

CSE:接待员、通讯员、电话接线员、卖票员、旅馆服务员、私人职员、商学教师、旅游办事员。

CSR:运货代理商、铁路职员、交通检查员、办公室通信员、簿记员、出纳员、银行财务职员。

CSA:秘书、图书管理员、办公室办事员。

CER:邮递员、数据处理员、办公室办事员。

CEI:推销员、经济分析家。

CES:银行会计、记账员、法人秘书、速记员、法院报告人。

ECI:银行行长、审计员、信用管理员、地产管理员、商业管理员。

ECS:信用办事员、保险人员、各类进货员、海关服务经理、售货员、购买员、会计。

ERI:建筑物管理员、工业工程师、护士长、农场管理员、农业经营管理人员。

ERS:仓库管理员、房屋管理员、货栈监督管理员。

ERC:邮政局长、渔船船长、机械操作领班、木工领班、瓦工领班、驾驶员领班。

EIR:科学、技术和有关周期出版物的管理员。

EIC:专利代理人、鉴定人、运输服务检查员、安全检查员、废品收购人员。

EIS:警官、侦察员、交通检验员、安全咨询员、合同管理者、商人。

EAS:法官、律师、公证人。

EAR:展览室管理员、舞台管理员、播音员、训兽员。

ESC:理发师、裁判员、政府行政管理员、财政管理员、工程管理员、售货员、职业病防治、商业经理、办公室主任、人事负责人、调度员。

ESR:家具售货员、书店售货员、公共汽车的驾驶员、日用品售货员、护士长、自然科学和工程的行政领导。

ESI:博物馆管理员、图书馆管理员、古迹管理员、饮食业经理、地区安全服务管理员、技术服务咨询者、超级市场管理员、零售商品店店员、批发商、出租汽车服务站调度。

ESA:博物馆馆长、报刊管理员、音乐器材售货员、广告商售画营业员、导游、(轮船或班机上的)事务长、飞机上的服务员、船员、法官、律师。

ASE:戏剧导演、舞蹈教师、广告撰稿人,报刊、专栏作者、记者、演员、英语翻译。

ASI:音乐教师、乐器教师、美术教师、管弦乐指挥、合唱队指挥、歌星、演奏家、哲学家、作家、广告经理、时装模特。

AER:新闻摄影师、电视摄影师、艺术指导、录音指导、丑角演员、魔术师、木偶戏演员、骑士、跳水员。

AEI:音乐指挥、舞台指导、电影导演。

AES:流行歌手、舞蹈演员、电影导演、广播节目主持人、舞蹈教师、口技表演者、喜剧演员、模特。

AIS:画家、剧作家、编辑、评论家、时装艺术大师、新闻摄影师、男演员、文学作者。

AIE:花匠、皮衣设计师、工业产品设计师、剪影艺术家、复制雕刻品大师。

AIR:建筑师、画家、摄影师、绘图员、雕刻家、环境美化工、包装设计师、绣花工、陶器设计师、漫画工。

SEC:社会活动家、退伍军人服务官员、工商会事务代表、教育咨询者、宿舍管理员、旅馆经理、饮食服务管理员。

SER:体育教练、游泳指导。

SEI:大学校长、学院院长、医院行政管理员、历史学家、家政经济学家、职业学校教师、资料员。

SEA:娱乐活动管理员、国外服务办事员、社会服务助理、一般咨询者、宗教教育工作者。

SCE:部长助理、福利机构职员、生产协调人、环境卫生管理人员、戏院经理、餐馆经理、售票员。

SRI:外科医师助手、医院服务员。

SRE:体育教师、职业病治疗者、体育教练、专业运动员、房管员、儿童家庭教师、警察、引座员、传达员、保姆。

SRC:护理员、护理助理、医院勤杂工、理发师、学校儿童服务人员。

SIA:社会学家、心理咨询者、学校心理学家、政治科学家、大学或学院的系主任、大学或学院的教育学教师、大学农业教师、大学法律教师、大学工程和建筑课程的教师、大学数学和医学及物理教师、大学社会科学和生命科学教师、研究生助教、成人教育教师。

SIE:营养学家、饮食学家、海关检查员、安全检查员、税务稽查员、校长。

SIC:描图员、兽医助手、诊所助理、体检检查员、娱乐指导者、监督缓刑犯的工作者、咨询人员、社会科学教师。

SIR:理疗员、救护队工作人员、手足病医生、职业病治疗助手

二、MBTI 职业性格测试题

[指导语]

1. 参加测试的人员请务必诚实、独立地回答问题,只有如此,才能得到有效的结果。

2.《性格分析报告》展示的是你的性格倾向,而不是你的知识、技能、经验。

3. MBTI 提供的性格类型描述仅供测试者确定自己的性格类型之用,性格类型没有好坏,只有不同。每一种性格特征都有其价值和优点,也有缺点和需要注意的地方。清楚地了解自己的性格优劣势,有利于更好地发挥自己的特长,而尽可能在为人处事中避免自己性格中的劣势,更好地和他人相处,更好地作重要的决策。

4. 本测试分为四部分,共 93 题;需时约 18 分钟。所有题目没有对错之分,请根据自己的实际情况选择。将你选择的 A 或 B 所在的 ○涂黑,例如:●

只要你是认真、真实地填写了测试问卷,那么通常情况下你都能得到一个确实和你的性格相匹配的类型。希望你能从中或多或少地获得一些有益的信息。

(一)测试题

1.哪一个答案最能贴切地描绘你一般的感受或行为?

序号	问题描述	选项	E	I	S	N	T	F	J	P
1	当你要外出一整天,你会 A计划你要做什么和在什么时候做 B说去就去	A							○	
		B								○
2	你认为自己是一个 A较为随兴所至的人 B较为有条理的人	A								○
		B							○	
3	假如你是一位老师,你会选教 A以事实为主的课程 B涉及理论的课程	A			○					
		B				○				
4	你通常 A与人容易混熟 B比较沉静或矜持	A	○							
		B		○						
5	一般来说,你和哪些人比较合得来? A富于想象力的人 B现实的人	A				○				
		B			○					
6	你是否经常让 A你的情感支配你的理智 B你的理智主宰你的情感	A						○		
		B					○			
7	处理许多事情上,你会喜欢 A凭兴所至行事 B按照计划行事	A								○
		B							○	
8	你是否 A容易让人了解 B难于让人了解	A	○							
		B		○						
9	按照程序表做事 A合你心意 B令你感到束缚	A							○	
		B								○
10	当你有一份特别的任务,你会喜欢 A开始前小心组织计划 B边做边找要做什么	A							○	
		B								○
11	在大多数情况下,你会选择 A顺其自然 B按程序表做事	A								○
		B							○	
12	大多数人会说你是一个 A重视自我隐私的人 B非常坦率开放的人	A		○						
		B	○							
13	你宁愿被人认为是一个 A实事求是的人 B机灵的人	A			○					
		B				○				

续表

序号	问题描述	选项	E	I	S	N	T	F	J	P
14	在一大群人当中，通常是 A 你介绍大家认识 B 别人介绍你	A	○							
		B		○						
15	你会跟哪些人做朋友？ A 常提出新注意的 B 脚踏实地的	A				○				
		B			○					
16	你倾向 A 重视感情多于逻辑 B 重视逻辑多于感情	A						○		
		B					○			
17	你比较喜欢 A 静观事情发展才作计划 B 很早就作计划	A								○
		B							○	
18	你喜欢花很多的时间 A 一个人独处 B 和别人在一起	A		○						
		B	○							
19	与很多人一起会 A 令你活力培增 B 常常令你疲惫	A	○							
		B		○						
20	你比较喜欢 A 很早便把约会、社交聚集等事情安排妥当 B 无拘无束，看当时有什么好玩就做什么	A							○	
		B								○
21	计划一个旅程时，你较喜欢 A 大部分的时间都是跟当天的感觉行事 B 事先知道大部分的日子会做什么	A								○
		B							○	
22	在社交聚会中，你 A 有时感到郁闷 B 常常乐在其中	A		○						
		B	○							
23	你通常 A 和别人容易混熟 B 趋向自处一隅	A	○							
		B		○						
24	哪些人会更吸引你？ A 一个思维敏捷及非常聪颖的人 B 实事求是、具丰富常识的人	A				○				
		B			○					
25	在日常工作中，你会 A 颇为喜欢处理迫使你分秒必争的突发事件 B 通常预先计划，以免要在压力下工作	A								○
		B							○	
26	你认为别人一般 A 要花很长时间才认识你 B 用很短的时间便认识你	A		○						
		B	○							

2. 在下列每一对词语中，哪一个词语更合你心意？请仔细想想这些词语的意义，而不要理会他们的字形或读音。

序号	问题描述	选项	E	I	S	N	T	F	J	P
27	A 注重隐私	A		○						
	B 坦率开放	B	○							
28	A 预先安排的	A							○	
	B 无计划的	B								○
29	A 抽象	A				○				
	B 具体	B			○					
30	A 温柔	A						○		
	B 坚定	B					○			
31	A 思考	A					○			
	B 感受	B						○		
32	A 事实	A			○					
	B 意念	B				○				
33	A 冲动	A								○
	B 决定	B							○	
34	A 热衷	A	○							
	B 文静	B		○						
35	A 文静	A		○						
	B 外向	B	○							
36	A 有系统	A							○	
	B 随意	B								○
37	A 理论	A				○				
	B 肯定	B			○					
38	A 敏感	A						○		
	B 公正	B					○			
39	A 令人信服	A					○			
	B 感人的	B						○		
40	A 声明	A			○					
	B 概念	B				○				
41	A 不受约束	A								○
	B 预先安排	B							○	
42	A 矜持	A		○						
	B 健谈	B	○							

续表

序号	问题描述	选项	E	I	S	N	T	F	J	P
43	A 有条不紊	A							○	
	B 不拘小节	B								○
44	A 意念	A				○				
	B 实况	B			○					
45	A 同情怜悯	A						○		
	B 远见	B					○			
46	A 利益	A					○			
	B 祝福	B						○		
47	A 务实的	A			○					
	B 理论的	B				○				
48	A 朋友不多	A		○						
	B 朋友众多	B	○							
49	A 有系统	A							○	
	B 即兴	B								○
50	A 富想象的	A				○				
	B 以事论事	B			○					
51	A 亲切的	A						○		
	B 客观的	B					○			
52	A 客观的	A					○			
	B 热情的	B						○		
53	A 建造	A			○					
	B 发明	B				○				
54	A 文静	A		○						
	B 爱合群	B	○							
55	A 理论	A				○				
	B 事实	B			○					
56	A 富同情	A						○		
	B 合逻辑	B					○			
57	A 具分析力	A					○			
	B 多愁善感	B						○		
58	A 合情合理	A			○					
	B 令人着迷	B				○				

3. 哪一个答案最能贴切地描绘你一般的感受或行为？

序号	问题描述	选项	E	I	S	N	T	F	J	P
59	当你要在一个星期内完成一个大项目，你在开始的时候会 A 把要做的不同工作依次列出 B 马上动工	A							○	
		B								○
60	在社交场合中，你经常会感到 A 与某些人很难打开话匣儿和保持对话 B 与多数人都能从容地长谈	A		○						
		B	○							
61	要做许多人也做的事，你比较喜欢 A 按照一般认可的方法去做 B 构想一个自己的想法	A			○					
		B				○				
62	你刚认识的朋友能否说出你的兴趣？ A 马上可以 B 要待他们真正了解你之后才可以	A	○							
		B		○						
63	你通常较喜欢的科目是 A 讲授概念和原则的 B 讲授事实和数据的	A				○				
		B			○					
64	哪个是较高的赞誉 A 一贯感性的人 B 一贯理性的人	A						○		
		B					○			
65	你认为按照程序表做事 A 有时是需要的，但一般来说你不大喜欢这样做 B 大多数情况下是有帮助而且是你喜欢做的	A								○
		B							○	
66	和一群人在一起，你通常会选 A 跟你很熟悉的个别人谈话 B 参与大伙的谈话	A		○						
		B	○							
67	在社交聚会上，你会 A 是说话很多的一个 B 别人多说话	A	○							
		B		○						
68	把周末期间要完成的事列成清单，这个主意会 A 合你意 B 使你提不起劲	A							○	
		B								○
69	哪个是较高的赞誉，或称许为 A 能干的 B 富有同情心	A					○			
		B						○		
70	你通常喜欢 A 事先安排你的社交约会 B 随兴之所至做事	A							○	
		B								○

续表

序号	问题描述	选项	E	I	S	N	T	F	J	P
71	总体说来，要做一个大型作业时，你会选 A 边做边想该做什么 B 首先把工作按步细分	A								○
		B							○	
72	你能否滔滔不绝地与人聊天 A 只限于跟你有共同兴趣的人 B 几乎跟任何人都可以	A		○						
		B	○							
73	你会 A 跟随一些证明有效的方法 B 分析还有什么毛病，及针对尚未解决的难题	A			○					
		B				○				
74	为乐趣而阅读时，你会 A 喜欢奇特或创新的表达方式 B 喜欢作者直话直说	A				○				
		B			○					
75	你宁愿替哪一类上司(或者老师)工作？ A 天性淳良，但常常前后不一的 B 言词尖锐但永远合乎逻辑的	A					○			
		B				○				
76	你做事多数是 A 按当天心情去做 B 照拟好的程序表去做	A								○
		B							○	
77	你是否 A 可以和任何人按需求从容地交谈 B 只是对某些人或在某种情况下才可以畅所欲言	A	○							
		B		○						
78	要作决定时，你认为比较重要的是 A 据事实衡量 B 考虑他人的感受和意见	A					○			
		B						○		

4. 在下列每一对词语中，哪一个词语更合你心意？

序号	问题描述	选项	E	I	S	N	T	F	J	P
79	A 想象的 B 真实的	A				○				
		B			○					
80	A 仁慈慷慨的 B 意志坚定的	A						○		
		B					○			
81	A 公正的 B 有关怀心	A					○			
		B						○		
82	A 制作 B 设计	A			○					
		B				○				
83	A 可能性 B 必然性	A				○				
		B			○					

续表

序号	问题描述	选项	E	I	S	N	T	F	J	P
84	A 温柔 B 力量	A						○		
		B					○			
85	A 实际 B 多愁善感	A					○			
		B						○		
86	A 制造 B 创造	A			○					
		B				○				
87	A 新颖的 B 已知的	A				○				
		B			○					
88	A 同情 B 分析	A						○		
		B					○			
89	A 坚持己见 B 温柔有爱心	A					○			
		B						○		
90	A 具体的 B 抽象的	A			○					
		B				○				
91	A 全心投入 B 有决心的	A						○		
		B					○			
92	A 能干 B 仁慈	A					○			
		B						○		
93	A 实际 B 创新	A			○					
		B				○				
每项总分			E	I	S	N	T	F	J	P

(二)评分规则

1. 当你将●涂好,把 8 项(E、I、S、N、T、F、J、P)分别加起来,并将总和填在每项最下方的方格内。

2. 请复查你的计算是否准确,然后将各项总分填在下面对应的方格内。

每项总分						
外向	E				I	内向
实感	S				N	直觉
思考	T				F	情感
判断	J				P	认知

(三)确定类型的规则

1. MBTI 以 4 个组别来评估你的性格类型倾向：

“E—I”、“S—N”、“T—F”和“J—P”。请你比较 4 个组别的得分。每个子别中，获得较高分数的那个类型，就是你的性格类型倾向。例如：你的得分是：E(外向)12 分，I(内向)9 分，那你的类型倾向便是 E(外向)了。

2. 将代表获得较高分数的类型的英文字母，填在下方的方格内。如果在一个组别中，2 个类型获同分，则依据下边表格中的规则来决定你的类型倾向。

评估类型

同分处理规则	假如	E=I	请填上 I
	假如	S=N	请填上 N
	假如	T=F	请填上 F
	假如	J=P	请填上 P

(四)性格解析

“性格”是一种个体内部的行为倾向，它具有整体性、结构性、持久稳定性等特点，是每个人特有的，可以对个人外显的行为、态度提供统一的、内在的解释。

MBTI 把性格分析 4 个维度，每个维度上包含相互对立的 2 种偏好：

E 外向	or	I 内向
S 感觉	or	N 直觉
T 思考	or	F 情感
J 判断	or	P 感知

其中，“外向 E——内向 I”代表着各人不同的精力(Energy)来源；“感觉 S—直觉 N”、“思考 T—情感 F”分别表示人们在进行感知(Perception)和判断(Judgement)时不同的用脑偏好；“判断 J—感知 P”针对人们的生活方式(Life Style)而言，它表明我们如何适应外部环境——在我们适应外部环境

的活动中，究竟是感知还是判断发挥了主导作用。

ISTJ	ISFJ	INFJ	INTJ
ISTP	ISFP	INFP	INTP
ESTP	ESFP	ENFP	ENTP
ESTJ	ESFJ	ENFJ	ENTJ

注：根据1978-MBTI-K量表，以上每种类型中又分625个小类型

每一种性格类型都具有独特的行为表现和价值取向。了解性格类型是寻求个人发展、探索人际关系的重要开端。

（五）MBTI16种人格类型

ISTJ

1. 严肃、安静、精力集中、全力投入、可被信赖获致成功。
2. 行事务实、有序、实际 、逻辑、真实及可信赖。
3. 十分留意且乐于任何事，工作、居家、生活均有良好组织及秩序。
4. 负责任。
5. 照设定成效来作出决策且不畏阻挠与闲言会坚定为之。
6. 重视传统与忠诚。
7. 传统性的思考者或经理。

ISFJ

1. 安静、和善、负责任且有良心。
2. 行事尽责、投入。
3. 安定性高，常为项目工作或团体之安定力量。
4. 愿投入、吃苦及力求精确。
5. 兴趣通常不在于科技方面，对细节事务有耐心。
6. 忠诚、考虑周到、知性且会关注他人感受。
7. 致力于创构有序及和谐的工作与家庭环境。

INFJ

1. 因为坚忍、创意及必须达成的意图而能成功。
2. 会在工作中投注最大的努力。
3. 默默强力、诚挚及用心关爱他人。
4. 因坚守原则而受敬重。
5. 提出造福大众的明确远景而为人所尊敬与追随。
6. 追求创见、关系及物质财物的意义及关联。
7. 想了解什么能激励别人及对他人具洞察力。

8. 光明正大且坚信其价值观。

9. 有组织且果断地履行其愿景。

INTJ

1. 具强大动力与意志来达成目的与创意——固执顽固者。

2. 有宏大的愿景且能快速在众多外界事件中找出有意义的模范。

3. 对所承担职务，具有良好能力，策划工作并完成。

4. 具怀疑心、挑剔性、独立性、果决，对专业水准及绩效要求高。

ISTP

1. 冷静旁观者——安静、预留余地、弹性及会以无偏见的好奇心观察与分析。

2. 于探索原因及效果有兴趣，技术事件是为何及如何运作且使用逻辑的原理组构事实、重视效能。

3. 擅长于掌握问题核心及找出解决方式。

4. 分析成事的缘由且能从大量资料中找出实际问题的核心。

ISFP

1. 羞怯的、安宁和善的、敏感的、亲切的、行事谦虚。

2. 喜于避开争论，不对他人强加已见或价值观。

3. 无意于领导却常是忠诚的追随者。

4. 办事不急躁，安于现状，无意于以过度的急切或努力破坏现状。

5. 喜欢有自由的空间及按照自订的时程办事。

INFP

1 安静观察者，具理想性与对其价值观及重要之人具忠诚心。

2. 希望外在生活形态与内在价值观相吻合。

3. 具好奇心且很快能看出机会所在。常为担负开发创意的触媒者。

4. 除非价值观受侵犯，行事会具弹性、适应力高且承受力强。

5. 具有想了解及发展他人潜能的企图。想作的事太多且作事全神贯注。

6. 对所处境遇及拥有不太在意。

7. 具适应力、有弹性，除非价值观受到威胁。

INTP

1. 安静、自持、弹性及具备适应力。

2. 特别喜爱追求理论与科学事理。

3. 习于以逻辑及分析来解决问题——问题解决者。

4. 最有兴趣于创意事务及特定工作，对聚会与闲聊无大兴趣。

5. 追求可发挥个人强烈兴趣的生涯。

6. 追求对有兴趣事务之逻辑解释。

ESTP

1. 擅长现场实时解决问题——解决问题者。

2. 喜欢办事并乐在其中。

3. 倾向于喜好技术事务及运动，交结同好友人。

4. 具适应性、容忍度、务实性；投注心力于会很快具成效的工作。

5. 不喜欢冗长概念的解释及理论。

6. 最专精于可操作、处理、分解或组合的真实事务。

ESFP

1. 外向、和善、接受性、乐与他人分享喜乐。

2. 喜欢与他人一起行动且促成事件发生，在学习时亦然。

3. 知晓事件未来的发展并会热烈参与。

5. 最擅长于人际相处能力及具备完备常识，很有弹性能立即适应他人与环境。

6. 对生命、人、物质享受的热爱者。

ENFP

1. 充满热忱、活力充沛、聪明的、富想象力的，视生命充满机会但期望能得自他人肯定与支持。

2. 几乎能达成所有有兴趣的事。

3. 对难题很快就有对策并能对有困难的人施以援手。

4. 依赖能改善的能力而无需预作规划准备。

5. 为达目的常能找出强制自己为之的理由。

6. 即兴执行者。

ENTP

1. 反应快、聪明、长于多样事务。

2. 具激励伙伴、敏捷及直言专长。

3. 会为了有趣，对问题的两面加以争辩。

4. 对解决新及挑战性的问题富有策略，但会轻忽或厌烦经常的任务与细节。

5. 兴趣多元，易倾向于转移至新生的兴趣。

6. 对所想要的会有技巧地找出逻辑的理由。

7. 长于看清楚他人，有智能去解决新或有挑战的问题。

ESTJ

1. 务实、真实、事实，具从事企业或技术天分。

2. 不喜欢抽象理论；最喜欢学习可立即运用事理。

3. 喜好组织与管理活动且专注于最有效率方式行事以达致成效。

4. 具决断力、关注细节且很快作出决策——优秀行政者。

5. 会忽略他人感受。

6. 喜作领导者或企业主管。

ESFJ

1. 诚挚、爱说话、合作性高、受欢迎、光明正大的、天生的合作者及活跃的组织成员。

2. 重和谐且长于创造和谐。

3. 常作对他人有益事务。

4. 给予鼓励及称许会有更佳工作成效。

5. 最有兴趣于会直接及有形影响人们生活的事务。

6. 喜欢与他人共事，去精确且准时地完成工作。

ENFJ

1. 热忱、易感应及负责任的——具能鼓励他人的领导风格。

2. 对别人所想或希求会表达真正关切且切实用心去处理。

3. 能怡然且技巧性地带领团体讨论或演示文稿提案。

4. 爱交际、受欢迎及富同情心。

5. 对称许及批评很在意。

6. 喜欢带引别人且能使别人或团体发挥潜能。

ENTJ

1. 坦诚、具决策力的活动领导者。

2. 长于实施广泛而系统的计划，以解决组织的问题。

3. 专精于具内涵与智能的谈话，如对公众演讲。

4. 乐于经常吸收新知且能广开信息管道。

5. 易生过度自信，会强于表达自己创见。

6. 喜于长远策划及目标设定。

练习与思考

（1）大学生在进行职业生涯规划时应当重点考虑哪些因素？

（2）根据所掌握知识，制订个人职业生涯规划。

参考文献

[1] 周建华、程旭阳主编:《大学生职业发展与就业指导》,合肥:中国科学技术大学出版社,2012。

[2] 程艺主编:《大学生职业发展与就业指导》,合肥:合肥工业大学出版社,2009。

[3] 张莹:《如何进行职业生涯规划与管理》,北京:北京大学出版社,2006。

[4] 张恩生等:《大学生职业生涯规划》,济南:山东大学出版社,2006。

[5] 周湘浙:《大学生就业指导》,杭州:浙江大学出版社,2006。

[6] 杨河清:《职业生涯规划》,北京:中国劳动社会保障出版社,2005。

[7] 谢守成主编:《大学生职业生涯发展与规划》,武汉:华中师范大学出版社,2009。

[8] 唐晓林:《大学生职业生涯规划与就业指导》,北京:中国言实出版社,2006。

[9] 钱建国:《大学生职业规划与就业指导》,北京:人民出版社,2007。

[10] 赵北平、雷五明主编:《大学生生涯规划与职业发展》,武汉:武汉大学出版社,2006。

第三章

职业能力

现实生活中，有的人能“闻一知十”，而有的人只能“闻一以知二”；有的人举一隅“能以三隅反”，而有的人则不能。对于同一事物的认识或对同一事务的处理，有的人敏锐创新，有的人则迟钝守旧。凡此种种，在认识及活动效率方面不同的表现，都反映了人在能力方面的差异。正如有的人在适合自己的职业岗位做出卓越的成绩，有的人却相反。职业能力不是与生俱来，而是经后天培养锻炼而来的。大学生在校期间努力学习，刻苦实践，锐意创新，不断提高职业能力和素养，是创造未来事业、实现人生价值的必然要求。

本章学习要点

1. 职业能力的养成与提高；
2. 自我发展与管理；
3. 打造自己的核心竞争力。

第一节　职业能力的构成

案例

特长成就目标

2009 年安徽某市公安局外聘网络安全维护员，外聘条件要求是计算机专业本科以上学历。但最后学习体育的专科毕业生孙毅却被录用了。

虽然是体育专业的学生，但孙毅平时爱好计算机知识，肯钻研，在学好自身专业的同时，自费辅修了计算机软硬件课程，并积极参加学校的课外学术科技活动。他曾在学校举办的电脑DIY组装大赛、电脑软件设计大赛等活动中多次荣获专业组类别的好名次。大学三年，孙毅承担了该校体育学院的办公网络维护、电脑软硬件维护等工作，同时还在一家网吧兼职网管，这些给了孙毅一个很好的实践锻炼平台，得以理论付诸实践的机会。

当孙毅得知招聘的消息后，经冷静分析，他勇敢地递交了自己的求职简历和相关证书。招聘方一看孙毅是个专科生，还是体育专业，就想谢绝他。但孙毅没有放弃，他择机简要介绍了自己在学校和社会中的工作和实践经历，展示了自己的特长。这样，招聘人员对孙毅产生了浓厚的兴趣，答应给他一个月的试用机会。在随后的一个月试用期里，孙毅丰富的计算机专业知识和较强的实际动手能力，以及良好的人际亲和力，让单位非常满意，最终孙毅得到了这个原本不可能获得的工作。

请谈谈你的感受：____________；你有哪些特长？____________；你的这些特长可以帮助你锻炼和发展哪些职业能力？__________________

启示：学历只能代表求职者的学习经历和层次，并不能完全反映职业能力高低，任何学习阶段的努力都在塑造自己的核心竞争力。孙毅正是通过在个人兴趣、爱好、特长上的锻炼提升，实现职业综合素质围绕特长辐射性发展，在兴趣爱好中成为特长，在特长展示中培养了职业能力，从而实现自己的核心竞争力。因此，大学生有意识地培养职业能力，努力提升综合素质至为重要。

一、职业能力

能力是指人们能够顺利完成某种活动所必须具备的，并直接影响活动效率的个性心理特征。能力总是和完成一定的活动联系在一起的，是活动顺利完成的基本保证。离开了具体活动既不能反映能力，也不能发展人的能力。

职业能力是指人们从事某种特定职业所具备的多种能力的综合。例如：一位合格的教师只具有较强的专业技能是不够的，还必须具有良好的语言表达能力、对教学的组织和管理能力、对教材的理解和使用能力等。因此，不同职业所具备的职业能力也有所不同。

如果说职业兴趣一定程度上能决定一个人的择业方向，那么职业能力就能说明一个人在既定的职业岗位上能否胜任，一定程度上决定着一个人在职业生活中取得成功的可能性。

二、职业能力的构成

(一)一般职业能力

一般职业能力主要是指一般的学习能力、文字和语言运用能力、数学运算能力、空间判断能力、形体知觉能力、颜色分辨能力、手眼协调能力等。任何职业、岗位都需要与人打交道,因此,人际交往能力、团队协作能力、适应能力,以及承受挫折的心理能力等,都是我们在职业活动中不可缺少的能力。在近乎所有的求职面试中都有"自我介绍"的开场环节,随后才有回答问题、职业测试等内容,这些正是用人单位对应聘者一般职业能力的初步考查。

(二)专业能力

专业能力主要是指从事某一职业的专业方面的素质和技能。在求职过程中,招聘方最关注的就是求职者是否具备胜任工作岗位的专业能力。当然,通常用人单位并非只强调求职者的专业知识,而是从人职匹配的角度考量录用与否。

(三)职业综合能力

职业综合能力主要是指围绕职业发展,能够集中体现多方面职业胜任性的能力。这里主要介绍社会普遍注重的"关键能力",主要包括 4 个方面:

1. 跨职业的专业能力

一是运用数学和测量方法的能力;二是计算机应用能力;三是运用外语解决技术问题和进行交流的能力。这些能力恰恰是在大学阶段学习的重要内容,因此,大学生在校期间要有意识地加强这方面能力的培养和训练。

2. 方法能力

一是信息收集和筛选能力;二是掌握制订工作计划、独立决策和实施的能力;三是具备准确的自我评价能力和接受他人评价的承受力,并能够从成败经历中有效地吸取经验教训。

3. 社会能力

主要表现为在社会工作中人际交往和沟通良好;善于团队协作、能够协同他人共同完成工作;对他人公正宽容,具有准确的事物判断力和自律能力等,这是胜任岗位及在工作中开拓进取的重要条件。

4. 个人影响力

强烈的社会责任心和爱心,高尚的职业道德和诚实守信等素质会受到社会和他人的尊重、赞赏;爱岗敬业、工作负责、注重细节的职业人格会得到全社会的肯定和推崇，等等，这些都是个人影响力形成和发挥作用的基本前提。

三、职业能力对职业生活的影响

（一）一定的职业能力是胜任对应职业岗位的必要条件

每个职业岗位都有相应的岗位要求，一定的职业能力则是胜任该职业岗位的必要条件。因此，求职者在进行择业时，首先要明确自己的能力优势以及胜任该项工作的职业素质。条件允许的情况下，可以由专业职业指导人员帮助分析，根据自己的学历状况、职业资格、职业实践等来确定自身职业能力，必要时可以通过相关测试作为参考进行职业选择。

（二）教育培训和职业实践是职业能力发展的前提

1. 职业实践促进职业能力的发展

职业能力是在实践的基础上得到发展和提高的，一个人长期从事某一专业劳动，能促使人的能力向高度专业化发展。例如，计算机文字录用人员，随着工作的熟练和经验的积累，录入的速度会越来越快，准确性也会越来越高。个体的职业能力只有在实际工作实践中才能不断得到强化、提高和发展。

2. 教育培训促进教育能力的提高

个体职业能力的提高除了在实践中磨炼和提高之外，另外最有效的途径就是接受教育和培训。例如，我们所熟悉的职业教育、专科教育、大学本科教育、研究生教育等；岗前培训、职业技能培训、执业资格培训等，学生通过对有关知识和技能的掌握，对以后更好地胜任本职工作会有更大的帮助。

3. 职业能力、职业发展与职业创造

职业能力是职业发展和创造的基础。前面讲到能力是成功地完成某种任务或胜任工作的必不可少的基本因素，没有能力或能力低下，就难以达到工作岗位的要求，不能胜任。个体的职业能力越强，综合发展越好，就越能促进在职业活动中的创造与发展，就越能取得较好的工作业绩，越能给人带来职业成就感，从而实现人职的完美匹配。

第二节　职业能力的养成与提高

案例

张东海从进校的军训开始，积极主动为班级同学服务，赢得了同学们的一致认可，很快被公选为班长。但很快，因为这位班长性格耿直、不善言辞，与同学沟通出现问题，在言语中“得罪”了很多同学，给他的工作带来了阻碍，威信持续下降。为了提高自己的沟通能力，认真按照事前准备的提纲顺序逐项向辅导员汇报个人情况、工作情况；注意与本宿舍同学的谈心、交流，了解他们的所思所想；经常请老师在语言表达上和沟通技巧上给以指导；组织班级工作的时候，主动请同学们提出意见和建议，等等。一年后，同学们对他有了新的认识，同学关系融洽、工作顺利，他又重新得到了班级同学的认可。

启示：张东海同学发现自己的沟通能力需要提高，并积极寻找提升办法，这正是我们大学生能正确认识自我，并不断进取的表现。也正是因为能够主动在老师、同学身上进行了沟通“实验”，并不断改进，所以才有一年后的收获。沟通能力弱并不可怕，可怕的是自己知道问题所在却选择逃避，出现事态恶化，甚至是心理疾病。辅导员是在校大学生最好的沟通“试验田”，在那里你会得到信心和收获。

一、培养基本职业能力

（一）沟通能力

1. 什么是沟通能力

沟通能力是指沟通者与他人有效进行信息交流的能力，包括外在的技巧和内在的动因。其中，恰如其分和沟通效益是人们判断沟通能力的基本尺度。恰如其分，是指沟通行为符合沟通情境和彼此相互的标准或期望。沟通效益则是指沟通活动在功能上达到预期的目标，或者实现了沟通者的需要。有效沟通是毕业生成为职业人必备的职业能力，是影响职业发展与成功的一个决定性因素。

任何一个职业人都不可能完全独立地完成一件事情，必须与团队其他成员一起配合、协作。因此，职业人必须与他人进行沟通。沟通能够帮助我们就工作中产生的一系列问题和矛盾达成共识。表面上看，沟通能力似乎就是能说会道的能力，实际上它涵盖了从言谈举止到穿着打扮等一切行为及表现。一个具有良好沟通能力的人，可以充分发挥自己所拥有的专业知识和技能，并能给对方留下“真棒”、“真行”的深刻印象。

2. 大学生的沟通障碍

由于各种复杂的社会因素和大学生自身的一些问题，导致部分大学生的沟通能力与社会期望产生了一定的偏离，主要有以下特征表现：

(1)追求高分和证书，忽视沟通能力的养成。受传统观念的影响，一部分大学生仍强调学习成绩至上、考试得高分为要，认为这些是获得一份好工作的前提和必备条件。有些大学生秉持“两耳不闻窗外事，一心只读圣贤书”，一味沉浸于书海，往返于宿舍、教室、图书馆的“三点一线”，少言寡语，不愿意参加学校各类活动，逃避与他人交流沟通。当毕业就业时，展示的是优异的学习成绩和“本本”证书，反馈回的却是用人单位的遗憾。

(2)个性张扬式的人际关系冷漠。时尚、与众不同甚至“另类”成为信息化时代年轻人的追捧；我行我素，不考虑他人情绪和感受等等，“鹤立鸡群”式的“孤芳自赏”是一些大学生的“信念”。部分大学生将情感寄托在虚拟的网络社会，以为自己应该是发号施令者，一味强调自己的“个性”，结果出现无法接受别人的意见、不能与人友好相处的窘况，导致人际关系冷漠。

(3)个体文化与组织文化的偏离。随着社会思潮的发展、文化交流的频繁，出现的一些所谓“新人类文化”。在其影响下，一部分大学生缺乏社会所期望的勤俭、纯真和理性，更多的是自以为是的“后现代主义”价值和行为取向。这类大学生在就业过程中难以获得社会认同，往往不易被用人单位接纳。

案例

杨悦，某高校广告设计专业毕业生，在一家广告公司做广告策划，聪慧、漂亮、有思想、深得上司的赏识。

一次，上司交给她一项事关公司发展的重要任务。为此，上司提出了策划思路，让她一定要按照他的意思做好策划方案。但她发现上司的思路有一个致命的不足，如果完全按照上司的意思来执行，肯定会遭到客户的拒绝。

杨悦找到了正在和公司主要领导谈话的上司，打断了他们的谈话，然后向上司阐述了她对问题的看法。三天后，方案出来了，但设计者却是另外一位策划师。

启示：杨悦的问题表现为沟通能力较弱。主要表现在：一是选择与上司沟通的时机不当。不应在上司与领导谈话的时候，更不应该打断他们的交流，这是非常不可取且不礼貌的行为。二是语言表达能力欠缺，意思表达不婉转，不能换位思考上司的感受，尤其是公司主要领导在场的情况下。如果换一种方式进行沟通，或许会有事半功倍的效果。如，对上司交代的工作先接受下来，对存在的意见及分歧，寻找机会单独和上司交流，让上司感觉是在为他着想。让上司明白你的想法，同时也不会感觉到“丢面子”，这恰是沟通的艺术。

3. 沟通能力的培养

沟通能力是职场人的核心竞争力之一。一个人不可能完全模仿他人的沟通方式和技巧，但却可以通过学习和锻炼提升沟通能力。

(1)理论武装。要在科学文化知识、应用技能、身心健康等各方面提升自己，不断汲取有助于沟通的基础知识和基本技能，在平时的生活和学习中大胆加以运用，用理论指导实践。

(2)学会运用言辞。语言表达恰当与否的真谛是：在恰当的时间和适当的场合用最得体的方式表达自己的观点，并得到对方的认可，实现沟通的效益。要具备较好的言辞修饰能力和表达能力，必须博览群书，建立自身的语言词库，才能在语言沟通时提高言辞智商。只有这样，你才能在语言交流和书面沟通中表达自如，从而建立良好的沟通关系。

(3)善用身体语言。日常交流中，口头语言和书面语言运用的同时，还有许多非语言的行为进行沟通。包括身体动作、姿态、仪容仪态等。

用温文尔雅的举止、姿态展现沟通魅力。大学生在学习、生活中要有意识地以职业标准来要求自己，用端庄、自信、稳重的举止和行为来反映自身优良的道德修养与深厚的文化水平。而部分大学生习惯拿着早餐进入课堂、穿着拖鞋走进教室、踏着铃声姗姗来迟等却成了反映大学生道德修养水平的负面教材。

用微笑装点沟通魅力。微笑就是一个“魔力开关”，有助建立与他人沟通的友好桥梁，使沟通在一个轻松自然的环境中展开；可以消除由于陌生、紧张带来的障碍。微笑可以表示你对对方的尊重和真诚，有利于建立自己的可信度和亲和力。

用服饰修饰沟通魅力。服饰反应一个人的精神面貌、文化素养和审美水平。整洁、大方、得体的服饰可以为沟通营造和谐环境和氛围。大学生们要清醒地认识到，在学校和社会中，自己不仅仅是一位大学生，更要成为富有深厚素养和内涵并被公众所称赞、认可的对象。因此，大学生们要在服饰端庄、得体上下功夫，塑造沟通中的外在形象美。

(4)用实践锻炼沟通能力。只有在实践锻炼中才能不断提升沟通能力。作为当代大学生，应在社会实践中有意识地培养自己的沟通能力。学生社团、学生会、班级管理、知识竞赛、就业见习、挂职锻炼等等都是很好的锻炼舞台，要在这些交往中感受组织文化，获得社会体验，掌握与上级、同事、朋友沟通的技能，锤炼沟通技巧。

4. 职场新人的沟通技巧

初入职场的大学生，常常不知道如何与同事沟通，把握不好什么该说，什么不该说。表达自己的观点过激，冒犯别人的隐私或个性太过沉闷，都会影响职场的人际关系。下面是一点建议。

一是不要想当然来处理问题。初入职场情况不熟，仅凭主观臆断来处理往往会差错百出。所以，当遇到问题的时候，应主动向有经验的同事或者领导虚心请教，这样可以加强与同事们的交流与沟通，使自己快速融入团队。

二是要多干活少说话。有些人喜欢在同事和领导面前夸夸其谈，欲获得同事与领导的认可。而作为新手，应该本着学习的态度踏踏实实工作，用工作业绩说话，这比夸夸其谈的言语更能博得同事的尊重和领导的赏识。

三是不做职场"滥好人"。和同事关系处理融洽是应该的，但要看这种"好"是靠什么来维持的。如果只是因为你是一个很好"使唤"的同事、犯错误可以顶上的"牺牲品"，这样的"好"还是不要为罢，因为你是一个失去原则的"滥好人"。职场新人要记住：有主见、有原则、公私分明。

（二）学习能力

现代社会是一个学习型社会，而且"终身学习"的理念已深入人心，用人单位重视学习型人才是自然而然的事情。一个具备学习能力的人，在任何岗位上都会很快适应新的岗位要求。一个单位的发展，取决于单位与员工学习的广度和深度。作为一名职场新人，要在自己的岗位上做出成绩，适应单位发展的需要，必须具备融会贯通的学习能力。

上个世纪60年代，被《财富》杂志列为世界500强的大公司，堪称全球竞争力最强的企业。然而，70年代的500强到80年代三分之一已销声匿迹，到上世纪末更是所剩无几了。这一方面反映了风起云涌的新科技革命和新经济的产生迅速切换或淘汰传统产业的大趋势，但同时也反映出这些大企业不善于与时俱进，跟不上时代的节拍而被时代抛弃的必然。实践证明，企业凡通过自我超越、团体学习等提高学习能力的修炼，都能在原有基础上重焕活力，再铸辉煌。美国的微软、日本的松下是这样，我国山东的莱钢、青岛的海尔也是这样。

1. 什么是学习能力

学习能力一般是指个体主动学习掌握知识并在实践中熟练应用知识的能力，包括发现和解决问题的能力；收集、分析和利用信息的能力；分享与合作的能力等。

2. 学习能力的特征

（1）自主性。是指个体自觉、自愿地去学习，而非被迫学习。

(2)能动性。是主体积极富有创造性地学习,而不是对知识、信息简单地吸收,同时还要会消化,善于转化成需要的物质和精神能量。

(3)创造性。学习的最终目的是融会贯通、推陈出新,是为了创新、创造,而不是“死读书,读死书”。

3. 学习能力的培养

原微软全球副总裁、Google全球副总裁,现任创新工场董事长、首席执行官李开复指出,为了毕业时找到自己最喜爱的工作,每一个进入大学校园的人都应该重点进行七项学习:自修之道、基础知识、实践贯通、培养兴趣、积极主动、管理时间、为人处世。只要做好了这七点,大学生临到毕业时的最大收获就绝不会是“什么也没有学到,脑海一片空白,对什么都没有的忍耐和适应”,而应当是“对什么都可以有的自信与渴望”。

(1)自修之道。自学能力必须在大学期间开始培养。许多同学总是抱怨老师教得不好,懂得不多,学校的课程安排不合理。大学生不应该跟在老师身后亦步亦趋,而应当主动走在老师的前面。课堂知识只是弥补自己的理解和认识上的不足。中学时代追求的是“记住”知识,而大学就应当是“理解”知识并善于提出问题,培养多角度的思维模式,不要让自己成为课本或经验的奴隶。

(2)基础知识。任何领域和高科技都离不开基础知识的支撑。如果大学生们没有扎实的基础知识,将来在自己的工作领域也很难有创新性表现,只有基础知识才是受用终身的知识。如,英语是一种重要的学习和沟通的工具,计算机、互联网、办公软件的运用,等,这些基础知识、基本技能,不仅在工作,就是在现代生活中也是必须具备的。

(3)实践贯通。“听到的会忘掉,看到的能记住,做过的才明白”,事实也是如此。无论学习何种专业,如果能在学习中努力实践,做到融会贯通,就可以更深入地理解知识体系,牢牢地记住并内化为自身知识体系的一部分。大学生科研项目的申报、大学生暑期社会实践、社会兼职、就业见习、教育实习等等,都是将知识与生产生活实际、实践相结合的途径。大学生要充分利用这些机会,尽可能地参与,在实践中深入理解专业知识,培养团队精神,学会与人合作。

(4)培养兴趣。兴趣是最好的老师,不要以为有兴趣的事情就一定成为自己的职业。不过,大学生可以尽量把握天赋与兴趣的最佳结合点。最好的寻找兴趣点的方法是开拓自己的视野,接触众多的领域。大学生在校时间应当更好地把握机会,充分利用学校的资源,如图书馆资源、旁听课程、学术讲座、社团活动、兼职、各类竞赛等,接触更多的领域、更多的工作类型和更多的专家学者,在这里或许会找到自己的兴趣点。

除了“选你所爱”,大家不妨试试“爱你所选”。应尽力试着把本专业学好,并在学习过程中逐渐培养自己对专业的兴趣。就算你毕业以后不准备从事本专业行业，你依然可以把自己的专业学好，使之成为你在新行业中的优势。

某高校体育专业毕业生王琳，和众多大学新生一样懵懂入校。在参与众多活动的过程中，她感受到了自己担任主持的兴趣。在随后的学习中，先后多次参加省市级主持人大赛、担任校内外活动主持人，个人主持风格与技巧逐步形成和稳定，得到了观众的认可。毕业后她被某电视台录用，并且在每年的电视台内部运动会中，她都能成为拿奖最多的焦点人物。

(5)积极主动。被动的人总是习惯性地认为他们现在的境况都是他人和环境造成的。持有这种态度的人，事业还没有开始，自己就已经被击败。一个主动的学生会从进入大学时就开始规划自己的未来：第一步是有积极的态度；第二步是对自己的一切负责，勇敢面对人生；第三步是做好充分的准备，不等机遇上门，把握创造机遇；第四步是“以终为始”，积极地规划大学学习，认真地制订、管理、评估和调整自己的人生规划。

(6)管理时间。管理时间就是管理自己，大学生必须有自控能力，学些好习惯，养些好意识。有同学说：“大学与高中最大的区别就是上网和睡觉的时间多，压力小。”这样的同学不明白，大学充裕的空余时间正是给你用来合理安排、计划和管理的，这也是一种学习能力的培养。安排时间并不意味着非要做出一个时间表来，可以是根据自己的时间来安排事务，也可以是根据自己的事务合理地分配时间。不管哪一种，时间总是被平等地赋予所有人 24 小时，事务总是不均衡地被自己所安排。

(7)为人处世。在工作中与人相处的能力变得越来越重要，甚至超过了工作的本身。所以，大学生要好好把握机会，培养自己的为人处世能力和团队精神。我们建议：以诚待人，以责人之心责己，以恕己之心恕人，培养真的友情，让大学时代的朋友成为你一辈子的知己，学习团队精神和沟通能力，从我们身边的人身上学习，不断提高自身修养和人格魅力。

(三)适应能力

社会适应能力是人适应周围社会环境的一种综合能力。适应能力强的人，在遇到各种复杂、紧急、危险的情况时，能够发挥自己原有的能力，具有摆脱困境的力量。而适应能力弱的人，则容易紧张、不知所措、发挥失常。

适应能力强的人，一般具有以下特征：一是独立自主的性格；二是善于总结过去成功与失败的经验教训；三是具有明确的人生目标，并且深知取胜之道；四是有稳定的性格，且确立了一定的价值尺度；五是有较强的判断力和自我控制力；六是善于体察别人的利害关系。

北大 BBS 上曾有一则追悼信：沉痛哀悼 2009 届毕业生袁健同学……

袁健，北京大学商学院 2006 级经济学、金融学双硕士班的学生，他的职业生涯并没有一帆风顺。袁健毕业后工作于某基金公司。该公司计划在 2010 年春节后实行末位淘汰制，袁健因此感到压力并一直郁郁寡欢。3 月 2 日，该公司正式给予了袁健解聘的通知，3 月 3 日公司请袁健完成工作交接，在瞬间而至的巨大打击下，袁健无法顶住内心的压力和抑郁情绪，3 月 4 日决绝地结束了自己的生命。

（资料来源：http://blog.sina.com.cn/s/blog_6b9475280100n4kc.html）

启示：袁健的悲剧人生时刻提醒着每位毕业生，初入职场的新人不可能在事业中都是一帆风顺，遇到问题时应该以"面对现实，承认竞争"，用积极的态度去寻求解决的办法。时代给每一位大学生都提供了实现人生价值和人生理想的空间和机会，相信成功就在下一站。在我们看不到下一站的希望时，必要的阿 Q 精神也是调节内心抑郁的一种方式。

提高自身的适应能力，可以从以下几个方面入手：

1. 学会应对挫折

人生在世，每个人都难免遇到挫折。适度的挫折具有一定的积极意义，促人奋进。挫折又是一种挑战和考验，学会了如何正确地面对挫折，就可以把挫折变成人生成功的磨刀石，否则，挫折将会始终成为人生路上的绊脚石。个人所处的环境不同，认识事物的角度不同，对挫折的看法也有所区别，同一个问题有人认为是机会，而有的则认为是威胁。同样，不同人对待挫折的处理方式也有不同：有的会受挫伤心、痛苦，几天或者几周之后早把痛苦抛到九霄云外，依旧我行我素；有的人也会伤心、痛苦，但他总结教训，分析原因，改变思路，用更加努力的方式赢取成功带来的喜悦。

怎样摆脱受挫后的消极心理？

一是运用优势比较法。当挫折降临后，尽量去想那些比自己受挫更大，困难更多，处境更差的人。通过优势比较，将自己抑郁、痛苦的情绪逐步转化为平心静气，从而扩大对挫折的承受能力。挫折同时蕴含着力量，处理好挫折也能激发潜能。

二是运用目标法。当挫折毁灭了自己原有的目标，就要重新寻找一个方向，确立更加切合实际的新目标。这是一个将消极心理转向理智思索的过程。

2. 宣泄不良情绪

不要过分压抑不良情绪。过分压制情绪非但不利于人与人之间的交流，而且有害于身体健康。动情的眼泪能减轻感情上的压力，有益于健康。因此，如果已经产生不良情绪，就应该通过适当的途径加以宣泄，不应过分压抑。心理咨询、体育运动、亲情倾诉、放声嚎哭等方式，都能让感情得以抒发，这远比深藏于心底要有益得多。

3. 改变日常思维和行为习惯

思维和态度决定了人生的高度。任何事物都既有积极的一面也有消极的一面，积极者更关注积极的一面，而消极者看到的是消极的一面。

消极思维者和积极思维者的对比

项 目	积极思维者的表现	消极思维者的表现
面对挫折	短暂抑郁、把挫折看成动力、积极行动	抱怨、纠结、消沉
遇事	主动、积极、勇于挑战	推脱、退缩、应付、喜欢找借口
想法	出现消极思维时能迅速排除	凡事总往坏处想
面对新事物	思维活跃、主动接受新观点和建议	不敢、不愿尝试，容易退缩
情绪	情绪稳定、积极乐观	情绪不稳定、容易生气、后悔、抑郁
对自己与他人的评价	贬低自己和别人的价值	重视自己和别人的价值

（四）团队协作能力

美国哈佛大学心理学家乔治·赫华斯博士的研究指出：一个人事业的成败在于人品的优劣。他把“和同事真诚合作”列为成功的9大要素之一，而把“言行孤僻，不善与人合作”列为失败的9大要素之首。可见，越是竞争激烈的社会，团队协作越显重要。

1. 什么是团队协作

团队协作，就是互助互利的团队成员自觉地以组织的利益和目标为目标，自愿并主动与其他成员积极配合、共同努力的行为过程。

2. 团队协作能力的培养

大学生培养团队协作能力，可以通过以下途径：

(1)培养表达与沟通的能力。表达与沟通能力非常重要，不论你做出了多么优秀的工作，不会表达，不能让更多的人去理解和分享，都是不完美的。

(2)培养主动做事的品格。任何一个单位都不喜欢只知道听差的人。作为一个团队成员，不能被动地等待别人告诉你需要做什么、应该怎么去做，而应该主动去了解团队需要我做什么，充分发挥主观能动性并全力以赴地去完成。

(3)培养敬业的品格。有敬业精神，才能把团队的事情当成自己的事情，才能主动发挥自己的聪明才智。个人的命运是与整个团队、集体联系在一起的，要有意识地多参与集体活动，认真地完成个人承担的任务。无论是学习还是工作，都要养成认真负责的好习惯，增强自我责任感。

(4)培养宽容与合作的品质。一个人的价值只有在集体中才能得到体现，成功的潜在危机是忽视了与人合作或不会与人合作。团队中的每个成员身上都有优势与劣势，关键是团队的成员以什么样的态度去看待。只有更多地看到他人之美，培养求同存异的素质、宽容与合作的品质，才能实现团队的真正协作，获得团队事业的成功、个人人生的快乐。

(5)培养全局意识、大局观念。团队协作过程中，不反对张扬个性，但个性必须与集体的意志相一致。每个成员都要有整体意识，全局观念，考虑集体的需要。大学生在学习和生活中要有意识培养集体、全局观念。

3.团队协作过程中的注意事项

(1)尽快了解单位文化。每个单位都有自己独特的文化，都有自己的发展史、规章制度以及一些不成文的“潜规则”。初入职的新人应该想方设法多留心，多观察，了解并把握这些“规则”，将有助于你在团队中顺利发展。

(2)把同事当家人。同事间应是相互合作的关系。我们一生约一半的时间都是和同事在一起的，所以应该相互帮助，相互理解，相互支持，把同事当成家人。同事之间可以有良性竞争，这样可以促进共同进步，但要避免因竞争而产生的敌对情绪。

(3)不过问、宣传别人的隐私。每个同事都有自己不愿意被别人知道的隐私，所以不要轻易打听别人的隐私。即使对方相信你，主动向你说起，你也应该不辜负他对你的信任，应严守别人的隐私。

(4)言行注意分寸。单位不是学校，更不是家庭。所以，在单位里的言行举止一定要有分寸，不要信口开河，否则会给人留下不稳重、轻浮的印象。

(5)尊重所有同事。与同事相处时应该注意彼此尊重。任何人都喜欢与那些有礼貌、尊重人的人打交道。

(6)工作时不要带感情色彩。当你对某人或某事带有强烈的感情色彩时(喜欢或反感)，请记住一定不要带到工作中。因为这样既影响情绪、又影响工作。不要把同事划分同类和异己，更不要拉帮结派，搞小团体。

(7)AA 制的处事原则。同事之间经常聚餐或游玩，这是沟通的最佳时期。但要注意恰当处理，可以采用 AA 制，或轮流结账，这样大家都很公平，没有心理负担，经济上也承受得起。

二、培养就业的关键能力

(一)创新能力

创新能力一般是指在原有的知识、理论、科学的基础上，为实现既定的目标任务，提出新理论、新构想或发明新技术、新产品的能力。

滁州某地方高校网络工程专业学生陈事理发明的“按摩鞋垫”、机械与电子工程学院学生汪刚宇发明的“放大式地震报警器”获得国家知识产权局颁发的“实用新型专利”证书；美术学院学生徐慧慧、朱宇迪与合作企业共同开发的简易太阳能热水器上水防溢装置、空调风向控制器、易清洁毛发地漏、多人用折叠凳子、多功能拖把头等5项实用新型产品获得国家知识产权局授予的发明专利；应用化学专业两位学生刘振锋、郭莉分别在《无机化学学报》和《Journal of Chemical Crystallography》(《化学结晶学杂志》)上以第一作者发表学术论文……一位普通的本科在校生，获得一项甚至多项国家专利；一位平凡的在校大学生，在影响因子为0.751的国家级核心刊物上发表自己的学术论文，这些正是创新能力的体现。

创新不是凭空臆造，创新来源于实践，依赖实践，服务实践。一个有超前意识、创新思维、实践技能、开拓精神的人一定能够站得高，看得远、瞄得准，也一定可以在自己的岗位上实现创新。

1. 创新能力的内涵

第一，创新意识：是善于独立思考，敢于标新立异，提出新观点、新方法，解决新问题和创造新事物的意识。它直接决定创新活动的产生和创新能力的发挥。

第二，创新思维：是逻辑思维、形象思维、灵感思维等多种思维的有机结合，是推理、概括、思考、分析、联想的高级智能思维方式。它是创新能力培养的核心，是创新活动的关键。

第三，创新技能：是创新主体在开展创新活动时所需要的实践技能，创新技能是创新能力的直接体现。

第四，创新精神：是创新过程中个体所具备的责任感和敬业精神，敢于开拓和勇于进取的品质。创新精神是对培养创新意识、锻炼创新思维、提高创新能力的保证。

2. 如何培养创新能力

时代的发展对大学生的创新能力提出了更高的要求。对大学们来说，这是挑战也是实现自我全面发展的机遇。大学生如何培养自身的创新能力？

(1)打破常规，敢于超越，增强创新意识。创新的真正意义是超越，是一种敢为人先的胆识。打破常规就是不拘泥于常规的束缚，在常规的基础上总结、分析，寻找突破点；敢于对常规质疑，探索超越常规的新事物。

(2)培养各种能力，做到知识与能力并重。创新不是简单的“包装”，它体现的是一种更高层次的能力，需要各种基础能力为保障。要真正地具备较强的创新能力，必须具备很强的综合能力和综合素质。大学里有很多自由支配的时间，这些时间应该是学生用于自主学习和独立思考的。学习的本质不是掌握了多少，而是在学习的过程中感悟、理解、运用了多少。因此，大学生应注重各种能力的培养，积累起来，这些能力就成为不可战胜的力量。

(3)构建合理的知识体系。一个人的创新意识可以在短时间内快速得到增强，但一个人的创新能力的提高是日积月累、循序渐进的过程。创新需要知识储备，所有的创新都是以最基础的知识为支撑、最基础的研究为铺垫的。要真正做到创新研究，必不可少的一个环节就是脚踏实地地学好知识，掌握真才实学，并在实践基础上融会贯通，构建自身合理的知识体系。

(4)积极参与社会实践，理论联系实际，学以致用。创新的灵感大部分来源于生活，现实生活就是创新的最好舞台。当代大学生不能做温室生长的花朵，要更多地参与社会实践、科技创新活动，增强动手能力，培养竞争意识和创新意识。

(二)管理能力

管理能力不只是领导干部、管理人员应当具备的，其他专业人员同样也应该具备。因为每个人在将来的工作中都不同程度地需要组织管理才能：承担一项课题组的研究管理、负责一个团队销售、监管一条生产线，等等，都需要把所属员工的积极性调动起来，把集体的智慧发挥出来。如果没有一定的组织管理能力是无法实现的，这也是现代社会对人才提出的新的要求。

如何提高管理能力？

1. 加强学习

从实践中学习、从书本上学习、从自己和他人的经验教训中学习，把学习当作一种责任、一种素质、一种觉悟、一种修养，当作提高自身管理能力的现实需要和时代要求。同时，学习的根本目的在于运用，要做到学以致用，把学到的理论知识充分运用到工作中，提高分析和解决问题的能力，增强工作的预见性和创造性。通过不断地去学习，不断地通过实践积累，不断地提高自身的管理能力。

2. 树立创新观念

促进创新的最好方法是大张旗鼓地宣传创新，激发创新，树立创新观念，使每一位组织成员都奋发向上，努力进取，大胆尝试。管理是处在不断变化的动态环境中，许多情况是无先例可循的，特别是要使每一位管理者认识到管理不仅仅是用既定的方式重复那些已经重复了许多次的操作，更重要的是要不断去探索新方法，找出新程序，进一步打破因循守旧的观念，自觉运用创新思维，实现管理能力的提升。

3. 形成良好的执行力

执行力是管理者具备的最基本条件。管理者落实执行力，最基本的就是严格执行单位的既定目标与规章制度，按时完成各项工作，认真履行组织赋予的职责。管理者的个人素质以及思维方式，对执行力会产生决定性的影响。因此，对于管理者，除了集思广益、博采众长之外，还应不断锻炼对整个管理过程进行规划发展的能力，保证执行的效果。

4. 培养勤思考的习惯

在遇到问题时，不要简单地急于处理。要勤于思考，对问题进行分析，把握好"度"，以最佳的方法去进行处理。在日常工作中，要注意培养观察问题和发现问题的能力，抓住管理工作的重点、热点和难点，并及时给予处理。

5. 培养良好的协调和沟通能力

沟通是现代管理的一种有效工具。有效的沟通可以大大提高不同层次管理者的管理能力，用好了会使管理工作水到渠成，挥洒自如。沟通是"情商"高低的具体体现，这种"情商"是比某些知识能力更为重要的能力。不断提高"沟通"能力，有助于帮助管理者提高自身的管理能力。

（三）决策能力

决策能力是对未来行为目标的决断和选择的能力。对管理者来说，决策能力会决定单位的发展方向和兴衰成败。对即将走向社会的毕业生来说，面临求职择业，别人的意见和忠告各种各样，最终要靠自己决定，这就是对自我决策能力的一次检验。在未来的工作中，每一件事情、每一个问题以及它们的变化进展都不可能像在学校那样有老师作指导，而必须靠自己迅速做出决定，及时予以处理。因此，具有良好的决策能力对职业能力的培养有着重要意义。

会计专业的李丽收到知名企业发来的面试通知时，心里既高兴又紧张。面试一开始，考官对她的素质挺满意。最后，考官对她说："根据你的性格特点，我们想把你安排在办公室，可能跟你的专业不对口，但是我们认为你更适合这个岗位。"李丽拿不定主意，小声地说："要不，我回去和爸爸妈妈商量一下。"主考官愣了一下，"好吧"，他微笑着说："不过要记得，以后你参加面试的时候，不要说'和爸爸妈妈商量一下'，因为这样会显得你没有主见，说明你的决策能力较弱，明白吗？"

启示："没有主见"、"决策能力较弱"是一些大学生的"通病"。要记住，社会需要有自我判断和决策的人，凡事依靠父母的学生，很难获得用人单位的信任。

如何提高决策能力？

1. **养成作决策的习惯**

决策需要承担风险，开始决策时难免做出错误的选择。但是，只要在51%的时间里判断正确就总比无所事事强得多。要养成思考设疑的习惯，对日常工作中遇到的每个问题多问几个为什么，考虑这样处理还会出现什么问题，然后从实际出发逐一加以解决。通过多次实践后会提高判断力，提高做出正确决策的能力，最终使绝大部分时间里所作的决策准确无误。

2. **尽快获取最佳信息**

如果指望在获得足够多的信息后才作决策，那么就只能是无限期的守株待兔。要善于搜集相关的信息，并对这些信息进行正确分析与评价。

3. **尽可能多地提出多种选择方案**

不要期望能够找到"最优"方法。只需尽你所能，尽量多找出一些解决问题的方案，并依其价值进行排序，从中选择尽可能好的方案。

4. **利弊权衡**

可以把各种方案的利弊写在纸上，有利因素列在纸的左边，所有不利的因素列在右边，用这种方法比较利弊得失，简单明了，非常便于做出决策。

5. **划定最后期限**

把问题的核心部分写下来，收集和分析有关这一问题的信息材料，给自己规定拿出决策的最后期限。这样做将有助于解决过分偏重于分析研究而一直畏缩不前的问题。要知道，一个善于决策的人，不是对事情有了百分之百的把握再去决策。决策总带有一定风险，事情都清楚了才去"决策"，算不上决策。条件完全具备之际，往往是最佳的机会消失之时，一味追求完善，就会坐失良机。

6. **立即采取行动**

对待未来，没有现成的答案。每个方案在最初都难免存在缺陷。对你将要干的事作出决断，然后立即动手做，在行动中不断完善方案。

（四）动手能力

动手能力是个体在某一方面或某些方面所具备的实际操作能力，是人的智力转化为物质力量的关键，是专业工作者必须具备的一种实践能力。当代大学生必须重视动手能力的培养，克服只重视理论学习，轻视实践操作的倾向。

李同学是一名刚走出校门的本科毕业生，先后在6家公司就职，就职时间没有一家单位超过1个月。原因都是：老板交给他的工作无法完成，被动辞职。直到现在他还没有找到合适的工作。对此，他自己的评价是："我太笨，除了学习什么都不会，尤其是不会人际交往与生活自理，单位不要我也是看到我高分低能吧。”

李同学这样的情况在当代大学生中为数不少，他们一面拥有骄人的学习成绩，一面却是匮乏的动手能力。社会需要大学生更多地参与学校、社会的实践活动，提高实际动手能力。

如何提高动手能力？

1. 主动参与，不畏失败

在校大学生应珍惜每一次的实践动手的机会，积极主动地参与其中，多看、多练、多想。接触多了体验就多，动手能力就在潜移默化中提高。尽管不会在每次的参与中都会获得成功，至少可以把失败也看作是提高动手能力的一种进步。

2. 丰富理论知识，构建知识体系

任何一个人都不可能在所有方面都具备实际动手的优势，但至少可以在某一领域或几个领域中实现。这就需要丰富的理论知识来武装，完善的知识体系来指导。要提高自己的动手能力必须加强自身的理论学习，构建完善的知识体系。

3. 独立思考，敢于尝试

动手能力的培养与提高不是一蹴而就的。必须在独立思考的基础上，用实践过程中的体验、感悟、总结来不断提高。作为未来职业者，大学生必须在大学阶段培养自己敢于尝试、敢于实践的胆识，这种胆识不是冲动、鲁莽，是为实现实践目标独立思考后的行动。

第三节　自我发展管理

案例

“纠结”中的经理

张经理是某著名五星级酒店的客房部经理。7 月某天上午 8:00 他刚踏入办公室，一系列的难题就来了：

1. 上午 9 点有一个日本旅游团 50 人入住，其中 45 人是一家三口组成，需要 15 间家庭套房，但客房部今天剩余的家庭套房只有 10 间，12 点之前肯定腾不出房。这个问题该怎么解决？

2. 旅游局通知，今天上午 9 点召开全市酒店工作会议，会议议题是

SARS过后各酒店如何恢复生产，迎接可能到来的旅游高峰。总经理要求张经理代表酒店出席并准备发言。

3. 总经理秘书来电话说，老总明天要出差，希望与张经理讨论客房部如何完成下半年的营运目标的问题。

4. 公关部经理来电说，酒店准备与南方航空公司在广州、北京、上海推出“浪漫珠海新感觉，机票＋酒店套餐”，广告稿已经设计出来，需要他来定。

5. 人力资源部来电说，小林昨天提出辞职，原因是另外一家酒店要挖她过去；小林可是他培养了5年的爱将，做事认真负责，对待客人真诚，酒店各项业务都精通。

6. 老婆来电话，岳母大人上午10点到，要张经理开车去机场接一下。

面对这么多的任务和冲突，张经理该怎么办？

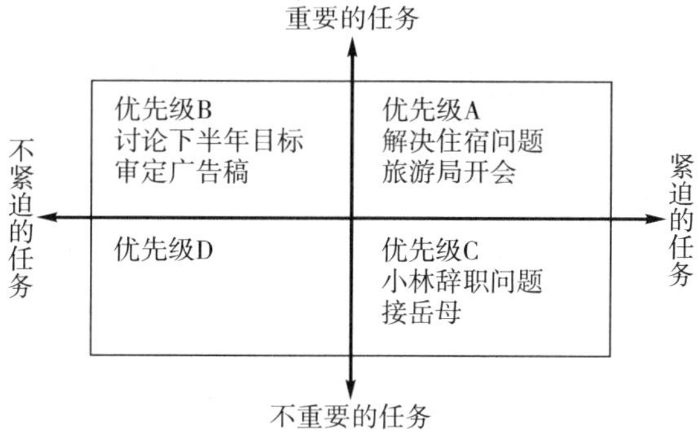

张经理的工作规划

启示：这是一个自我管理中的典型案例。上图是张经理的规划方案。按“重要不重要，紧迫不紧迫”把张经理所要解决的问题划归入4个象限：对重要和紧急的事情当然是立即就做（第一象限）；平时多做重要但不紧急的事情（第二象限）；面对不重要不紧急的事情不做（第三象限）；对紧急但不重要的事情选择做（第四象限）。这样张经理处理起来显然明晰多了。

自我发展是为了提高自身在人才市场的竞争力和实力而不断提升知识、技能、管理等水平的过程。作为一名职业人，在自我发展的过程中必须具备一种重要的素质，就是自我管理意识。这就是说要对自己的各方面认真负责：如何工作和学习、如何提高工作效率、获得能力的提高、形成人格魅力等。以下介绍有关自我发展的几个问题。

一、时间管理

（一）什么是时间管理

时间管理是指在时间消耗相等的情况下，为提高时间利用率和有效性而进行的一系列活动，包括对时间进行有效的计划和分配，保证重要工作的顺利完成，及时处理突发事件或紧急状况等。

时间管理旨在更有效地运用时间，除了决定该做什么事情之外，还要决定什么事情不该做。

（二）时间管理的基本原则

1. 分清轻重缓急

面对每天大大小小，纷繁复杂的事情，如何分清主次，把时间用在最有生产力的地方，要思考并解决以下问题：

（1）我必须做什么：这件事是否必须做？是否必须自己做？非做不可，但并非一定要亲自完成，可以委派他人。

（2）什么能给我最高回报：所谓“最高回报”即是符合“目标要求”或自己会比别人干得更高效的事情。

（3）什么能给我最大的满足感：最高回报的事情，并非都能给自己最大的满足感，均衡才有和谐满足。因此，合理分配时间完成令人满足和快乐的事情，唯有如此，工作才有意义和兴趣。

2. 做正确的事和正确地做事

效率是“以正确的方式做事”，效能是“做正确的事”，两者不能偏废。如果出现两者不能兼得的情况，我们应先顾效能，再提高效率。做正确的事，是指目标正确，有目标，一分一秒都是成功的记录；正确地做事，是指做事的方式，方法正确，事半功倍，方法错误，将会事倍功半。

（三）学会管理自己的时间

善于管理自己的时间，是一个人走向成功的因素之一。快节奏的现实生活，让大多数职业人都觉得时间不够用。时间对每个人都是公平的，唯一的办法就是如何计划充分利用你的时间。

1. 遇事不拖延，马上做

养成马上就做、现在就做的习惯，不仅能克服拖延，而且能占“笨鸟先飞”的先机。久而久之，必然培养出当机立断的大智大勇。

2. 合理分配时间

当你注意今天的每一件工作时，就必须决定在每件事情上的大致时间分配。时间分配合理了，你就可以更好更快地完成今天的任务，也可以节约出时间去干其他需要干的事情了。

3. 善用零碎时间

把零碎的时间用来从事零碎的工作，从而最大限度地提高工作效率。比如在等车、坐船、茶余饭后、会前会后等零碎的时间用来学习、思考、阅读、计划等等。充分利用零碎时间，积少成多。

4. 做事整洁规矩

养成做事前后整洁有条理、有章法、有顺序，不把时间浪费在寻找东西上面。整齐有序的记录和整理，为今后的工作节约出时间。

5. 为意外事件留时间

你正在按照计划做你的工作，忽然家里来电话了，老人得了疾病，急需送医院，这种情况下你当天的任务就可能无法完成。如果你为你的工作时间留有余地，有应急计划，那么你就不会因此影响任务的完成。所以，为意外事件留有余地，是很明智的做法。

二、有效沟通

（一）有效沟通的含义

有效沟通，从其概念上来讲，是为了一个设定的目标，把信息、思想和情感，通过特有的方式在特定个人或群体间传递，并实现共同认可的过程。沟通是一种技能，是对一个人知识能力、表达能力、行为能力的展示。

（二）沟通的方式

沟通方式	优点	缺点
书面沟通	永久记录 传递信息强	单方面 难以挽回消极影响
口头沟通	即时交流 情绪感染	无记录 耗费时间
会议	能够思想共享 利于反馈	浪费时间 不适用于传达详细信息

(三)有效沟通的技巧

(1)必须知道说什么。就是要明确沟通的目的。
(2)必须知道什么时候说。就是要掌握好沟通的时间。
(3)必须知道对谁说。就是要明确沟通的对象。
(4)必须知道怎么说。就是要掌握沟通的方法和技术。

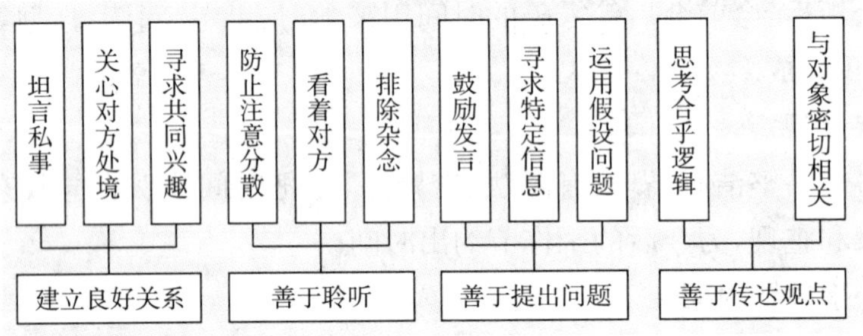

有效沟通技术表

三、团队合作

(一)什么是团队合作

团队合作指的是有能力、有信念的一群人在特定的团队中,为实现一个共同的目标,主动倾注所有资源和才智,相互支持合作的过程。

两个饥饿的人得到了一位智者的恩赐:一根鱼竿和一篓鲜活硕大的鱼。其中一个人要了一篓鱼,另一个人要了一根鱼竿,于是他们分道扬镳了。得到鱼的人原地就用干柴搭起篝火煮起了鱼,他狼吞虎咽,还没有品出鲜鱼的肉香,连鱼带汤就被他吃了个精光。不久,他便饿死在空空的鱼篓旁。另一个人则提着鱼竿继续忍饥挨饿,一步步艰难地向海边走去。可当他已经看到不远处那片蔚蓝色的海洋时,他最后一点力气也使完了,他也只能眼巴巴地带着无尽的遗憾撒手人间。

而另外两个饥饿的人,同样得到了智者恩赐的一根鱼竿和一篓鱼。只是他们并没有各奔东西,而是商定共同去找寻大海。他俩每次只煮一条鱼,经过遥远的跋涉,来到了海边。从此,两人开始了捕鱼为生的日子。几年后,他们盖起了房子,有了各自的家庭、子女,有了自己建造的渔船,过上了幸福的生活。

启示:团队是众多个体的有机组合,它不是单个元素的简单拼凑,而需要蚂蚁般的抱成团的集体精神。“寸有所长，尺有所短”，团队成员中的每个人都不可能完美，成员间应该尊重个性差异，互相依存、同舟共济、互相关怀，利益和成就共享，责任与义务共担。

（二）如何培养团队合作能力

单打独斗的时代已经过去，取而代之的正是团队合作。对整个团队来说，每个团队成员都是不可或缺的，而且每一个团队成员都要具有团队合作的能力。要培养自己的团队合作能力，需要从两方面着手：一是让他人喜欢你，二是对他人寄予希望。

1. 欣赏

欣赏就是主动去寻找团队成员的积极品质，尤其是你的“敌人”。很多时候，同处于一个团队中的工作伙伴常常会乱设“敌人”，尤其是因某事落在后面的人。所以，每个人都要摆正心态，用欣赏、赞许的心态主动向团队中优势者学习，克服和改正自身的缺点和消极品质。这是培养团队合作能力的第一步。

2. 尊重

尊重，意味着尊重他人的个性和人格，尊重他人的兴趣和爱好，尊重他人的感觉和需求，尊重他人的态度和意见，尊重他人的权利和义务，尊重他人的成就和发展。尊重没有高低之分、地位之差和资历之别，尊重只是团队成员在交往时的一种平等的态度，平等待人，有礼有节，既尊重他人，又尽量保持自我个性，这是团队合作能力之一——尊重的最高境界。

3. 宽容

宽容是团队合作中最好的润滑剂，它能消除分歧和“战争”，使团队成员能够互敬互重、彼此包容、和谐相处，从而安心工作，体会到合作的快乐。宽容，并不代表软弱，在团队合作中它体现出的是一种坚强的精神，它是一种以退为进的团队战术，为的是整个团队的大发展，以及为个人奠定有利的提升基础。

4. 平等

当每一个团队成员都感觉到人格和机会的平等时，他们之间就不会产生距离感，他们在合作时就会形成更加默契、紧密的关系，从而使团队效益达到最大化。

5. 信任

没有信任，就没有合作。现代社会的发展，使职业分工越来越细，个人的能力再强、工作做的再出色，也不能离开团队这个大的环境。信任是合作的基石。因此，团队成员只有相互信任、主动做事、乐于分享，才能共同成长，共达成功。

6. 沟通

作为个体，要想在团队中获得成功，沟通是最基本的要求。敢沟通、勤沟通、善沟通是团队成员获得职位、有效管理、工作成功、事业有成的必备技能之一。

7. 负责

一个对团队工作不负责任的人，往往是一个缺乏自信的人，一个自私的人。任何有利团队荣誉、有损团队利益的事情，与每一个团队成员都是息息相关的。所有的人都拥有不可推卸的对于团队的责任，这也显示出对整个团队的专注和忠诚。

第四节　打造核心竞争力

案例

心理学家的一次测试

首先，他让10个人穿过一间黑暗的房子，在他的引导下，这10个人都成功地穿了过去。

然后，心理学家打开房内的一盏灯。在昏暗的灯光下，这些人看清了房内的一切，都吓出一身冷汗。这间房子的地面是一个大水池，水池里有十几条大鳄鱼，水池上方搭着一座窄窄的小木桥，刚才他们就是从小木桥上走过去的。

心理学家问："现在，你们当中还有谁愿意再次穿过这间房子呢?"没有人回答。过了很久，有3个胆子大的人站了出来。

其中一个小心翼翼地走了过去，速度比第一次慢了许多；另一个颤巍巍地踏上小木桥，走到一半时，竟趴在小木桥上爬了过去；第三个刚走几步就一下子趴下了，再也不敢向前移动半步。

心理学家又打开房内的另外9盏灯，灯光把房内照得如同白昼。这时，人们看见小木桥下方装有一张安全网，由于网线颜色极浅，他们刚才根本没有看见。

"现在，谁愿意通过这座小木桥呢?"心理学家问道。这次又有5个人站了出来。

"你们为何不愿意呢?"心理学家问剩下的两个人。

"这张安全网牢固吗?"这两个人异口同声地问。

启示：这10个人为什么第一次都能够顺利地通过小木桥呢？原因在于他们不知道自己面临的险境。如果我们每个人都像这10个人首次穿过房子一样——无视自己面临的险境，勇往直前，这个世界也许会有更多的成功者。面对不可避免的竞争，我们不能只喊"狼来了"。每个人还应磨好自己的利剑，打造好自己的核心竞争力，增强自己的竞争优势，这样才能面对竞争毫不畏惧。

科技时代的竞争，更多地体现在以知识和能力为基础的核心竞争力上的差异。随着岗位分工的愈发细致，这种竞争对专业性知识的要求越来越高，在特定方面专业素养和知识积累厚重的人才更为用人单位所青睐。作为未来职业人的大学生，要明白自己与其他人相比优势在哪里、劣势又在何处，有针对性地学习和锻炼，努力打造自己独特的核心竞争力，才能在求职和未来职业发展中展示出自己的出众才能。

一、核心竞争力

一般而言，核心竞争力是指一个企业拥有或控制的可以持续产生独特竞争优势的资源和能力。

个人的核心竞争力是个人以其拥有的知识和技能为基础，在不断学习中创新，在不断创新中整合，从而实现自我获得持续竞争优势的能力。就大学生而言，核心竞争力是以良好的身心素质为基础，以较强的学习能力、实践创新能力、人际交往能力为载体的一种综合素质的集中体现。大学生核心竞争力是就业能力的重要组成部分，并在很大程度上决定了就业状况和未来职业生涯的发展态势。

二、大学生核心竞争力的三大要素

（一）人生定位

人生定位就是个体想成为什么样的人。它包含三层含义：我是谁？我想做什么？我能做什么？

（二）资源与能力

资源包括知识储备和人脉资源。知识储备是个人所掌握的知识和信息的总和，人脉资源则是个人所拥有的社会人际关系范围和交往深度。

能力包括语言表达能力、信息处理能力、解决问题能力、人际交往能力、组织管理能力、领导能力等。

（三）执行力

执行力是一种行动力，它是在系统思考和自我超越的基础上，把规划和方案转化为实践过程及其成果的系统行动。

三、打造个人核心竞争力

明确了大学生核心竞争力的要素和特点，对大学生就意味着，无论是学习还是工作都要善于挖掘自己的潜力，着力提升自己的核心竞争力。

专业。即专门的学问，一技之长，没有专业的人谈不上核心竞争力。所以，大学生首要是把学习做到最好，在学术上有所造诣、在实践上有创新。

价值观、人生观。没有正确的的价值观、人生观，只会使思路越走越窄，人越来越狭隘。

人际关系。多参加社会实践，积极投身社会公益活动，尝试与各种领域、职业、行业的从业者打交道，多方面学习和提高自己的交往能力。

身心健康。没有良好的身体、健康的心理素质，核心竞争力就是无本之木。

人生规划。要有长远的人生规划以及若干个子计划，脚踏实地，不断完善，逐步实施，并提高自我管理能力。

提高核心竞争力是大学生生存和发展的第一步，是职业生涯的起点，是实现人生价值的重要环节。努力学好你的专业，不管你多么不喜欢，不论你应聘的职位和专业有没有联系，专业知识及其素质仍是你步入社会初期生存发展的重要部分。专业没有学好，没有人会轻易相信你在新领域中会表现优秀；把不喜欢的专业课程学得非常出色，恰是体现了你的素质和能力，这也是许多成功人士的秘密。

练习与思考

1. 沟通能力训练——折纸游戏

活动目的：为了说明沟通是双向的过程，而在我们平时的生活中往往却成了单向的。结果听者总是见仁见智，按照自己的理解来执行，往往就会出现很大的差异。双向沟通之后，效果有明显改善，但差异依然存在，同时也增加了沟通过程的复杂性。

操作程序：

(1)每位同学先拿出一张 A4 纸；

(2)老师发出单向指令：大家闭上眼睛→全程不许提出疑问→把纸对折→再对折→再对折→把右上角撕下来，转 180 度，把左上角也撕下来→睁开眼睛，把纸打开。(大家会发现各种答案)；

(3)这时老师再请一位同学上来，重复上述指令，唯一不同的是这次同学们可以提出疑问。

讨论：(1)完成第一步之后问大家：“为什么会出现这么多不同的结果？”

(2)完成第二步之后再问大家:“为什么还会有误差?”(希望说明的是,任何沟通形式及方法都不是绝对的,它依赖于沟通者双方彼此的了解,沟通环境的限制等,沟通是意义转换的过程。)

2. 列举自己在大学期间所掌握的理论知识,参与的各项实践活动,这些内容对应培养基本职业能力和求职关键能力中的哪些要素?

3. 分析自己目前具备哪些职业能力,还需要在哪些职业能力上进一步培养?

4. 你如何理解核心竞争力? 如何培养自己的核心竞争力?

参考文献

[1] 王玉敏:《刍议大学生个人核心竞争力的培育与提升》,《现代教育科学》,2003 年第 2 期。

[2] 吴余舟:《大学生职业生涯规划与就业创业指导》,北京:机械工业出版社,2010。

[3] 曲正国:《大学生就业指导与职业生涯规划》,北京:清华大学出版社,2008。

[4] 杨雪梅:《浅谈大学生素质与能力的培养》,《山东省青年干部管理学院学报》,2001 年第 9 期。

[5] 马明辉:《大学生核心竞争力的层次分析研究》,《市场论坛》,2006 年第 3 期。

[6] 陈今来:《大学生职业发展与就业指导》,北京:化学工业出版社,2010。

[7] 张淑娟、程逊:《就业指导与创业教育》,北京:人民邮电出版社,2009。

[8] 王维华、洪贞银、袁畅:《大学生就业与创业指导》,北京:高等教育出版社,2007。

[9] 武月刚:《大学生职业生涯规划与就业指导》,北京:航空工业出版社,2010。

第四章

就业形势与就业选择

大学生就业难已经引起社会各界的广泛关注和国家的高度重视。当前大学生就业形势严峻。造成大学生就业困难的原因既有主观的，也有客观的。面对新的就业形势，毕业生要想在就业中赢得优势，需要了解当前毕业生就业的总体形势，树立正确的就业观，把握国家关于毕业生就业的各项制度、政策，熟悉大学生就业的基本流程，充分利用各种途径和资源，把握各种就业机会，不打无准备之仗。

本章学习要点

1. 正确认识当前我国高校毕业生的就业形势；
2. 熟悉毕业生就业相关政策；
3. 了解毕业生就业的基本程序。

第一节　毕业生的就业形势

案例

3000名大学生争聘事业编制环卫工

2012年10月中旬，哈尔滨面向社会公开招聘457名具有事业编制的"80后"环卫工人，引发社会热议。记者从哈尔滨市人力资源和社会保障局了解到，共有1.1万人报考这些岗位，比例高达25:1。最后，有7186名考生缴费成功，其中本科生大约3000人，研究生29人，两者占比超过四成。

经过最终的考试和培训，今年1月初，448名事业编制环卫工正式走上清扫保洁作业一线。据了解，这次招聘录取的环卫工人中本科学历者占到81%，还有7人拥有研究生学历。不少市民表示，环卫工作值得尊重，但竟有这么多大学生蜂拥而来，不能不让公众心生疑惑，他们真愿意拿起扫帚扫大街吗？

16日，冰城哈尔滨最低气温接近零下30摄氏度。记者在中山路上看到，刚上岗的两名研究生郝文芳和于妍正在街头巡回保洁，她们不时俯身把地上的纸屑、烟头扫入随身携带的垃圾袋里。哈尔滨市人力资源和社会保障局副局长丁永林介绍说，今年招聘的环卫工要求在30岁以下，具有大专以上学历，具体分为环卫清洁车辆驾驶、清洁车辆维修和手工清洁三类，全部是最基础的一线岗位。

启示：这个案例充分说明了就业形势的严峻。在就业形势日趋严峻的情况下，高校毕业生必须正确分析我国的就业形势，熟悉我国的就业制度和就业政策，正确定位，从容应对，避免盲目。

一、大学生就业的总体形势

(一)大学生就业进入“大众化”时代

随着经济、社会的发展，社会工作岗位对劳动技能的要求在不断提高，对劳动者接受教育的层次也随之提高。在高等教育进入大众化阶段以后，这种要求已提高到前所未有的水平，促使接受过高等教育的大学生更多地进入普通劳动者的行列，标志着大学毕业生就业“大众化”的来临。

(二)毕业生供需总量矛盾和结构性矛盾并存

从供需总量上看，近年来，由于高校不断扩招，社会所提供的岗位有限，加上每年陆续有没在毕业当年实现就业的毕业生的累积，实际需要就业的毕业生供大于求，造成大学毕业生就业困难。从供需结构上看，目前高校毕业生就业期望值与岗位要求不完全匹配。如，大多毕业生愿意选择在长三角、珠三角地区，高薪部门，环境好以及专业对口的单位就业，导致这些地区特别是待遇和工作环境好的单位大学生扎堆，而中西部、老工业基地、基层单位、农村等地区和一些艰苦行业，虽然有很大的用人需求，却难以招录到大学毕业生。高校毕业生“无业可就”和“有业不就”的现象并存。

(三)大学生就业竞争加剧

根据当前的社会经济发展状况看,在今后相当长的一段时间内,社会对大学生的需求不会有太大的变化,大学生的就业竞争会更加激烈。在社会需求总量增加不大的情况下,许多用人单位在选用人才方面,过于注重个人学历。一些用人单位招聘什么岗位都要求研究生以上学历,本科生和专科生根本没有面试机会,从而出现研究生抢占本科生岗位、本科生抢占专科生岗位的现象,造成人才的极大浪费。

案例

济南5名大学生当掏粪工

据新华网报道:2010年3月2日,济南市5名经过层层考试被录取的大学生掏粪工上岗。他们均经过半年的试用期才正式签订聘用合同并上岗的。据了解,这5名被招录的大学生中,4名是本科生,他们中年龄最小的才23岁,所学专业涉及计算机、法学等。他们是从391名应聘大学生中,经过严格考核脱颖而出的。

启示:这个案例反映的不只是当前的就业形势严峻,更多反映的是当前大学生就业竞争的加剧和用人单位对大学生综合素质要求的不断提高。环保管理部门选聘5名大学生当掏粪工,并非在作秀,他们也在为自己"储备人才"。只有经过基层锻炼,扎实工作,大学生们才能成长起来。当然,招聘大学生来做掏粪工,同样也会遭到社会质疑。有人会说,大学生都做了掏粪工,那么上大学还有什么用处呢?这是不是一种人才的浪费!但是作为一名普通的大学生,想做一个对社会有用的人,如果做不到宠辱不惊,用人单位何以委以重任呢?

(四)用人单位对毕业生的要求提高

在高校毕业生就业竞争日益激烈的情况下,用人单位对录用毕业生的标准也越来越高。具体来说,具有以下特征的毕业生最受社会的欢迎:

1. 较高的思想政治素质

如,毕业生中的中共党员、三好学生、优秀学生干部、优秀毕业生等。

2. 强烈的事业心和责任感

如,较强的敬业精神,端正的职业态度;勇于负责、敢于承担责任的职业素质,能够脚踏实地等。

3. 坚实的理论基础和较宽的知识面

比如,要求毕业生有较大的发展潜力、较强的适应能力等。

4. 较强的组织能力,管理和协调能力

这是由于现代社会分工的不断细化决定的,在团队合作的情况下,此种能力不可或缺。

5. 较强的开拓创新意识

如,有较强的进取精神,敢想敢干,动手能力较强。如果工作中能够有所创新,那就再好不过了。

6. 表达能力

要有良好的文字和口头表达能力,最好"能说会道","能写会画"。

另外,性格开朗,谦虚随和,身体健康也是需要的。

二、大学生就业的机遇

(一)大学生就业问题得到了前所未有的重视

《国家中长期教育改革和发展规划纲要(2010—2020年)》中明确提出"加强就业创业教育和就业指导服务","积极做好高校毕业生就业工作"第一次被写进党的十七大报告,十八大报告又强调"做好以高校毕业生为重点的青年就业工作和农村转移劳动力、城镇困难人员、退役军人就业工作"。就业是民生之本,促进就业是安国之策。党中央、国务院始终高度重视就业工作,坚持把高校毕业生就业摆在现阶段就业工作的首位,出台了一系列扶持政策和措施,营造了有利于高校毕业生就业创业的制度环境。各级党委、政府和学校都成立了专门的就业服务机构,大力拓宽就业渠道,最大限度地促进毕业生充分就业,为毕业生创造了良好、宽松的就业环境。目前,高校实施了毕业生就业工作"一把手工程",建立健全工作领导体制机制,建立指导服务体系,加强思想教育和就业服务,效果显著。

(二)大学毕业生总体上仍供不应求

国家统计局根据2010年第六次人口普查发布的数据显示,从各种受教育程度人口占总人口比重看,2010年大专及以上受教育程度人口比重为8.9%,比2002年提高了4.5个百分点,这个比例远远落后于欧美、日本等发达国家。可见,受教育程度方面,中国在世界上仍然排在靠后的位置。相当一部分单位存在着人员老化、文化素质偏低、办事效率不高、人才断层等问题。各行各业、各级各类单位都需要大学毕业生去补充生产、管理、技术、研究等岗位,提高职工业务素质及能力。

（三）就业政策不断完善

近年来，国家出台了一系列积极的就业政策。大学生就业政策进一步明确，多部门协同，毕业生就业促进措施不断出台，体制障碍逐步被打破，为促进大学生充分、顺利就业提供了条件。这些政策主要包括：

1. 鼓励和引导毕业生到基层就业

如，基层社会管理和公共服务岗位就业补贴政策；学费和助学贷款代偿政策；选聘招录优惠政策；继续实施和完善面向基层就业的专门项目等。

2. 鼓励毕业生到中小企业、非公有制企业就业

如，清理影响就业的制度性障碍和限制；取消落户限制；落实就业扶持政策等。

3. 鼓励骨干企业和科研项目单位积极吸纳和稳定毕业生就业

如，鼓励企业更多吸纳高校毕业生；鼓励困难企业更多留用高校毕业生；鼓励科研项目聘用高校毕业生等。

4. 鼓励和支持高校毕业生自主创业

如，免收行政事业性收费；提供小额担保贷款；享受职业培训补贴；享受更多公共服务等。

5. 对困难毕业生的就业援助

如，对困难家庭毕业生可根据情况给予适当的求职补贴；公务员考录、事业单位招聘时免收报名费和体检费；对登记失业的高校毕业生，各地要纳入当地失业人员扶持政策体系等。

三、高校毕业生就业面临的挑战

（一）传统的毕业生就业主渠道吸纳能力下降

国有企业目前依然处于转轨改制、减员增效的改革过渡过程中，很难为社会提供更多的就业机会。政府机关、事业单位是“逢进必考”，而且需求人数少，竞争激烈。据有关数据显示，2013 年国家公务员报名总人数为 152.6 万人，有 109 个招录职位的报名比例超过 1000∶1，此次“国考”最热门职位为国家统计局重庆调查总队南川调查队业务科室科员，达 9470∶1。

（二）毕业生的能力素质与用人单位的要求存在较大的差距

过去，用人单位、毕业生和高校都信奉专业对口的原则，结果导致高校专业设置越来越多，划分越来越细。许多毕业生专业口径狭窄，不能适应工作的需要和社会的发展。事实上，现在大多数用人单位对大学毕业生的敬业精神、职业道德、思想觉悟和综合素质水平提出越来越高的要求，更看重“人品”、态度和实际动手能力、创新能力。

（三）高等教育改革有待进一步深化

高等院校的专业设置、学科结构、毕业生的学历层次和知识结构等方面，目前存在着一些不适应社会需要的因素。比如，有些课程的设置不是从学科和专业培养目标所需的知识结构出发，而是取决于现有教师的能力，会什么就教什么；有些专业设置、教学内容与方法与实际生产需要相比滞后，等等。

（四）毕业生就业的结构性矛盾仍将存在

如，高校专业设置与社会需求存在矛盾；大学毕业生知识结构、能力水平与社会需求存在矛盾；大学毕业生人数的专业分布与社会对各专业毕业生需求存在矛盾；大学生就业期望值与社会提供的就业岗位存在矛盾，等等。

第二节 毕业生就业政策

案例

小梁错缴 5000 元押金

小梁最近找到一份工作。上班后，公司向他收取押金，说是风险抵押金，不缴的话，公司就不和他签合同。没办法，小梁只好忍痛缴纳了 5000 元钱。到了月底发工资时，公司却不给员工发工资。小梁就去问财务科：“为什么不给员工发工资？”财务科的人回答说：“我们现在亏损，资金周转不开，没钱，以后有钱就给你补发。”小梁只好继续工作，但是一连干了 3 个月，都没有拿到一分钱，他找到公司老板问：“这样一直不发工资，我没办法生存，再不发我就辞职了。”老板说：“你要辞职我也没有办法。”小梁说：“那你把我 5000 元风险抵押金还给我，并把你拖欠我的 3 个月工资一起支付给我。”老板说：“给不了，你的押金我们都用来买原材料了。你的工资我也给不了，现在账上一份钱也没有。”小梁很生气：“那怎么办？我总不能白干 3 个月啊，还赔了 5000 元。”老板安慰他说：“这样吧，你再等 2 个月，到时候我的资金就回笼了，连押金带工资一起都给你。”小梁没办法，只好又回去干了 2 个月。没想到，2 个月后，公司倒闭了，老板不见了。小梁辛辛苦苦干了 5 个月，不但没有拿到一分钱，还赔了 5000 元。

启示：大学毕业生在就业时需了解用人单位招聘劳动者的相关规定；用

人单位在招聘的时候，要把自己的真实情况充分地告诉求职者，让求职者谨慎地作选择。用人单位招用劳动者，不得扣押劳动者居民身份证和其他证件，不得要求劳动者提供担保或以其他名义向劳动者收取财物。小梁因为事先不了解这样的规定，所以才出现了上述情况。

一、毕业生就业的几项制度

就业制度是指国家关于劳动者合法获取就业机会、维护社会就业行为的根本规定。任何社会的就业，都必然会受到一定的社会环境的影响和制约。特定社会的政治、政策法规、经济状况等多方面因素，构成了一定时期的就业环境，与之相对应的，国家会制订相应的就业制度。

（一）“双向选择，自主择业”

目前，“以市场为导向、国家宏观调控、各级政府和学校推荐、学生和用人单位双向选择”是大学生就业的基本模式，也是国家在高校毕业生就业方面的基本制度。

“双向选择”是一种适应社会主义市场经济体制的毕业生就业制度，它以市场为中介，以毕业生和用人单位为主体，以双方满意为前提，双方达成协议的一种就业形式。毕业生“自主择业”是给予毕业生比以往计划经济时期更多的择业自主权，克服“一分定终身”，但也不全是让毕业生无限制地“自主择业”、放任自流，它必须在国家有关就业方针政策的指导下，在一定范围内选择职业，并非“自由择业”。在社会主义市场经济体制下，劳动者有了自主择业的权利，劳动者根据国家的需要和自身的条件有权自主地选择自己的职业。只要遵守法律和相关法规，劳动者就有权择业、有权辞职。这种自主择业的权利，可以充分调动劳动者的劳动兴趣、热情和劳动创造性。对毕业生来说，这为自己施展才华，实现抱负，创造价值，贡献社会、服务人民提供了广阔的舞台。

（二）“三方协议”

“三方协议”是指用人单位、毕业生、高校三方签署《普通高等学校毕业生就业协议书》（以下简称《协议书》），它是明确毕业生、用人单位、学校三方在毕业生就业工作中的权利和义务的书面形式，旨在解决应届毕业生在户籍、档案等方面的一系列问题。《协议书》在毕业生到单位报到、用人单位正式接收后自行终止，但涉及劳动合同的有关内容依然有效。毕业生按照规定与用人单位签订《协议书》后，交学校就业主管部门作为编制毕业生派遣计划的依据。毕业生的户口迁移、档案转递都要以此为依据。

虽然都是用人单位与毕业生订立的有关劳动方面的书面协议，但《协议书》与劳动合同有所不同。就业协议不能替代劳动合同，不是确定劳动关系的凭证。

案例

“脚踏两只船”，咎由自取

某高校一名毕业生先用学校发的协议书与A单位签了约，又擅自用考取研究生的某同学的协议书与B单位签约。在B单位协议书已到学校盖章签字后，该生反悔又想去A单位。不得已，只好到B单位谎称学校要其将协议书取回补办手续，并保证某时间之前一定办好。B单位也相信他，将协议书全部还给了他。而他本人一拿到协议书立即又到学校谎称是B单位欺骗了他，解决不了户口将其退回，要求学校在A单位协议书上盖章。学校为谨慎起见，出面与B单位联系，得知该生有不诚实的行为，对其做出严肃批评，并责令向B单位道歉，请求谅解。谁知该生以学法律专业自居，声称B单位没有任何证据(即协议书不在手)。B单位一气之下，一个电话到学校：指责该生行为太不像话，既欺骗单位，又欺骗学校，道德品行败坏，希望学校给予处分，否则将影响学校的声誉。最后，学校对该生进行了严肃的处理，在其人生经历中留下了不光彩的一笔。

启示：签约是一件非常严肃的事情，协议各方一经签字盖章即具法律效力。任何一方都有履行协议的责任和义务，不得随意变更协议。上述案例中该毕业生违背了诚信原则，明知违规却又多头签约，且有悖道德准则，逃脱责任，既损害自身利益，又影响学校声誉。

（三）人事代理制度

人事代理制度是指政府人事行政部门授权的人才交流服务机构，依据国家有关人事政策法规，接受各类用人单位或个人委托，运用社会服务化方式，对其人事业务进行集中、规范、统一的社会化管理和系列服务，为委托单位或个人解决从事管理方面所遇到的问题。现在很多毕业生到民营企事业单位、外企等就业，而这些单位按照现行政策是没办法直接管理毕业生档案等一系列问题的，因此，人事代理制度为毕业生提供了良好的政策保障。

1. 人事代理的主要内容

(1)为委托方提供人事政策咨询，并协助委托方研究制订人才发展规划和人事管理方案等。

(2)为委托方管理人事关系、人事档案。办理专业技术人员专业技术职务任职资格的申报工作;办理大中专毕业生见习期满后的转正定级手续,调整档案工资;出具因公或因私出国、自费留学、报考研究生、婚姻登记和独生子女手续等与人事档案有关的证明材料。

(3)为国家承认学历的大中专毕业生提供人事代理服务,从签订人事代理合同之日起按有关规定承认身份,申报职称,计算工龄,确定档案工资,办理流动手续。

(4)为委托方接转党团组织关系,建立流动人员党团组织,开展组织活动。

(5)为委托方代办失业、养老等社会保险业务。

(6)为委托方代办人才招聘业务,提供人才供需信息,推荐所需专业技术人员和管理人员,负责聘用人员合同签证。

(7)根据委托方要求,开展岗位培训,并协助委托方制订培训计划。

(8)根据委托方要求,开展人才测评业务。

(9)代理与人事管理相关业务。

2.毕业生如何办理人事代理

(1)申请。直接按规定填写有关表格。

(2)签约。经双方协商,签订人事代理协议书。

(3)履约。承办机构与委托者的关系是契约式关系。承办机构应尽的义务和职责详细体现在双方签订的合同中。承办机构在如下几方面主动为委托人服务:

①主动提供人事政策、法规文件、人事改革动态、人事咨询服务;

②人事档案管理,包括收集、整理、鉴别、材料归档等;

③出具员工因公因私所需要的各种以档案为依据的证明材料,包括出国政审、涉外公证、婚姻证明、证件年审及其他证明材料;

④主动通知并组织员工进行职称认定和报考、申报评审工作;

⑤如遇国家规定的档案工资调升,负责对符合条件的员工进行审核、调升的全部工作;

⑥主动为所接收大学生办理转正、定级手续;

⑦每月办理员工缴纳各种保险事宜;

⑧受理员工办理证照事宜;

⑨组织党团员过组织生活,等。

二、国家促进高校毕业生就业的主要政策

(一)鼓励高校毕业生到基层、到中西部地区就业

1.对到农村基层和城市社区公益性岗位就业的,给予社会保险补贴和公益性岗

位补贴；对到农村基层和城市社区其他社会管理和公共服务岗位就业的，给予薪酬或生活补贴。

2. 对到中西部地区和艰苦边远地区县以下农村基层单位就业并履行一定服务期限的，由政府补偿学费，代偿助学贷款。

3. 对有基层工作经历的，在研究生招录和事业单位选聘时优先录取。

4. 对参加"大学生村官"、"三支一扶"（支教、支农、支医和扶贫）、"大学生志愿服务西部计划"、"农村义务教育阶段学校教师特设岗位计划"等项目的，给予生活补贴，按规定参加社会保险；项目服务期满并考核合格的，报考硕士研究生初试总分加 10 分，高职（高专）学生可免试入读成人本科；今后相应的自然减员空岗全部聘用参加项目服务期满的高校毕业生。

（二）鼓励和支持高校毕业生到中小企业就业和自主创业

1. 对企业招用非本地户籍的普通高校专科以上毕业生，各地城市应取消落户限制（直辖市按有关规定执行）；

2. 为到中小企业就业的高校毕业生提供档案管理、人事代理、社会保险办理和接续等方面的服务；

3. 从事个体经营符合条件的，免收行政事业性收费并享受国家相关扶持政策；

4. 登记失业并自主创业的，如自筹资金不足，可申请 5 万元小额担保贷款；对合伙经营和组织起来就业的，可按规定适当提高贷款额度；

5. 参加创业培训的，按规定给予职业培训补贴；

6. 灵活就业并符合规定的，可享受社会保险补贴政策。

（三）鼓励高校毕业生应征入伍服义务兵役

1. 由政府补偿学费，代偿助学贷款；

2. 在选取士官、考军校、安排到技术岗位等方面优先；

3. 退役后参加政法院校为基层公检法定向岗位招生考试时，优先录取；

4. 具有高职（高专）学历的，退役后免试入读成人本科；或经过一定考核，入读普通本科；

5. 退役后报考硕士研究生初试总分加 10 分；荣立二等功及以上的，退役后免试推荐入读硕士研究生。

（四）积极聘用优秀高校毕业生参与国家和地方重大科研项目

高校毕业生在参与项目研究期间，享受劳务性费用和有关社会保险补助，户口、档案可存放在项目单位所在地或入学前家庭所在地人才交流中心。聘用期满，根据需要可以续聘或到其他岗位就业，就业后工龄与参与项目研究期间的工作时间合并计算，社会保险缴费年限连续计算。

（五）强化对困难家庭高校毕业生的就业援助

1. 就业困难和“零就业”家庭的高校毕业生，享受公益性岗位安置、社会保险补贴、公益性岗位补贴等就业援助政策；

2. 机关、事业单位免收招聘报名费和体检费；

3. 高校可根据实际情况给予适当的求职补贴；

4. 对离校后未就业回到原籍的高校毕业生，由各地公共就业服务机构免费提供就业服务并组织就业见习和职业技能培训。

三、国家鼓励高校毕业生自主创业的主要政策

（一）放宽市场准入条件

1. 初创企业时，允许按行业特点放宽资金、人员准入条件，注册资金可分期到位。

2. 按照相关规定可将家庭住所、租借房、临时商业用房等作为注册地点及创业经营场所。

（二）享受资金扶持政策

1. 对符合条件的高校毕业生自主创业的，可在创业地按规定申请小额担保贷款；从事微利项目的，可享受不超过 10 万元贷款额度的财政贴息扶持；合伙经营和组织起来就业的，可根据实际需要适当提高贷款额度。

2. 视当地情况，可申请“大学生创业资金”。

（三）实行税费减免优惠

1. 毕业 2 年以内从事个体经营时，自在工商部门首次注册登记之日起 3 年内，可免交管理类、登记类和证照等有关行政事业性收费。

2. 持《就业失业登记证》（注明“自主创业税收政策”或附着《高校毕业生自主创业证》）的高校毕业生在毕业年度内（自然年，即 1 月 1 日至 12 月 31 日）从事个体经营的，3 年内按每户每年 8000 元为限额依次扣减其当年实际应缴纳的营业税、城市维护建设税、教育费附加和个人所得税。

3. 从事农、林、牧、渔、环境保护、节能节水等行业，开办高新技术企业、软件企业、动漫企业或小型微利企业等，均可依法享受国家现行规定的税费减免政策。

（四）提供培训指导服务

1. 对高校毕业生在毕业年度内参加创业培训的，根据其获得创业培训合格证书或就业、创业情况，按规定给予培训补贴。

2. 进入“高校学生科技创业实习基地”创办企业，可以享受减免12个月的房租、专业技术服务与咨询、相应的公共设施以及公共信息平台服务等。

3. 在办理自主创业行政审批事项时，可以通过“绿色通道”享受联合审批、一站式服务、限时办结和承诺服务等。

4. 各城市应取消高校毕业生落户限制，允许高校毕业生在创业地办理落户手续（直辖市按有关规定执行）。

5. 自主创业申报灵活就业的高校毕业生，各级公共就业和人才服务机构按规定提供人事、劳动保障代理服务，做好社会保险关系接续工作。

第三节 毕业生的就业定位与就业流程

案例

林美婵的求职经历

林美婵，女，某校统计学系2012届优秀毕业生，是系里较早发展的学生党员。该生在校期间学习成绩优秀，曾获校二等奖学金；一直担任学生干部工作，还担任过辅导员工作助理，工作勤奋，表现特别突出。由于该生的条件比较好，自大四上学期开始找工作，先后有多家单位可以签约。但在找工作的时候，该同学自恃条件优越，这山望那山高，比较挑剔，多次错过签约机会，直到当年6月，工作也未落实。这时候，她发现工作不好找了，心理压力大。在林美婵手足无措的情况下，辅导员通过多方联系，向一家长期合作的用人单位推荐了她。经过双向选择，最后这家单位录用了她。

启示：林美婵同学的求职经历，给应届毕业生求职提了醒：1. 求职过程中要做好自我定位，正确自我评价；2. 求职过程中要脚踏实地，结合自身条件和用人单位需求早做选择、及时就业。

一、就业定位

就业定位是毕业生根据个人特点和社会用人需求，对个人就业地域、单位、岗位、薪资、发展方向的规划，是在了解自身特点和社会用人需求的评价的基础上，确定就业目标和制订就业方案的过程。

（一）毕业生就业定位中的主要问题

1. 就业观念陈旧

调查显示，大学毕业生的就业观念对能否找到合适的工作至关重要。经过大学期间的专业学习，毕业生往往对未来的期望值较高，充满理想主义。很多大学毕业生将就业目标锁定在大企业、大单位，不愿意到中小企业和民营企业以及其他基层单位就业。择业心态趋于"现实化"，主要表现在过于强调工资的高低、待遇的好坏等因素在职业选择中的比重，却忽视自身的理想、兴趣、特长、优势甚至价值标准等。

2. 对自身的认识不足，定位不准

目前来看，大多数大学毕业生对未来的职业生涯缺乏系统有效的规划，在求职时存在一定的"从众"和盲目性。有些毕业生并没有把个人的未来发展摆在首位，他们对自身缺乏客观全面的认识，并不清楚自己适合什么工作，对未来的职业规划更是懵懂。因为对自己的兴趣、能力、特长并不清楚，对自己的了解程度也不够，所以不少人不知道"什么才是我想要的"、"我适合干什么样的事"。由于没有明确的职业取向，所以影响了求职的成功，也影响到未来的职业发展。

3. 职业心态欠佳

大学毕业生面临来自社会、家庭等多个方面的压力，在求职的过程中，很容易陷入迷茫、焦灼的状态，特别是当四处碰壁的时候。很多大学生求职的过程是这样的：第一阶段，非常"高调"，估价过高，充满信心；第二阶段，过于"低调"，碰壁之后显得不自信，开始降低期望，越来越觉得自己不值钱，甚至打扫卫生的岗位都觉得可以尝试；第三阶段，开始"跑调"，连续碰壁后，乱了阵脚，于是失去方向。当然，社会上很多说法也会让大学生难以适从，如，认为大学生一定要当白领才体面，北大才子卖肉、博士当村长就觉得"大材小用"。这个问题需要辩证地看待，我们不能去阻止每个人都想当领袖的欲望，但是大学毕业生还是要清醒认识到职业是不分贵贱的，既不要对自己期望过高，也不要碰几次壁就失去自我了。"心态决定一切"，这是职业人生存的关键法则。

（二）正确进行就业定位

1. 正确认识自我

大学毕业生应该全面、正确、客观地认识自我。可以通过职业意向测试或参与一些与专业相关的社会实践，对自己职业兴趣、气质、性格、能力等进行全面认识，清楚自己的优势与特长，不回避缺点和短处，弄清楚自己适合干什么、能干什么，避免求职的盲目性和职业目标的过于理想化。

2. 把握社会需求

社会到底需要什么样的人？社会评价人才时主要看重哪些方面的要素？每种职业要求从业者具备什么样的核心能力？自己所具有的知识和技能与职业、岗位的结合点在哪里？这些问题是大学生在求职过程中必须回答的，否则求职本身就是无的放矢。只有吃透了单位、岗位所看重的用人条件，毕业生才能加以对照，锁定所求目标，提高求职成功的可能性。

3. 转变就业观念

在社会中，职位的层次分布是呈三角形的，自顶向下，各种职位层次对劳动力的技能要求逐步下降，数量逐步增多。今后相当长的一段时间内，我国GDP增长将保持在8%左右的水平，每年新增职位大约在600万至900万之间，而每年新增劳动力和需要就业的人数远远多于新增职位数。在这种情况下，大学毕业生的就业将向社会职位的“三角形”靠近底端的方向移动，大学毕业生树立大众化的就业观念已势在必行。简言之，中小型企业，非公有制单位，基层、一线岗位必然成为大学生就业的主要领域，毕业生要逐步转变必到大中城市、国有企事业单位就业的意识，树立就业新观念。

4. 树立基层服务的意识

基层、一线就业空间巨大，毕业生大有可为。国家近几年出台了一系列优惠政策，鼓励高校毕业生参加社会主义新农村建设、城市社区建设和应征入伍。一般来讲，基层既包括广大农村，也包括城市街道社区；既涵盖县级以下党政机关、企事业单位，也包括社会团体、非公有制组织和中小企业；既包含自主创业、自谋职业，也包括艰苦行业和艰苦岗位。做任何事情都需要从一点一滴的基础性工作做起，都需要脚踏实地、勤勤恳恳的工作态度。面向基层就业，是时代的召唤和国家的要求，也是当代大学生实现自我价值的一种选择。

案例

为了乡亲们的尊敬和信赖

小王2003年毕业于某医学院临床医学专业。毕业时，因为成绩优秀被安徽省芜湖市一家医院“相中”。但他最终选择回到了养育自己的山村开诊所，一干就是10年。到如今，他的诊所门庭若市，他通过投资近10万元的设备，基本实现了“常见病、多发病不出村”的目标。小王说：“这里的条件固然比不上城里，但这里的乡亲需要我，在这里工作、生活，我感到快乐和充实。”“虽然我现在选择了农村，但与留在城里的同学相比，我是‘富有’的。

我不仅获得了较好的经济效益,更拥有了乡亲们的尊重和信赖。”

启示:社会主义新农村建设和我们所处的时代,需要更多像小王这样的大学毕业生。同时,也需要社会为他们提供建功立业、实现人生价值的广阔舞台。

二、就业程序

毕业生在求职择业过程中有相对明确的工作程序,了解就业程序,有助于毕业生顺利就业。

(一)毕业生求职择业基本流程

1. 了解就业政策

比如,要知道毕业生就业、创业有哪些规定,去基层就业有哪些优惠条件等。这些可以通过广播电视、网络、报纸等媒介,更可以通过政府部门和学校就业网站了解。

2. 接受就业指导

学校一般都开设就业指导方面的课程,指导毕业生求职择业。毕业生也可以积极参加学校举办的讲座、报告、比赛、模拟招聘等活动,增加就业知识和实战经验。遇到问题,通过各种途径获得就业咨询服务也是接受就业指导的一部分。

3. 进行自我分析

毕业生要联系自身实际,理智地进行自我分析。主要包括:

(1)自身综合素质、能力的自我测评。如,学习成绩在全专业中的名次,自己的兴趣、特长、爱好是什么,有何出众的能力(包括潜能)等。

(2)分析自己的性格、气质。

(3)自己在择业过程中,具有哪些优势、那些劣势,应该如何扬长避短。

(4)问问自己究竟想做什么。

4. 收集就业信息

大学生在择业过程中,需要通过各种渠道收集以下方面的就业信息:

(1)当前大学生就业市场的供需形势。包括:社会经济发展形势,各行业、各类企事业单位经营状况和对毕业生的需求等。重点了解本校、本专业的社会需求情况,用人单位对毕业生的基本素质要求等。

(2)政策和法规信息。如:国家及学校有关毕业生就业政策及规定,《劳动合同法》、《就业促进法》、《国家公务员暂行条例》等。

(3)就业安排活动信息。比如,什么时候举办专场招聘会或就业指导活动等。

(4)成功择业的经验、教训等信息。

(5)用人单位需求信息。

5. 确立求职目标

自我分析的结果是为了确立自己的择业目标,就业信息的收集要围绕择业目标进行,实际是为了达到"人职匹配",主要包括三个层面:

(1)择业的地域;

(2)择业的行业范围;

(3)择业单位及职位。

6. 准备自荐材料

自荐材料包括:学校推荐表、个人简历、自荐信及有关的证明材料。自荐材料反映的是毕业生个人总体情况和综合素质,是毕业生与用人单位信息交流的载体,也是用人单位透视大学生的一扇"窗户"和决定是否面试的重要依据。自荐材料不能千篇一律,要针对具体的单位和职位设计。

7. 双向选择

包括参加各类招聘活动,参加笔试、面试,等。

8. 签订就业协议

9. 学校审核就业协议,打印报到证,派遣毕业生

(二)就业中的"改派"

"改派"是在学校上报就业方案和主管部门核发报到证后,毕业生正式到用人单位报到前进行单位及地区调整的一种做法。各省对此规定大同小异,下以安徽省的规定为例说明。

1. 审批条件

调整改派期限原则上为3年(从毕业之日起),且需满足下列条件之一:

(1)取得安徽省普通高校毕业证书的高校毕业生;

(2)在省内首次落实就业单位的;

(3)在外省落实就业单位并可迁移户口的;

(4)报到地址因区划调整与原址不符的;

(5)与原单位解除劳务关系,暂未落实就业单位,原籍的人力资源和社会保障部门或教育部门同意接收的;

(6)与原单位解除劳务关系后,落实新的就业单位的。

2. 需准备的材料

(1)毕业生《就业报到证》;

(2)《安徽省大中专毕业生调整改派申报表》;

(3)《就业协议书》(推荐使用《安徽省普通高等学校毕业生就业协议书》)或用人单位接收函；

(4)与原就业单位解除就业协议函；

(5)本人身份证件。

3. **办理程序**

(1)毕业生到省政务中心教育厅窗口领取《安徽省大中专毕业生调整改派申报表》或在网上下载打印；

(2)到原派单位签署"同意调整改派"的意见(派遣时未落实单位的毕业生即派遣回生源地人力资源和社会保障局或教育局等情况,原派单位可免签意见)。如企业注销,则由当地工商部门出具注销证明;如企业更名,则由当地工商部门出具更名证明并由更名后的单位签署"同意调整改派"的意见；

(3)新接收单位签署意见或附《就业协议书》；

(4)新接收单位上级主管部门签署意见(有用人自主权的单位可免签)或附《就业协议书》；

(5)毕业生持《安徽省大中专毕业生调整证改派申报表》、《就业报到证》、《就业协议书》或接收单位证明、身份证,办理新《就业报到证》；

(6)毕业生持新《就业报到证》办理档案和户口转移手续,到用人单位报到。

(三)补办《就业报到证》

毕业生因不慎遗失或因放弃升学等原因需要补办《就业报到证》的,也要按照一定程序办理,再以安徽省为例:

1. **申报条件**

补办《就业报到证》期限原则上为3年(自毕业之日起),且需满足下列条件之一:

(1)取得安徽省普通高校毕业证书的毕业生；

(2)原《就业报到证》遗失；

(3)放弃升学申请就业派遣；

(4)支援西部服务期满。

2. **材料目录**

(1)《安徽省大中专毕业生补办就业报到证申报表》；

(2)刊登遗失声明的报纸(毕业生可直接到省政务大厦《安徽商报》等省级报纸驻点现场办理,办理完后将缴费清单等材料报教育厅窗口)；

(3)《就业协议书》(推荐使用《安徽省普通高等学校毕业生就业协议书》)或用人单位接收函；

(4)《录取通知书》；

(5)学校开具的相关说明；

(6)毕业证书。

3. 办理程序

(1)遗失《就业报到证》的补办程序。①毕业生查询报到证号码；②在省级报纸刊登遗失声明(毕业生可直接到省政务大厦《安徽商报》等省级报纸驻点现场办理，办理完后将缴费清单等材料报教育厅窗口)；③领取、填写《安徽省大中专毕业生补办就业报到证申报表》；④毕业生持《安徽省大中专毕业生补办就业报到证申报表》、刊登遗失声明的报纸(或缴费清单等材料)、毕业证书，办理新的《就业报到证》。

(2)放弃升学申请就业派遣的补办程序。①本人提交放弃升学而要求派遣的书面《申请》，原毕业学校就业部门签署意见，现录取学校招生部门签署意见；②提交《录取通知书》原件；③领取、填写《安徽省大中专毕业生补办就业报到证申报表》；④已落实就业单位的，凭《就业协议书》派遣；未落实就业单位的，派回生源所在地；⑤毕业生持《安徽省大中专毕业生补办就业报到证申报表》、书面《申请》、《录取通知书》、《就业协议书》或接收单位证明、毕业证书，办理新的《就业报到证》。

(3)支援西部服务期满申请派遣的办理程序。①到校团委出具支援西部服务期满证明，持团委出具的证明到毕业生就业指导中心审核、签章；②领取、填写《安徽省大中专毕业生补办就业报到证申报表》；③毕业生持《安徽省大中专毕业生补办就业报到证申报表》、毕业院校开具的支援西部计划服务期满证明、《就业协议书》或接收单位证明、毕业证书办理新的《就业报到证》。

阅读材料

一、国家促进高校毕业生就业有关政策

1. 国家鼓励毕业生到基层就业的主要优惠政策包括哪些?

按照《国务院关于进一步做好普通高等学校毕业生就业工作的通知》(国发〔2011〕16 号)等文件规定：

(1)各地要根据统筹城乡经济和加快基本公共服务发展的需要，大力开发社会管理和公共教育、医疗卫生、文化等领域服务岗位，增加高校毕业生就业机会。要进一步完善相关政策，重点解决好他们在工资待遇、社会保障、人员编制、户口档案、职称评定、教育培训、人员流动、资金支持等方面面临的实际问题，鼓励和引导高校毕业生到城乡基层特别是城市社区和农村教育、医疗卫生、文化、科技等基层岗位工作。

(2)对到农村基层和城市社区从事社会管理和公共服务工作的高校毕业生，符合公益性岗位就业条件并在公益性岗位就业的，按照国家现行促进就业政策的规定，给予社会保险补贴和公益性岗位补贴。

(3)对到农村基层和城市社区其他社会管理和公共服务岗位就业的，给予薪酬或生活补贴，同时按规定参加有关社会保险。

(4)对到中西部地区和艰苦边远地区县以下基层单位就业、并履行一定服务期限的高校毕业生，以及应征入伍服义务兵役的高校毕业生，按规定实施相应的学费补偿和国家助学贷款代偿。

(5)自 2012 年起，省级以上机关录用公务员，除部分特殊职位外，均应从具有 2 年以上基层工作经历的人员中录用。市(地)级以下机关特别是县乡机关招录公务员，应采取有效措施积极吸引优秀应届高校毕业生报考，录用计划应主要用于招收应届高校毕业生。

(6)对具有基层工作经历的高校毕业生，在研究生招录和事业单位选聘时实行优先。

2. 中央有关部门实施了哪些基层就业项目？

近年来，中央各有关部门主要组织实施了 4 个引导高校毕业生到基层就业的专门项目，包括：团中央、教育部、财政部、人力资源社会保障部等 4 部门从 2003 年起组织实施的"大学生志愿服务西部计划"；中组部、人力资源社会保障部、教育部等 8 部门从 2006 年开始组织实施的"三支一扶"(支教、支农、支医和扶贫)计划；教育部、财政部、人力资源社会保障部、中央编办等 4 部门从 2006 年开始组织实施的"农村义务教育阶段学校教师特设岗位计划"；中组部、教育部、财政部、人力资源社会保障部等部门从 2008 年起组织实施的"选聘高校毕业生到村任职工作"。

人力资源社会保障部门积极会同有关部门，按照统一征集岗位、统一发布公告、统一组织考试、统一服务管理的原则，统筹实施基层服务项目，做好各类项目之间的政策衔接，进一步落实对服务期满考核合格人员的就业政策措施。

3. 参加中央部门组织实施的基层就业项目，服务期满后享受哪些优惠政策？

根据中组部、人力资源社会保障部、教育部、财政部、共青团中央《关于统筹实施引导高校毕业生到农村基层服务项目工作的通知》(人社部发〔2009〕42 号)等政策规定，参加"选聘高校毕业生到村任职"、"三支一扶"、"大学生志愿服务西部计划"、"农村义务教育阶段学校教师特设岗位计划"项目、服务期满的毕业生，享受以下优惠政策：

(1)公务员招录优惠：每年拿出公务员考录计划的一定比例，专门用于定向招录服务期满且考核称职(合格)的服务基层项目人员。服务基层项目人员也可报考其他职位。

(2)事业单位招聘优惠：鼓励在项目结束后留在当地就业，参加各基层就业项目相对应的自然减员空岗，全部聘用服务期满的高校毕业生。从2009年起，到乡镇事业单位服务的高校毕业生服务满1年后，在现岗位空缺情况下，经考核合格，即可与所在单位签订不少于3年的聘用合同。同时，各省(区、市)县及县以上相关的事业单位公开招聘工作人员，应拿出不低于40%的比例，聘用各专门项目服务期满考核合格的高校毕业生。

(3)考学升学优惠：服务期满后3年内报考硕士研究生初试总分加10分；同等条件下优先录取；高职(高专)学生可免试入读成人本科。

(4)国家补偿学费和代偿助学贷款政策：参加各基层就业项目的毕业生，符合规定条件的，可享受相应的学费补偿和助学贷款代偿政策。

(5)服务期满自主创业的，可享受税收优惠、行政事业性收费减免、小额贷款担保和贴息等有关政策。

(6)其他：各基层就业项目服务年限计算工龄。服务期满到企业就业的，按照规定转接社会保险关系。

4.为鼓励高校毕业生面向基层就业，实施学费补偿和助学贷款代偿政策的主要内容是什么？

按照《财政部、教育部关于印发〈高等学校毕业生学费和国家助学贷款代偿暂行办法〉的通知》(财教〔2009〕15号)等文件规定，中央部门所属高校应届毕业生(全日制本专科、高职生、研究生、第二学士学位毕业生)到中西部地区和艰苦边远地区基层单位就业、服务期在3年以上(含3年)的，其学费由国家实行补偿。在校学习期间获得国家助学贷款(含高校国家助学贷款和生源地信用助学贷款，下同)的，补偿的学费优先用于偿还国家助学贷款本金及其全部偿还之前产生的利息。定向、委培以及在校期间已享受免除全部学费政策的学生除外。

5.学费补偿和助学贷款代偿的标准和年限是多少？

每生每学年补偿学费和代偿国家助学贷款的金额最高不超过6000元。在校学习期间每年实际缴纳的学费或获得的国家助学贷款低于6000元的，按照实际缴纳的学费或获得的国家助学贷款金额实行补偿或代偿。每年实际缴纳的学费高于6000元的，按照每年6000元的金额实行补偿或者代偿。

本科、专科(高职)、研究生和第二学士学位毕业生补偿学费或代偿国家助学贷款的年限，分别按照国家规定的相应学制计算。在校学习的时间低于相应学制规定年限的，按照实际学习时间计算补偿学费或代偿助学贷款年限。在校学习时间高于相应学制年限的，按照学制规定年限计算。

每年代偿学费或国家助学贷款总额的三分之一，3 年代偿完毕。

二、《劳动合同法》部分要点

1. 建立劳动关系，应当订立书面劳动合同。已建立劳动关系，未同时订立书面劳动合同的，应当自用工之日起 1 个月内订立书面劳动合同。用人单位与劳动者在用工前订立劳动合同的，劳动关系自用工之日起建立。

2. 用人单位自用工之日起即与劳动者建立劳动关系。即使用人单位没有与劳动者订立书面劳动合同，只要存在用工行为，用人单位与劳动者之间的劳动关系即建立，与用人单位存在事实劳动关系的劳动者即享有劳动法律规定的权利。

3. 劳动合同应当具备以下条款：(1)用人单位的名称、住所和法定代表人或者主要负责人；(2)劳动者的姓名、住址和居民身份证或者其他有效身份证件号码；(3)劳动合同期限；(4)工作内容和工作地点；(5)工作时间和休息休假；(6)劳动报酬；(7)社会保险；(8)劳动保护、劳动条件和职业危害防护；(9)法律、法规规定应当纳入劳动合同的其他事项。劳动合同除上述规定的必备条款外，用人单位与劳动者可以约定试用期、培训、保守秘密、补充保险和福利待遇等其他事项。

4. 劳动合同期限 3 个月以上不满 1 年的，试用期不得超过 1 个月；劳动合同期限 1 年以上不满 3 年的，试用期不得超过 2 个月；3 年以上固定期限和无固定期限的劳动合同，试用期不得超过 6 个月。同一用人单位与同一劳动者只能约定一次试用期。以完成一定工作任务为期限的劳动合同或者劳动合同期限不满 3 个月的，不得约定试用期。试用期包含在劳动合同期限内。劳动合同仅约定试用期的，试用期不成立，该期限为劳动合同期限。

5. 用人单位为劳动者提供专项培训费用，对其进行专业技术培训的，可以与该劳动者订立协议，约定服务期。劳动者违反服务期约定的，应当按照约定向用人单位支付违约金。违约金的数额不得超过用人单位提供的培训费用。用人单位要求劳动者支付的违约金不得超过服务期尚未履行部分所应分摊的培训费用。用人单位与劳动者约定服务期的，不影响按照正常的工资调整机制提高劳动者在服务期期间的劳动报酬。

6. 用人单位违反本法规定，扣押劳动者居民身份证等证件的，由劳动行政部门责令限期退还劳动者本人，并依照有关法律规定给予处罚。用人单位违反本法规定，以担保或者其他名义向劳动者收取财物的，由劳动行政部门责令限期退还劳动者本人，并以每人 500 元以上 2000 元以下的标准处以罚款；给劳动者造成损害的，应当承担赔偿责任。劳动者依法解除或者终止劳动合同，用人单位扣押劳动者档案或者其他物品的，依照前款规定处罚。

7. 无固定期限劳动合同，是指用人单位与劳动者约定无确定终止时间的劳动合同。用人单位与劳动者协商一致，可以订立无固定期限劳动合同。有下列情形之一，劳动者提出或者同意续订、订立劳动合同的，除劳动者提出订立固定期限劳动合同外，应当订立无固定期限劳动合同：(1)劳动者在该用人单位连续工作满10年的；(2)用人单位初次实行劳动合同制度或者国有企业改制重新订立劳动合同时，劳动者在该用人单位连续工作满10年且距法定退休年龄不足10年的；(3)连续订立二次固定期限劳动合同，且劳动者没有本法第三十九条和第四十条第一项、第二项规定的情形，续订劳动合同的。用人单位自用工之日起满1年不与劳动者订立书面劳动合同的，视为用人单位与劳动者已订立无固定期限劳动合同。

8. 下列劳动合同无效或者部分无效：(1)以欺诈、胁迫的手段或者乘人之危，使对方在违背真实意思的情况下订立或者变更劳动合同的；(2)用人单位免除自己的法定责任、排除劳动者权利的；(3)违反法律、行政法规强制性规定的。对劳动合同的无效或者部分无效有争议的，由劳动争议仲裁机构或者人民法院确认。

9. 劳动者拒绝用人单位管理人员违章指挥、强令冒险作业的，不视为违反劳动合同。劳动者对危害生命安全和身体健康的劳动条件，有权对用人单位提出批评、检举和控告。

10. 劳动者有下列情形之一的，用人单位可以解除劳动合同：(1)在试用期间被证明不符合录用条件的；(2)严重违反用人单位的规章制度的；(3)严重失职，营私舞弊，给用人单位造成重大损害的；(4)劳动者同时与其他用人单位建立劳动关系，对完成本单位的工作任务造成严重影响，或者经用人单位提出，拒不改正的；(5)因本法第二十六条第一款第一项规定的情形致使劳动合同无效的；(6)被依法追究刑事责任的。

练习与思考

1. 通过多种途径主动了解大学生就业的形势和特点。
2. 你所知道国家实施的积极的就业政策有哪些，与你关系最紧密的是什么？
3. 毕业生如何正确进行就业定位？
4. 毕业生就业的一般程序有哪些？

参考文献

[1] 程艺主编:《大学生职业发展与就业指导》,合肥:合肥工业大学出版社,2009。

[2] 苟朝莉主编:《走向成功——大学生职业生涯规划与就业指导》,北京:高等教育出版社,2009。

[3]《中华人民共和国劳动合同法》,[EB/OL]. http://www.molss.gov.cn/gb/news/2007-06/30/content_184630.htm.

[4] 国家统计局:《十年来中国人口总量低速平稳增长》,[EB/OL]. http://www.chinanews.com/gn/2012/08-17/4116071.shtml

第五章

就业准备

就业准备是求职择业的重要一环。只有经过精心的准备,才有可能求得心仪的就业岗位。就业准备是系统工程,主要包括心理准备、知识和能力的准备,以及信息和材料的准备等方面。

本章学习要点

1. 就业的心理准备;
2. 就业能力准备;
3. 求职材料准备。

第一节　心理准备

案例

甲、乙是住在同一个宿舍的同学,他们所学的专业都是市场营销。毕业时,他们在学校的食堂前看到了一家外企的招聘启事,他们都邮寄去了自己的求职材料。后来他们都顺利地通过了笔试,并同时收到了面试通知。面试时,他们被分在两个会议室。

主考官问了甲一系列关于市场营销的问题。甲对答如流,并不时提出自己的新见解,受到了主考官的赞赏。在另一个会议室,乙的面试也进行得很顺利,主考官对他的回答也表示十分满意。在面试就要结束时,主考官向甲和乙提出了同样的问题:“对不起,我们公司的电脑出了故障,参加面试的名单里没有你，非常抱歉！”不过，说这句话是在不同的会议室里。胜利在望的甲听到了主考官的话后，马上就变得没有了风度。他生气了，质问考官为什么会出现这样的事，他这么优秀的一个人，在学校里每次考试都是第一名，为什么居然不能进入面试？他认为这是公司成心在耍他。主考官对他说：你先别生气。其实，我们的电脑并没有出错，你以第一名的成绩进入了我们的面试名单。刚才的插曲不过是我们给你出的最后一道题。面对竞争激烈的就业，你感到惶恐和不安是正常的。但是，你的心理承受能力实在是太差了。市场营销部是全公司最有可能经历风险的部门，作为这个部门的高级人员，我们需要员工有良好的心理素质。我们希望你能找到更合适的工作。甲愣住了：前功尽弃了！没想到这也是一道考题！

而在另一间会议室里，乙在听完了同样的问题之后，面带微笑，十分镇定地说：“我对贵公司发生的这个错误十分遗憾。但是我今天既然来了，就说明我和公司有缘分。我想请您给我一次机会。这个计算机的失误对于我来说，或许是人生的一个难得的机遇，对于公司来说，这或许意外地选择了一个优秀的员工。”主考官露出了满意的神情：“你真是一个不错的小伙子！我愿意给你这个机会。”

启示：有无良好的心理素质，对成才和就业有着重要的影响。用人单位很重视求职者的心理素质。如果心理十分脆弱，就算他专业成绩再好，也会错失良机。所以，大学生平时应当不断努力提高自己的心理素质。

毕业生在求职过程中往往由于准备不足出现一些状况，主要表现为就业压力大、社会经验不足、求职过程不顺等。这些问题往往会引起不良的心理反应，甚至是一定程度的生理行为反应，影响到求职者的能力发挥。因此，大学生必须树立正确的就业观，学会调整心态，增强社会适应能力，积极主动地转变角色。

一、树立就业新观念

由于市场经济的逐步完善，高校毕业生的传统就业渠道已变得非常狭窄。在新的形势下，毕业生必须重新认识就业的内涵，要深刻认识到：只要凭借自己的知识和才能从事合法劳动、获得合理报酬，即是就业。在单位性质上，既可以是党政机关、事业单位、国有企业，也可以是私营、民营企业，还可以是自主创业；在工作岗位上，既可以从事研究、设计、管理工作，也可以从事基层生产、经营工作；在工作报酬上，既可以是收入较高的，也可以从事收入一般的工作；在就业地域上，既可以是大中城市、经济发达地区，也可以是中小城镇、广大农村和经济欠发达地区；在工作时间上，既可以从事稳定的长期工作，也可以从事临时聘用的短期工作，等等。唯有如此，展现在毕业生面前的才是广阔的就业天地。

那么，需要树立什么样的就业观念呢？

（一）树立竞争上岗的就业观

市场经济的最大特点，就是通过市场竞争机制有效配置社会资源，劳动力资源无疑是市场配置的重要组成部分。当然，市场对劳动力资源的配置是双向的，劳动者不是处于被动配置的地位，而是需要通过主动地参与劳动岗位的竞争来实现自己的劳动权利，否则就可能得不到工作机会。因此，高校毕业生不能消极等待，只能主动竞争，勇于大胆推销自己，积极应聘能够胜任的岗位。

（二）树立职业流动的就业观

在当前的就业形势下，不少毕业生可能一时难以找到满意的工作单位，就业理想与现实之间存在较大差距，正所谓“理想很丰满，现实很骨感”。解决矛盾的可行办法可以是“先就业，后择业”，即先降低期望值，在现实许可的范围内就业，然后再捕捉机遇，寻找满意的工作岗位。当然这是“救急”的办法。我们提倡毕业生在校期间做好准备，有目的地求职择业。同时要知道，由于市场经济的风险、市场竞争的存在，不可能保证每个人一直能始终在一个岗位。因此，毕业生要抛弃一个职业、一个岗位“定终身”的观念，树立职业流动的就业观。俗话说“人挪活树挪死”，合理的职业流动对从业者的价值实现可能会起到促进作用。

（三）树立多元化的就业观

个体经济、私营经济、外资经济等非公有制经济是社会主义市场经济的重要组成部分。目前民营、私营企业已成为我国劳动力就业的重要渠道，它们提供了大量管理型、开发型、技能型、操作型的岗位，这些岗位正是毕业生施展才干的舞台。随着人们物质文化生活水平的提高，人们对生活质量和品质的要求也越来越高，社会需要大量从事服务型工作的人才。目前旅游、休闲、娱乐、保健、家政等服务行业发展势头迅猛，已成为我国的新兴朝阳产业，它为高校毕业生提供了大量的就业机会。“三百六十行，行行出状元”，因此，毕业生要树立多元化的就业观，认识到在非公有制单位和服务行业就业同样大有可为。

（四）树立面向基层的就业观

由于广大农村和基层单位在工作、生活环境方面同城市相比，仍有很大的差距，人们总是把就业的目光投向大中城市。高校毕业生就业难，主要难在城市，而广大农村和基层单位则迫切期盼和呼唤人才。正因为如此，党和国家一直号召高校毕业生到农村和基层去，到边远贫苦地区去，到国家重点建设地区去，到生产、科研、教学第一线去建功立业。毕业生要把个人的理想前途同祖国和人民的需要结合起来，这样既能解决自己的就业问题，又能使自己的人生价值得以升华。

（五）树立自主创业的就业观

毕业生自主创业不仅能解决自己的就业问题，而且能给别人提供就业岗位，为社会减轻就业压力。为了鼓励、支持高校毕业生自主创业，从中央到地方都为高校毕业生创业制订了一系列优惠政策。因此，有条件、有能力的高校毕业生一定要把握难得的机遇，树立"创业就是最好的就业"的观念，利用所学的专业和特长，创办自己的公司或企业。即使当前存在经验缺乏或资金不足等方面的困难，也要坚定信心、积累资源，在时机成熟时再创业。

二、锻炼健康的就业心理

健康的就业心理对求职择业有着重要作用。在求职择业的过程中，面对陌生的环境和未知的问题，只有保持健康的就业心理，才能应对自如。

（一）正确认识社会

求职择业前，毕业生要从宏观上了解国家的有关政策，了解正在实施中的改革措施及存在的问题。同时，要从微观上了解自己的专业、相关的用人单位及岗位要求等情况。要客观看待问题，不能只是研究、评价、批评、指手画脚，而是接纳和适应社会现实。要学会判断和区分主流和支流问题，切不可"钻牛角尖"。

（二）合理确定就业预期

确定适合自己的就业期望，是就业心理准备的重要内容。如何确定就业预期？首先是就业目标的适当。就业目标要与本人具备的实力相当或者接近，这样就会增强就业目标实现的可能性。其次是理性应对社会压力，克服从众心理。毕业生处在择业的洪流中，虚荣心和侥幸心理会使他们改变原有的目标，盲目"随大溜"，实施不切实际的从众行为。最后是摒弃妄自菲薄或夜郎自大的心理。妄自菲薄实质上是自卑心理，它往往导致期望水平过低。夜郎自大则是典型的清高自傲，这种心理往往导致期望水平居高不下，屡战屡败，最后筋疲力尽失去最佳时机，丧失求职择业的主动权。

（三）锻炼心理耐挫力

求职择业的过程不是一帆风顺的。毕业生有时投师无门、择业无路，相当多人的求职过程非常漫长。这种情况下，毕业生要有一定的承受能力和忍耐力。要知道，成功的第一步是临危不乱，遇难不退，保持心态平和，去赢得时间，用坚忍去争取机会的来临。“失败是成功之母”，从失败中总结教训恰是很重要的收获。

（四）做好应对失败的心理准备

求职失败是正常的，关键在于如何应对失败。在求职过程中，一方面要认真准备、积极竞争，尽最大努力争取实现求职目标，另一方面还必须主动把问题和困难考虑充分些，对不利的局面和失败的结果做出预期，这样当面临挫折和失败时才不会手足无措、萎靡不振。

三、学会自我调适

毕业生在求职择业过程中，不可避免地会遇到许多困难、挫折和冲突，这些必然会影响到毕业生的心理健康。如果不及时、自觉地进行心理调适，就会引起心理问题甚至疾病，影响求职成功。

（一）就业中心理问题的主要表现

1. 焦虑

焦虑是由心理冲突或遭遇挫折时引起的一种不良情绪，主要表现为恐惧、不安、忧虑、烦躁及某些生理反应。就业中面临的焦虑主要表现为：自己的就业理想能否实现？用人单位能否选中自己？到单位后是否能够胜任工作、展示才能等等。

2. 自卑

自卑是一种性格上的缺陷。表现为对自己的能力、品质评价过低，同时伴有一些特殊的情绪体现，诸如害羞、不安、内疚、忧郁、失望等。在求职择业过程中常表现为过低估计自己，自惭形秽，缺乏自信，惧怕竞争。尤其是一些女大学生以及性格内向或有某些缺陷的大学生在遭受挫折之后，自卑心理更为明显，胆小怕事，总觉得自己事事处处不如别人。

3. 怯懦

怯懦通常表现为害怕困难，意志薄弱；害怕挫折，情感脆弱；害怕交际，性格软弱。怯懦还表现为，遇事退缩，极其胆小怕事；“多一事不如少一事”，不愿冒半点风险；遇到困难易惊慌失措，不知如何是好；受到挫折则易自暴自弃，无地自容。毕业生在求职择业过程中“丑媳妇怕见公婆”的心理就是明显体现。比如，有的在面试时不是面红耳赤，就是语无伦次，答非所问；有的不敢大胆交流，生怕说错一句话影响自己的形象，如此等等。

4. 孤傲

孤傲常表现为在求职择业过程中过高估价自己，自认为高人一等，或认为自己知识渊博，条件优越；或认为现实与理想相差太远，自己的优势和特长无法展示和发挥，"英雄无用武之地"。一旦有了这种心理，就很容易脱离实际，丧失自我评价的公正性，使自己的就业目标和现实产生很大的反差。

5. 冷漠

冷漠，在毕业生求职择业过程中的表现主要是，遇到挫折而无能为力之时，往往表现出丧失信心、不思进取、情绪低落、意志麻木等不良情绪。自认为"看破了红尘"，决意听天由命，顺其自然，从而丧失积极的求职态度，选择逃避现实、自我封闭。

（二）掌握心理调适方法

就业中心理问题的产生比较普遍，只不过严重程度各不相同。同时，每个人的承受能力、调适能力也相去甚远。对有些人而言，如果这些心理问题不能得到及时解决，不仅会影响毕业生的就业，甚至还会影响其身心健康以及今后的职业发展和人生规划。因此，毕业生有必要学习心理自我调适的方法，保持稳定而积极的心态。

1. 正确认识社会和评价自己

正确认识社会和评价自己是进行自我调适的基础。毕业生作为社会的个体，不可能脱离社会而存在。在求职择业时，一方面应认真分析整个社会的就业形势、全面了解社会、职业对求职者的要求。另一方面要客观冷静地评价自我，明确自己的价值追求、爱好特长、优势和劣势等，使自己在求职过程中处于主动地位。在求职过程中不仅要考虑我想干什么，还要考虑我会干什么，更要考虑社会需要我干什么，并尽量实现三者有机统一。

2. 自我转化

兴趣是人认识事物和从事活动的巨大动力。广泛的兴趣爱好可以使人增加知识、开阔眼界，使生活丰富多彩。当求职不顺、遭遇挫折出现不良情绪不易控制的情形时，毕业生可以通过音乐欣赏、体育锻炼、书法练习、野外郊游等方式转移自己的注意力，排解心中的烦闷，适时调适、放松心情，以达到心理平衡。

3. 自我慰藉

毕业生在求职择业过程中已尽了最大努力，但仍遭受挫折甚至失败时，就要学会自我欣赏与自我接纳，善于进行积极的自我心理暗示，鼓励自己，相信自己，帮助自己渡过难关。正所谓"天生我材必有用"。也可通过与身边他人交流沟通等增强自信，提高耐挫能力。

4. **适度宣泄**

如因挫折造成焦虑和紧张时，可以向同学、朋友、老师倾诉，寻求他们的安慰与支持。比如，有时甚至可以痛哭一场化解积郁情绪，也可以通过跑步释放压力，使不良情绪得以发泄，重新回归理性的自我。

总之，毕业生要增强自我调适的自觉性，培养良好的心理品质，磨炼坚强的意志，多方体验社会生活，保持积极向上的精神状态和良好的心态。

第二节 知识和能力准备

案例

小刘是市场营销专业的大专生，2009 年毕业时，她选择了某家电销售公司的销售岗位作为自己求职的目标。为了顺利应聘，她决定利用招聘会前的一周时间，为那家公司拿出一份市场调研报告。在接下来的几天里，她对该公司所有的产品做了细致的市场调查，从市场份额、产品到竞争对手等各方面的情况都了解得清清楚楚，拿出了一份有分量的市场调研报告，最后在招聘会上击败了众多学历高于她的竞聘者，被公司录用。

启示：小刘针对目标公司和岗位，结合自己的专业知识，给应聘单位提供了可行性知识型成果。用人单位最希望的就是招聘到的人能实实在在解决问题，对症下药，提出切实可行的解决方案，这样的人最能获得应聘单位的认可。

知识是人们在改造世界的实践中所获得的认识和经验的总和。它反映着客观世界各个领域物质运动或社会发展的规律，是人类改造自然、改造社会的有力武器。知识结构则是指一个人知识体系的构成与组合方式，也即各种知识在知识总量中所占的比例、相互关系及相互作用。合理的知识结构是一个互相协调、比例恰当、具有一定层次的知识系统。人才规格不同，其知识结构各异。建立合理的知识结构是保障顺利就业的前提。

一、知识结构的几种模式

（一）“宝塔”型

“宝塔”型知识结构把基础理论知识形象地比喻为宝塔的底部，然后从下往上依次为基础知识、专业基础知识、专业知识、学科前沿知识。“宝塔”顶部是主攻目标或从事的职业目标。这种知识结构有三个主要特点：一是，侧重于基础知识的广博性；二是，侧重于专业知识的精深性；三是，强调主攻目标的明确性。这种知识结构容易把广博的知识集于一点，突破主攻目标，取得成绩。

（二）“蛛网”型

“蛛网”型知识结构是国外经济管理学派提出的模式。此结构由三部分组成：第一部分是以自己本学科的专业知识为“蛛网”中心；第二部分是把专业知识相近、直接与专业知识相关学科的知识作为“蛛网”的结；第三部分是把离专业知识较远，间接影响专业的基础理论、一般知识作为“蛛网”的外围。其主要特点为：一是侧重于专业知识的核心地位；二是侧重于广泛知识的互相联系，强调发挥整体知识的协调作用。这种知识结构模式比较形象、直观，易为人们所理解。尤其有利于大学生通过图解，发现自己知识结构的直观缺陷，以随时调整不同知识的学习时间和精力。保证专业知识的核心作用，能够使人在较大范围内吸取营养，充分发挥其潜能。

（三）“飞机”型

“飞机”型知识结构是我国企业界人士翟新华，根据自己在实际工作中的经验和体会，针对优秀企业管理人才提出的知识结构模式。“机头”部分是宏观经济理论，“机身”部分是宏观与微观经济活动的实践经验，“机尾”部分是微观经济理论。这三部分构成了优秀企业管理人才知识结构的主体。然后还需要“两翼”部分，即外语和数学。这种知识结构的特点是：它把经济理论和经济实践活动经验作为主体，强调理论和实践的结合，是一种新颖而全面的知识结构模式。

（四）“宝塔”型向“网络”型发展的模式

这种知识结构由下而上包括基础知识、专业基础知识、专业知识、学科前沿知识。“宝塔尖”是整个知识结构的一个中心点，并不受学习内容和求知方向的限制，而是继续拓展知识的基础，还可以形成与这个中心点相交叉、并列的其他知识钮结。这种结构既具有扎实的基础知识，又有在专业方向上的精、深、实的扩展。它是随着现代科学技术的发展，特别是众多新学科的出现而出现的，对于政治领导人才、高级智囊人才、高级经营管理人才、超大规模工程指挥人才等是很重要的。

（五）“T”型

对于在校大学生来说，大学学习毕竟还是打基础的阶段，有别于一个有实践经验的从业者。所以，对于大学生应该具备的知识结构尚需进行专门研究和设计。由日本学者提出的“T”型知识结构是一种适应性较强，在现代社会有较广用场的知识结构。在“T”型结构中，竖杠是指专业知识，横杠是指一般知识和基础理论知识。其特点是既强调基础知识的广博，又强调专业知识的精深。这种知识结构对于在校大学生来说，不失为一种比较合适的知识结构。

二、知识的积累

（一）宽厚扎实的基础知识

有学者认为，现在的学生一进大学即分系、分专业，由于急于求成，急于专业化，学生仅学到限于本专业的一些基础知识。将来毕业后适应性较差，换一个方向（更不要说换专业）就晕头转向，不知所措，怎么能适应建设社会主义的需要呢？因此，大学教育根本的一点，是要扩大学生的知识面，把基础知识的面拓展得尽可能宽一点，这样，学生走上社会后的发展才能有“后劲”。

随着行业、职业结构调整速度的加快，大学生无论是选择职业，还是确定方向，或是适应工作性质的变动，都离不开宽厚扎实的基础知识的储备。这不仅关系到是否能进一步发展，是否在专业上有所建树，而且关系到将来走向工作岗位之后能否尽快适应、胜任工作。基础理论的学习，还有助于科学思维方法和良好的心理素质的培养，而这又是工作中必备的优秀品质。所以，大学生在学习阶段要认真系统地学习基础知识，扎实地掌握基础理论，特别是有关专业最基础、已被普遍运用的理论，绝不能为了功利性目的忽视基础知识的学习。现实生活中往往有一些毕业生初到工作岗位就给人留下好高骛远的印象，在本学科的基础理论还没有掌握的情况下，总试图进行深入的研究，结果只能是只知其一不知其二，最终难免碰壁。

在学习基础理论的时候，大学生还要不断拓宽自己的知识面，这是提高实际工作能力的基础。拓宽知识面并不是什么都要学，而是科学地有选择地学。要根据自己的情况，考虑自己的精力和承受能力，量力而行，才能达到学习的目的。首先要学好必修课，把基础打牢固；其次尽可能多读些参考书，了解和掌握本专业国内外当代新的科学技术成就；再次就是学些同本专业发展相关的基础知识，以适应社会的需要。

（二）精深的专业知识

大学毕业生是将要从事较强专业性工作的专门人才。因此，专业知识是知识结构的核心部分，也是科技人才知识结构的特色所在。无专业特色，也就不称其为科技人才。所谓“精深”，是指大学生对自己所从事专业的知识和技术，要在一定的范围，具有一定的深度，既对概念体系、理论体系、研究方法、学科历史和现状等要有所了解，又对本专业国内外最新信息及与其专业邻近领域知识较为熟悉，并善于将其与本专业领域紧密联系起来。

（三）现代管理和人文社会知识

现代化的社会，需要大学生具有一定的经济与管理知识和人文社会知识。由于在高中阶段就开始了文理的分班学习，进入大学后，又只在本专业知识范围内学习，即使学些其他学科内容，也极为有限，因此现在在大学生中普遍存在知识面相对过窄的问题。因此，作为一名大学生，应该利用在校学习的时间，利用专业学习的空余时间，多读一些社会科学、管理科学方面的书籍，增加自己的知识面，开阔自己的视野，不断增加对社会和现代管理科学的了解，从而不断提高自己的能力。同时，通过形象思维和抽象思维的交替使用，还可以促进整个大脑的思维能力的提高，有助于在实际就业过程中科学运用所学知识。

（四）通用新知识的储备

现在的用人单位越来越注重知识“内容新、程度高、实用强”。通用新知识在各个领域、各个行业、各个岗位上都有需要，甚至在日常生活中也必不可少。比如，用人单位普遍要求毕业生能够熟练地运用一门外语和使用计算机。“通用”对技能也同样有要求。如，毕业生如能掌握一技之长，拥有较强的社会实践能力和动手能力，也将增加其求职的成功率。

对通用新知识的储备的要求还体现在“招聘条件”中。比如，许多单位在用人方面都会提出这样的要求：综合能力强、文笔好、外语好、计算机操作能力强等，这反映了用人单位的选材标准。这就给在校大学生提了醒：通用知识和技能的培养很重要，除了专业要求的知识和技能，大学生还有其他的发展任务。

三、能力准备

（一）就业能力

“大学生就业能力”的提出是基于就业市场的要求。当前，大学生的就业能力主要是指实现大学生就业理想、满足社会需求、实现自身价值的能力，一般表现为职业目标是否明确、知识技能是否扎实、就业心态是否端正、是否有适应岗位的实践能力等。就业能力不是单纯指某一项技能、能力，而是学生多种能力的集合。

一般来说，就业能力主要包括学习能力、思想能力、实践能力、求职技能和适应能力等。学习能力是指获取知识的能力，它是就业能力的基础。思想能力是指思维能力、创新能力、社会洞察力、情感道德品质等，是大学生思想成熟与否的重要标志。实践能力是指运用知识解决实际问题的能力，各种能力综合应用的外化，也是就业能力的关键部分。求职技能则是顺利求职择业所需具备的基本观念、方法、过程和手段。

适应能力是指在各种环境中驾驭自我的心理、心理的调节能力，它是毕业生就业乃至完成角色顺利转变的关键。

很多人认为，当前大学生就业能力存在的问题主要是就业心态不端正、专业技能不扎实、没有明确的职业生涯规划、缺乏实践以及综合素质水平低。

（二）“通用就业力”

“通用就业力”一般指能够获得初次就业、保持就业以及在就业之后能够胜任本职工作的基本能力和素质。这个概念排除了在专业领域的知识和技能的差异，是对所有就业者所具备的一般就业能力的考查。

ATA 测评研究院发布的《2012 中国高校通用就业力白皮书》，结合中国高校毕业生就业相关数据以及企业校园招聘人才选拔标准，首次将“通用就业力”细化为“基本工作能力”、“职场英语能力”和“个性心理特征”三个相对独立的能力特征。“基本工作能力”是通用就业力的基石，是完成就业所必备的基础能力。“职场英语能力”是在全球化工作环境中提升就业竞争力的有力工具。“个性心理特征”描绘了就业者性格剖面图，可标志就业者职业发展的潜力，为实现人职匹配提供量化标准。这三个要素相辅相成，有机地整合了中国高校毕业生完成就业、提升就业竞争力以及职业发展所需的通用就业力。如下图：

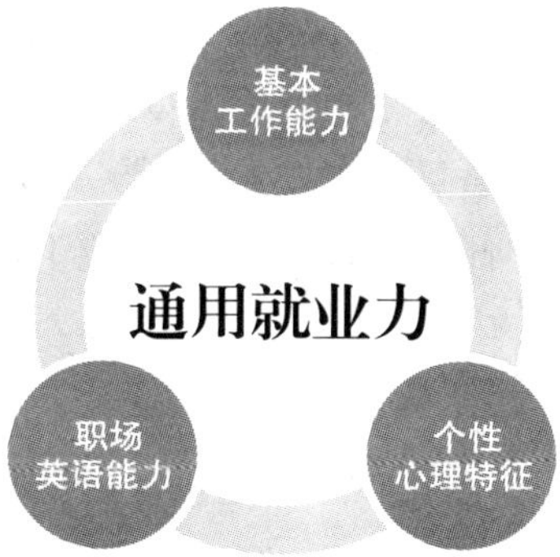

1. **基本工作能力**

基本工作能力是指就业者从事任何一种职业的基本能力要求，用以判断其在未来的工作中能否称职。大量的心理学和管理学的研究表明，就业者能力倾向能有效地预测就业者未来的工作表现和业绩（Tracey，1992；田建全，2006）。

基本工作能力测验是以美国著名心理学家 L. 瑟斯顿的智力结构群因素论为理论基础编制而成的。瑟斯顿认为，智力包括 7 种彼此独立的心理能力，即语词理解、语词流畅、推理能力、计数能力、机械记忆能力、空间能力和知觉速度。瑟斯顿据此设计了智力测验来测量这 7 种因素。理论分析和人力资源的实践表明，这些因素组合可以代表就业者的基本工作能力，并且能够有效地预测就业者在未来工作中的表现。

2. 职场英语能力

职场英语能力是就业者在日常工作环境中使用英语进行交流的能力，可分为英语资料理解能力、英语 e-mail 阅读与回应能力、英语电话沟通能力、英语报告撰写能力、英语会议报告阐述能力、参与国际会议能力，等等。

研究显示，全世界有将近 3/4 的跨国公司已经面临必须管理 20 个以上海外运营网络的挑战(John et al.，1997)，全球协作(Global co-ordination)成为建立跨国企业竞争优势的关键因素之一。正因为这种协作，使得全球化的沟通能力，特别是员工的职场英语能力，成为跨国公司获得成功的先决条件。进入本世纪以来，经济全球化推动了中小企业的逐渐国际化，这些企业也逐渐用职场英语标准来要求员工，强化全球化的沟通能力，进而提升全球竞争力。由此，职场英语能力已经成为大部分公司员工胜任职场的必备能力。

3. 个性心理特征

个性心理特征是个体在社会活动中表现出来的比较稳定的成分，包括能力倾向、气质和性格。自上世纪 70 年代以来，以传统的智力测验、性向测验、学校的学业成就测验等手段预测未来工作绩效，在实际工作应用中频频受到质疑。结合心理学、管理学等多学科领域的“胜任力”概念应运而生。“胜任力”是指与工作绩效直接相关的知识、技能、自我概念、特质及动机。其中，知识和技能是外显的能力，相对容易被观察和测量。而自我概念、特质及动机等个性心理特征则是潜藏能力，相对难以测量，也不易改变和发展(McClelland，1973；Spencer，1993)。大量研究发现，“胜任力”是预测工作绩效与个人成功的关键，显著区分绩效优秀与一般的个体。个体心理特征作为通用就业力的重要组成部分，诠释了个体在不同岗位上职业发展的潜力。

(三)大学生就业能力的培养

大学生如何培养自己的就业能力？尽管答案多样，但最重要的应该有以下几方面：

1. 明确目标

做职业生涯规划旨在帮助大学生树立明确的职业目标，制订切实可行的计划，以发挥个人的专长，开发自身潜能，避免人生走弯路，在实践中不断调整、完善，最后获得事业的成功。围绕自己的职业目标培养能力是“有的放矢”，并且可以深化和拓展。如果没有明确的目标，能力培养也就不好确定重点，可能对职业选择和发展起不到应有的作用。

2. “知己知彼”

“知己”即认识自身的优势与不足、兴趣和特长、价值观和追求，有意识地“扬长补短”，结合职业目标培养和锻炼能力。“知彼”即了解职业和社会，尤其是清楚地知道社会需要什么样的人才，职业、岗位对从业者有什么特殊的、明确的要求，围绕这些有意识地培养和锻炼自己的就业能力。

3. **强化实践**

所谓“实践出真知”，就业能力培养也是一样。用人单位对毕业生的诟病之一是“眼高手低”，职场新人拙劣的动手能力令用人单位很头痛。现在，高校普遍重视人才培养中的实践环节，一般都会投入大量的人力、物力强化和改进人才培养的实践环节。如，大批量购买实验仪器设备，建设各类实习实训和实验场所，建设“双师型”教师队伍，等等。学校的学生工作部门、共青团等也会组织开展科技创新、志愿服务、创新创业比赛、暑期社会实践等活动，为大学生提供了丰富的实践机会。大学生要珍惜、利用这些机会，积极参加此类活动，在实践中把所学知识和理论用于分析和解决实际问题，真正提高动手能力和创新能力。

第三节 信息和材料准备

案例

在某大学毕业生宿舍，小赵在电脑前不停查找着各种 HR 网站的信息，智联招聘、前程无忧……他根据自己的专业和兴趣努力寻找就业岗位。虽然现在是冬末春初，仍有大滴大滴的汗从他额头滚落。而他同宿舍的同学杨阳早已胸有成竹，手中早就握着几个单位的就业意向书，从国企到民企，杨阳在犹疑不决，但脸上有种灿烂的神情。

是什么让同一个专业、同一个宿舍的他们在就业的重要关头面临不同的情况呢？经过采访记者发现，原因在于他们对于就业信息掌握的情况不同。

小赵只是单一地将搜集就业信息定位在传统的网站搜索，杨阳则有更多的想法。他说：“我觉得自己能在就业上脱颖而出，主要是因为手头有很多就业信息可以选择。从综合学校就业指导中心提供的就业信息，到我自己去心仪的企业网站上搜集招聘信息，以及有针对性地参加‘双选’活动，我在尽可能多地搜集和利用就业信息，我是赢在起跑线上。”

启示：就业信息对于每一位求职的毕业生来说都至关重要。择业决策的过程实质上就是一个与择业有关的信息搜集、处理和转换的过程。在择业过程中，无论是职业目标的确定、求职计划的设计，还是决策方案的选择，就业信息的搜集和处理都是基础。

一、就业信息的准备

（一）获取就业信息的渠道和方法

1. 学校毕业生就业工作主管部门

学校毕业生就业工作主管部门与上级主管部门和社会各界保持着广泛而密切的联系，并且经过多年的工作实践，已与用人单位形成稳定的合作关系。一般各高校都有毕业生就业工作网站，会在第一时间发布大量的就业信息。它所提供的需求信息可信度高，其针对性、准确性、可靠性、可操作性都较有保障，是毕业生就业信息来源的主要渠道之一。

2. 政府人社部门及其人才市场

政府人社部门及其人才市场（包括网站）可以提供多方面的就业信息，一般会定期举办人才招聘活动，同时，也提供就业政策宣讲和咨询。这也是毕业生获得就业信息的渠道之一。

3. 大众传媒

大众传播媒介传播速度快，涉及面广，信息及时。许多单位都会通过大众传播媒介，如广播、电视、报纸、网络、杂志等途径，介绍单位现状、发展前景及人才需求。特别是毕业生就业部门创办的有关就业的报纸、杂志（如，《中国大学生就业》、各地的《人才市场报》）、各主流网站的求职频道及大型求职类网站等，都发布了大量用人单位的需求和招聘信息。有的网站还提供能在注册后发布求职或招聘信息的功能，更是为毕业生求职创造了条件。

4. 实习与实践

大学毕业生通过毕业实习、到企业参观访问、参加社会服务等各项社会实践活动，不仅能使自己所学的知识直接应用于生产，为社会服务，同时也能开阔视野，能够获得这些单位的人才需求情况，包括对所需人员的素质要求等。只要毕业生做个有心人，这类信息既可以较容易获取，又能保证其真实性。

5. 发布求职信息

毕业生可以在报刊上登载求职广告，说明自己的能力和专业特长及求职意愿；也可在网上直接设计个人的求职主页、微博，充分、全方位地展示自我，便于用人单位与自己联系。对自己向往的公司、企业，毕业生可通过电话与人事部门联系或亲自走访。这样既可以节省时间，又能尽快得到确切的信息，还能实地考察用人单位。

其他途径还有通过社会关系获取就业信息，等等。

（二）就业信息的筛选

在求职的第一阶段，每个毕业生都可能收集到大量的就业信息。由于信息的来源和获得的方式不尽相同，内容可能是杂乱的，难免有虚假的。毕业生可结合自己的实际情况，对获得的信息去粗取精、去伪存真，分析、筛选、整理、鉴别，取其精华，使信息具有准确性、全面性和有效性，更好地为自己择业服务。在进行就业信息的筛选和处理时，可把握以下几点：

1. 有针对性地进行比较选择

把那些从“小道”得来或几经转达而未经证实的信息与有根有据的信息区别开来。前者有待于进一步证实，后者则可以作为自己择业的参考依据。当然，在对信息进行比较的过程中，还要根据自己的性格、兴趣、特长来分析，看看哪些信息与自己更吻合，哪个单位对自己的发展更有利等。

2. 对信息按内容进行整理分类

就业信息不仅仅是用人单位的需求信息，它涉及的范围很广。比如，有的是关于就业方针、政策方面的信息，有的是与自己所学专业有关的信息，有的是关于需要人员的素质要求方面的，有的是关于用人单位情况的，等等。

3. 对就业信息进行分析

就业信息分析有三层含义：一是辨识真假，做可行性分析。一般来说，学校毕业生就业机构提供的信息可信度比较高。其他渠道得到的信息，要进一步核实，判断其可信程度。二是进行效度分析，对信息的有用性进行鉴别，即看信息能否为己所用。比如，自己所获得的信息是否是政策允许范围之内的、信息中所反映的对所需生源状况及人的素质要求等。三是对信息的内涵分析。信息的内涵一般包括：

(1)单位的准确名称；

(2)单位的隶属关系；

(3)单位的联系方法，如人事部门联系人、电话、通信地址、邮政编码等；

(4)单位的所有制性质(全民、合资、私营等)；

(5)单位需要的专业、使用意图、具体工作岗位等；

(6)单位的规模、发展前景、地理环境、经营范围和种类等等；

(7)单位对所需人才的具体要求；

(8)单位的福利待遇(包括工资、福利、奖金、住房等)。

为争取时间，以便在竞争中赢得先机，毕业生在获得信息并经分析确认可用时，应及时向信息发出者反馈信息，争取就业机会。

二、求职材料的准备

在就业竞争中决定胜败的因素很多。其中，求职前有关资料的准备是非常重要的一步。求职资料是毕业生综合实力、综合素质最具说服力的证明。有的毕业生把有关的求职资料装订成册，再加以简单的装饰，成为一份精巧的求职档案，给人一种耳目一新的感觉，这是在求职过程中值得借鉴的。求职材料一般包括如下项目：

（一）封面

封面的制作一定要有特色，但又不要过分花哨。一般要求简洁大方又显示个人特色。封面上要突出专业背景、学历层次、姓名、联系方式。如果在封面的内页加上一段简短的学校说明和你的专业说明，也许会让单位对你的专业背景有一个较好的认识。

（二）推荐表

学校统一发放并签章的《毕业生就业推荐表》是必须出现在求职材料中的。需要注意的是，《毕业生就业推荐表》的原件只提供给正式签约单位，自荐材料中准备复印件即可。

（三）求职信

一封好的求职信对求职有着巨大的作用。如果求职信能够吸引招聘人员的注意，你的求职过程将有一个良好的开端。求职信的书写内容主要包括以下几部分：称呼：即对方的姓名、职务；第一段：开门见山，表明你的意图；第二段：解释申请这一职位的独特理由；第三段：强调你能为单位做什么；第四段：得体的结尾，再次表达你的愿望；最后：签名和日期。

求职信应该展示求职者的优点，针对不同类型的单位、岗位，应该有不同的表述。要突出优势，规避缺点。如，对行政事业单位，要突出的可能更多的是组织能力，而对企业，要突出的可能就是专业背景、动手能力和团队合作精神等。要根据自身条件，根据用人单位的具体要求撰写既符合自身条件，又适合用人单位“心意”的求职信，不要用所谓“放之四海而皆准”的“万用”求职信。换言之，求职信应该具备能打动招聘人员和招聘单位的内容，唯有如此，对方才有可能对你产生兴趣，从而为你的顺利求职打下基础。

在内容上，撰写求职信需考虑如下问题：

一是重点应该放在你能为单位做什么，而不是要从单位得到什么；

二是突出单位需要而你所具有的独特的东西；

三是如能将行业新闻、单位动向恰当地体现在信里，更能表现出你对行业、单位的关注和了解；

四是尽量使用行业术语；

五是不要忽视称呼的重要性，通过一切途径了解你写信对象的称呼、全名和头衔；

六是如果有可能，求职信尽量自己手写。

（四）个人简历

1. 设计原则

（1）精心酝酿。不能提笔就写，需要审视自我，了解单位，明白应聘的岗位和单位的需要。

（2）有的放矢。写出自己的特点、特长、特别经历。针对要应聘的单位、职位，突出符合单位和岗位要求的技能、能力、资质、成就。

（3）实事求是。你所提供的一切信息必须是真实、可信的。

2. 主要内容

（1）个人资料。包括姓名、联系地址（包括邮编）、联系电话（最好是手机号码）、电子邮箱、性别、出生年月、政治面貌、任职情况等。

（2）教育背景。一般采用倒序，先写现在，再写以前的。

（3）实践经历。用人单位比较看重你在课余参加过哪些活动。因为从中可以判断你的实际工作能力、社会阅历、社会经验。要写明实践单位、工作职责或具体职务、运用的技能、业绩、收获（成果、成就和贡献）。要简明扼要、突出重点、不宜过细，重点是成果、成就和贡献。根据用人单位的岗位设置、要求，甚至招聘者的偏好，来突出自己的特点。

（4）技能与特长。如，外语、计算机或其他资格证书；大学期间的论文、成果、发表的文章等。

（5）奖励和荣誉。可以按照时间顺序排列。如果在大学期间获奖较多，建议把奖项稍做分类，以时间或奖项级别为分类标准，做出目录，后再附上证书的复印件，以方便用人单位查阅。

（6）兴趣爱好。要展示你的品德、修养、社交能力、与人合作能力等。尽量与应聘职位所需技能有关，否则可能会弄巧成拙。

（五）学习成绩

学习成绩还是大多数用人单位招聘毕业生比较看重的一方面。因此，提供一份详细的成绩单是很有必要的。成绩单应该体现你大学在校期间学习的主要课程及成绩，然后加盖学校公章。

（六）其他材料

这部分一般是公开发表的文章、科研成果、设计作品等方面的材料。要根据所应聘的不同职位有针对性地去选择。如，新闻单位比较看重应聘者的文字能力，如果发表过文章可以附上。科研设计单位可能比较看重应聘者的科研能力，如果你有过独自或者协助老师参加科研工作的经历或成果，可组织一下附在其中，这将为你的求职加分不少。

需要注意的是，求职材料的书写一定要规范。在调查中发现，有些毕业生的求职材料写得不尽如人意。除了特点不鲜明、重点不突出等问题外，甚至出现了不少错别字，这些是在求职材料准备过程中必须避免的。

阅读材料

抑郁自评量表

(一)量表内容

请根据您近一周的感觉来进行评分，数字的顺序依次为从无、有时、经常、持续。

1. 我感到情绪沮丧，郁闷 1 2 3 4
2. 我感到早晨心情最好 4 3 2 1
3. 我要哭或想哭 1 2 3 4
4. 我夜间睡眠不好 1 2 3 4
5. 我吃饭像平时一样多 4 3 2 1
6. 我的性功能正常 4 3 2 1
7. 我感到体重减轻 1 2 3 4
8. 我为便秘烦恼 1 2 3 4
9. 我的心跳比平时快 1 2 3 4
10. 我无故感到疲劳 1 2 3 4
11. 我的头脑像往常一样清楚 4 3 2 1
12. 我做事情像平时一样不感到困难 4 3 2 1
13. 我坐卧不安，难以保持平静 1 2 3 4
14. 我对未来感到有希望 4 3 2 1
15. 我比平时更容易激怒 1 2 3 4
16. 我觉得决定什么事很容易 4 3 2 1
17. 我感到自己是有用的和不可缺少的人 4 3 2 1
18. 我的生活很有意义 4 3 2 1
19. 假若我死了别人会过得更好 1 2 3 4
20. 我仍旧喜爱自己平时喜爱的东西 4 3 2 1

(二)计分方法

将20个项目的各项得分相加,即得总分。标准分等于总分乘以1.25后的整数部分。

(三)结果解释

最后得分在50分以下为正常,50—59分提示轻度抑郁,60—69分提示中度抑郁,70分以上提示重度抑郁。

练习与思考

1.如何制作针对性强的求职材料?

2.如何获取有效的就业信息?

3.谈谈大学生在校期间该如何培养就业能力。

参考文献

[1] 李斌、秦二娟、魏广东:《团体心理辅导在大学生思想政治教育工作中的应用》,《中国电力教育》,2010年第1期。

[2] 商亮:《大学生求职心理危机干预模式与方法研究》,《江西青年职业学院学报》,2010年第3期。

[3] 李文婷:《女大学生就业心理问题探析》,《卫生职业教育》,2010年第11期。

[4] 陈根:《大学生就业心理问题的分析及干预》,《教育与职业》,2010年第18期。

[5] ATA测评研究院:《2012年度中国高校通用就业力白皮书》。

[6] 百度文库:http://wenku.baidu.com.

第六章

就业实战

在做好前期准备工作的基础上，求职者要通过一定的途径接触用人单位，继而相互了解、双向选择，其中主要的途径有参加招聘会、通过网络及求职者自荐等。用人单位了解求职者素质和能力的常用手段是笔试和面试。求职者需要对笔试和面试方法、程序、内容等有一定了解以提早做好准备，如此才能在求职过程中赢得主动。一个组织或单位在聘用员工时既看重知识、技能，更看重品质和修养，因此，求职者要加强日常修养，增强礼仪意识，熟练运用职场礼仪。

本章学习要点

1. 就业应聘的途径；
2. 求职过程中的应试技能；
3. 求职及职场的一般礼仪。

第一节　就业应聘

案例

“两元钱”的故事

一家著名的跨国企业准备招聘一名有工作经验的会计，结果却破例招了一位刚毕业的女大学生。

原来，这名女大学生坦言没有工作经验，在面试一关即遭拒绝，但她没有气馁并一再坚持。她对主考官说：“请再给我一次机会，让我参加完笔试。”主考官拗不过她,就答应了她的请求。结果,她通过了笔试,由人事经理亲自复试。虽然她的笔试成绩很好,但由于没有工作经验,人事经理决定放弃她,于是对她说:“今天就到这里,如有消息我会打电话通知你。”女孩从座位上站起来,向经理点点头,从口袋里掏出两元钱双手递给经理,说:“不管是否录取,都请您给我打个电话。”

人事经理很诧异,问:“你怎么知道我不给没有录用的人打电话?”“您刚才说有消息就打,那言下之意就是没录取就不打了。”经理于是对这个女孩产生了兴趣,问:“如果你没被录取,我打电话,你想知道些什么呢?”“请告诉我,在哪些方面我不能达到你们的要求、做得不够好,我好改进。”“那两块钱……”女孩微笑道:“给没有被录用的人打电话不属于公司的正常开支,该由我付电话费,所以请您一定打。”经理也笑了:“请你把两块钱收回,我不会打电话了,我现在就通知你:你被录用了。”

启示:故事虽然美好,但不会人人适用。然而这个故事却告诉我们,个人素质有时比资历和经验更为重要:面对拒绝却一再争取,说明求职者品格坚毅;坦言缺乏工作经验体现了诚信,这对从事财务工作至为重要;即使不被录取,也希望能得到别人的评价,表明有直面不足的勇气和不断进取的精神;而自掏电话费则符合作为财务工作者所具有的公私分明的良好职业素养。

对毕业生来说,应聘既是需求信息获取的过程,也是与用人单位建立关系和深入交流的过程。应聘是毕业生与用人单位双向交流的第一步,毕业生应聘主要有参加招聘会、网络应聘、自荐等途径。

一、招聘会

招聘会是经典的直接招聘方式,有大型综合招聘会、区域招聘会、校园招聘会、专场(小型)招聘会等类型,区别在于举办的主体和规模不同。无论是何种招聘会,毕业生前往参加时都需提前做好准备。如果不加选择地逢场必到,结果恐怕多是事倍功半,浪费时间和金钱而不会有什么收获。

(一)研究招聘单位的背景

在参加招聘会前要尽量多了解用人单位的基本情况,包括自己所学专业与哪些单位的招聘要求吻合?该岗位需要招聘多少人?对应聘人员有哪些要求?用人单位生产经营状况、发展前景、福利待遇如何,等。

（二）准备好求职材料

求职材料要齐全、简洁,一定要有的放矢,衡量一下自己所申请的职位要求是否和自己简历中的描述相称。可以事先准备好彩笔,把自己简历中与招聘职位相匹配的关键词标示出来以便让招聘人员一目了然。准备必要的证明材料(如外语和计算机等级证书,三好学生、优秀学生干部等荣誉证书,社会事务兼职证书,文学作品、学术论文等),以便在必要时提供给用人单位。

（三）善于“包装”自己

在参加就业招聘会时,要重视“外包装”,做到衣着得体,举止大方,体态端庄,气质高雅,给人以有涵养、有知识、有信心、办事聪明精干、认真可靠的感觉,留下良好的“第一印象”。

（四）准确自我定位

要根据个人的专业、爱好、特长,有目的地向用人单位求职,不要简历“满天飞”、无目的地投递简历。不要同时应聘同一单位的不同岗位,这样容易给用人单位留下随意、不专业、缺乏诚信的印象。

（五）实事求是

在与用人单位交流时,既不能自我吹嘘、无中生有,也不能过分谦虚、埋没自己。应如实介绍自己的情况,尤其要根据用人单位的需要,突出自己的优势和特色,以吸引招聘者的注意。要注意与对方的呼应和配合,注意对方的需要和感受,努力寻找自己与对方的共同点,拉近距离,争取达成共识。

二、网络应聘

学校就业网、用人单位网站、大型综合人才网站和行业网站都提供了大量的需求信息,毕业生可根据自身实际选择一些单位打电话联系或者发送邮件应聘。但由于网上需求信息量大、庞杂,时效性、针对性和真实性不好把握,毕业生在进行网上应聘时要注意以下几个方面的问题。

（一）要提高安全意识

网上招聘存在不少局限,求职者并不能全面了解用人单位的情况。为防止受骗,毕业生应参加由学校、教育部门、人社部门组织的正规网上招聘活动,尽量选择知名的人才网站进行注册、浏览。不法人员往往利用虚拟世界的特性，设置招聘骗局。因此，网络应聘要随时留意，提高警惕，保护信息安全。

（二）利用好人才网站的求职功能

比如职位搜索引擎、职位收藏夹等。搜索引擎使用方便，只需设定时间、地点、招聘职位名称、公司名称等查询条件，就可直接查到所需信息。职位收藏夹使用也很方便，只要设定需要收藏的职位类别，系统便会把相关的信息发送到使用者的收藏夹里，一目了然。另外，职位搜索页面如有类似"该公司其他职位"的选项，可查询更适合自己的职位。

（三）求职材料突出重点

求职材料内容应突出专业、学校、社会实践及是否具有工作经验等重点内容，自己最好最适合的因素应重点表现。简历要简，能让阅读者快速检索出有用信息。为使人事主管阅读方便，在邮件中求职信、简历都应该采用文本格式，不要用附件的形式发送。

（四）熟记投过简历的单位

尤其是对一些"群发"简历的求职者，这一点非常重要。如果接到面试通知，却对电话那头的单位张冠李戴，会让对方觉得不受尊重，首先印象分就会大大降低，甚至就此取消面谈。比较保险的方法就是用笔记本简单记录投过简历的单位，这样接到面试通知的电话时，就会心中有数。

三、上门自荐

毕业生如果对用人单位公布的需求岗位感兴趣，并且有条件到达应聘单位，可以考虑主动上门进行自荐。上门自荐同样需要做好充分准备。

（一）熟悉单位信息

要尽可能多地搜集与该单位相关的信息，对单位创建时间、规模、部门设置、领导情况、业务范围、发展方向等都要有所了解，越详细越好。特别是对用人单位的地址和重要联系电话要了然于心，以备不时之需。对要找的单位领导和工作人员要有了解和准备。

（二）求职材料准备

要准备好自己的应聘材料 2～3 套，包括推荐表、个人简历、求职信、各种证书、发表文章的原件和复印件等。另外,千万不要忘了自己的身份证、学生证、近期免冠照片以及记录本和笔。

(三)仪表和"台词"准备

适当装扮自己,使自己的仪表既不过于正规、刻板,又不过于特异、轻浮,要整洁、大方,符合一个大学生的基本身份,要诚恳、谦虚、有礼貌。对可能遇到的一些共性问题,如"请介绍一下你自己"、"谈谈你的兴趣、爱好和特长"、"你的专业主要服务于哪些方面"等问题,在自荐之前就要准备一些回答的"台词",免得到时不知所措。

(四)心理准备

必须相信自己,肯定自己具备达到目标所需的实力,并有信心依靠自己的实力进行竞争。由于是上门自荐,又是孤身一人,有的毕业生心里难免忐忑不安,总害怕因疏忽或失误导致自荐失败。这就要摆正心态:即使失败也不会有什么损失,为何不丢掉包袱轻装上阵?就是被用人单位拒绝,也要体面地"撤退"。

四、其他"推销"自己的形式

(一)博客、微博

毕业生可将个人主页链入简历、求职博客挂上网站,通过博客吸引用人单位眼球,展示自己的个性并为自己增加求职砝码。较之求职者在网上填简历来说,博客可以帮助求职者上传各种证书和照片,还可以发布自己的获奖作品、专业论文、个人感悟、见闻等内容。根据自己的兴趣爱好来制作能够体现个性的求职博客,充分展现出求职者生活中的一面,能让单位全方位了解求职者的信息。

(二)电话求职

求职电话打得好,彬彬有礼,思维敏捷,吐字清楚,语言表达能力强,往往给招聘单位以良好的第一印象,起到先声夺人的效果。

(三)请亲朋好友推荐

亲朋好友一般对毕业生的兴趣爱好、性格特点、能力素质等都有一定的了解,如果他们能围绕毕业生的这些特征并结合单位的用人要求进行推荐,就能增加毕业生的就业机会,提高毕业生求职应聘的成功率。

第二节 毕业生应试指导

案例

面试中的小故事

1. 诚信小故事

小李刚刚跨进人事经理的办公室，经理就惊喜地站起来，紧紧握住他的手说："太好了！世界真是太小了，怎么会在这儿碰到您？上次游船上我女儿掉进湖中，多亏您救了她，可我当时忘记问您的名字了。请您告诉我，您叫什么名字?"小李被弄糊涂了，但他很快想到可能是经理认错人了。于是他诚恳地说："先生，抱歉，我没救过人，至少目前还没救过人，你是不是认错人了?"但经理依然一口咬定说没错，千真万确，而小李则一再否认。过了一会儿，经理拍了一下小李的肩膀说："你的面试通过了，可以到人事部报到了。"

2. 细节决定成败

某银行招工，报酬丰厚，要求严格。一些高学历的应聘者过五关斩六将，几乎就要如愿以偿了。最后一关是总经理面试。到了面试时间，总经理突然说："不好意思，我有点急事，请等我10分钟。"总经理走后，这些踌躇满志的年轻人围住了老板的大办公桌，你翻看文件，我看来信，没一人闲着。10分钟后，总经理回来了，说："面试已经结束，很遗憾，你们都没有被录取。"这些年轻人惊惑不已："面试还没开始呢！"总经理说："我不在期间，你们的表现就是面试，遗憾的是：很糟糕。本公司不能录取随便翻阅领导人文件的人。"这些年轻人全呆了。

启示：人们往往把机会看得很重，又往往把机会的得失寄托在时间等客观因素上。实际上，真正考验人的不是时间，而是人们的素养和态度。永远不要忘记：你向人们所展示的品质重于技艺。

对毕业生而言，涉及自身未来发展的考试有很多种。从大的方面讲，有学业深造类和求职类之分。学业深造方面的如报考研究生、报考"专升本"等。求职方面的如参加公务员、事业单位编制考试，参加企业等用人单位组织的笔试、面试等。毕业生在求职过程中的应试形式主要是笔试和面试。笔试往往是用人单位对应聘一些特定岗位的求职者采用的考核方式，而对求职者进行面试则是用人单位人才招聘过程中必不可少的环节。

一、笔试

笔试是一种相对初级的人才甄选方式，目的是选出那些具有用人单位所希望的思维方式、个性特征和知识基础的人。用人单位也可能将其作为面试的辅助手段，旨在考察求职者在面试中不易被评估的素质，如书面表达能力等。而对于一些技术性很强的职位来说，笔试则是主要的选拔方式。

（一）笔试的种类

1. 专业考试

目的是检验应聘者是否具有胜任某一岗位的专业知识和相关的实际能力。比如外资企业、外贸企业考查应聘者的外语水平，学校对应聘教师职位的求职者考查教育学、心理学知识，公检法机关录用公务员要考法律知识等。

2. 智力测试

主要测试应聘者观察和分析问题的能力、综合归纳的能力、逻辑思维能力等。

3. 技术测试

主要测试应聘者处理问题的速度和效果，检验知识和智力发挥的程度和水平。

4. 综合性考试

如国家公务员资格考试。其笔试科目为“行政职业能力倾向测验”、“写作”和“综合知识”。“行政职业能力倾向测试”主要测试从事机关工作必须具备的知觉速度与准确性、言语理解及运用、数量关系、判断推理、资料分析等方面的能力。“写作”主要测试综合分析与文字表达等方面的能力。“综合知识”主要测试作为机关工作人员应掌握的知识，内容涉及时事政治、中国近代史常识、自然科学知识及国家公务员制度知识等方面。

（二）笔试前的准备

1. 增强自信心

笔试怯场，大多数是由于缺乏自信心所致。客观冷静地对自己进行正确评估，就能克服自卑心理，增强信心。当然，这种自信要建立在之前的努力学习、积累基础之上。

2. 做到有备无患

提前熟悉考场环境，熟悉考场注意事项，尽量按要求做好。除携带必备的证件外，一些考试必备的文具（钢笔、橡皮等）也要准备齐全。考试前要有良好的睡眠，以保证考试时有充沛的精力和良好的竞技状态。

（三）笔试的应对

1. 明确笔试目的，发挥综合能力答题

笔试不仅考查文化、专业知识，还会考核求职者心理素质、价值观念、表达能力、思维方法等。所以，在参加笔试时要认真审题，在答题中展示自身综合素质。

2. 把握笔试重点，科学答题

拿到试卷后，首先应通览一遍，了解题目的多少和难易，以确定答题的速度。按先易后难的原则答题，不要把大量时间花在少数的难题、怪题上。答题时要掌握好主次之分，抓住重点题目下功夫认真答写。对综合题或论述题，则应先列出提纲，再逐条撰写。

3. 注重内容检查

尽量抽出时间对容易出错的地方进行复查。要特别注意不要漏题，更不能跑题或出现错别字、语法不通、词不达意等错误。

4. 做到卷面整洁

卷面要字迹清晰，书写过于潦草、字迹难以辨认，会影响考试成绩。因为有时招聘单位并不特别在意应试者考分的稍许高低，而认真的态度、细致的作风，则会大大增强被录用的可能性。

二、面试

面试主要考察应聘者随机应变及语言表达的能力。面试对求职者能否被录用影响巨大，因此求职者必须在面试环节多下功夫。

（一）面试的种类

面试包含很多类型，比如电话面试、视频面试、小组面试、专题演讲、角色扮演等，常见的有：

1. 个人面试

主考官个别地对求职者单独面试，是面试中最常见的一种形式。在个人面试中，应聘者要充分地表现自我、推销自我，但要注意不要过分傲慢、过分直率和过分夸张。

2. 集体面试

集体面试是应聘者几个人一个小组，接受同样的问题，然后按顺序进行回答。集体面试入场时，应聘者要争取好的第一印象，保持镇静、清醒，主动、热情，注意倾听他人意见，注意个人风格。

3. 小组讨论

小组讨论是多个求职者在一起进行讨论的一种集体式的面试方法，其类型又分案例分析（以小组为单位共同讨论实际的案例并得出结论）、问题解决（以小组为单位共同解决一个设定的难题）、技能考察（在小组参与的情况下考察求职者的演讲能力、分析能力）等多种。其目的在于公平地比较应试者的表现，考察各个求职者的人际交流技巧、领导才能以及在充满压力的环境中解决问题的能力。小组讨论的核心在于对个人能力和团队能力进行综合评价。所以，求职者要把握好个人表现与小组其他成员表现的平衡，了解组内其他成员，表现自己的组织、协调能力。

4. 公文处理测试

又叫“文件筐测试”，它将求职者置于特定职位或管理岗位的模拟环境中，由主考官提供一批该岗位经常需要处理的文件，要求求职者在一定的时间和规定的条件下处理完毕，并且还要以书面或口头的方式解释说明这样处理的原则和理由。

（二）面试前的准备

1. 明确面试的三要素

三要素即 When（时间）、Where（地点）、Who（面试考官）。务必清楚在什么时间、什么地点接受面试，了解面试考官可能是哪些部门的人员。

2. 掌握用人单位的基本情况

这些信息主要包括：用人单位发展历程及现状、所处整体行业情况、产品或服务、客户群、竞争对手、单位文化以及组织结构等，这些信息一般能够通过互联网获取。

3. 尽量事先进行模拟训练

可以请同学、老师或家长扮演面试考官问一些面试经常会问的问题，并对你的回答情况、应变能力提出意见和改进的建议。经多次模拟，到真的面试时也不会那么紧张了。

4. 选择合适的着装

着装的原则是力求简洁大方，无论穿什么，都必须充分体现你的自信。一般来说，所穿的服装要保证干净，而且适合此行业穿着。尤其是去外企，一定要穿比较职业的着装，男生应着西装，女生应穿套装。

5. 放松心情，学会微笑

深呼吸、控制自己的呼吸节奏，做到呼吸平缓，可以在一定程度上缓解紧张情绪。调查发现，陌生人首次见面往往首先注意对方的面部。因此，真诚、自然、由衷的微笑可以显示出自己的友好、亲切和健康的心理状态，给面试考官良好的第一印象，又能增强自信，这对面试是非常有利的。

6. 面试进场前请将手机关闭或调为静音。

另外，还要准备好面试需带的物品。如简历、各类证书等等。

（三）面试的一般应对技能

1. 努力让考官喜欢你

不管面试如何设计，让人喜欢的气质在对方决定谁能获得职位时总是起着很大的作用。因此，在面试中可以尝试展现你与面试者及用人单位文化的相似之处，让考官感受到你与他（她）在世界观、价值观以及工作方法等方面的相似，等等。很可能你会因此赢得考官的好感并获得工作机会。以下这则故事正是说明了这点：

经过几个月的努力，小刚终于得到了到一家台湾大公司面试的机会。他在准备面试时丝毫不敢懈怠。作为准备的一部分，小刚在面试前一天傍晚去了一趟他准备前去应试的公司。他纯粹只想看看公司办公楼里面究竟是什么样子，可就在他看的时候，一名正在扫地的大楼管理员注意到了他，并且问他是否需要帮忙。小刚说了实话："明天我要来这里接受一个重要的面试。我想先了解一下这个地方。"那名管理员把小刚请到面试者的办公室（这也许违反了公司的规定），并把摆在高高的架子上的几艘制作得非常精致的轮船模型指给他看。显然，主考官是名收藏迷。那天晚上，小刚赶紧去了趟图书馆，查看了有关旧轮船的资料。

第二天，当小刚与主考官见面时，他指着其中的一只轮船模型说："嘿！那艘帆船不就是哈得逊号吗？"这立刻引起了主考官的好感，他们相谈甚欢，主考官对他很满意，他也因此得到了这个工作机会。

启示：认真聆听主考官的问题、评论或者感受。人们喜欢别人听自己说话胜于自己听别人说话。应聘者应该通过总结、复述、回应主考官说的话，使对方喜欢你，而不是仅仅注意你要说什么。

2. 合适地赞美对方

比如，当看到考官办公室好看的东西时，应聘者可以趁机赞美几句以"破冰"，但不要说个没完，尤其不要赤裸裸的巴结奉承，要及时切入面试正题。

3. 斟酌语言

这种做法在面对面的面试时是必要的，因为主考官可以看出你是否是严谨、认真的人。当然也有例外，比如在电话面试和可视会议系统面试时，不要作思考的停顿，否则会出现冷场。

4. 适当做笔记

在考官说话特别是问一个问题后，或者考官在特别强调某件事情时，经过允许应聘者可以做些记录。做笔记不仅表明你在注意倾听，也表明对考官的尊重。

5. 善于提问

要在了解用人单位和岗位情况的基础上提出问题，这会增加考官对你的兴趣。不会提问题则表示你对单位或岗位所知甚少、不感兴趣。另外，在遇到棘手的问题时，向考官要求时间考虑，可以争取时间，理清思路。

6. 妥善应对自身的“缺点”

如果对求职来说不是非常严重的缺点，最好的办法就是坦然地承认。对因误会使对方认为是“缺点”的应及时澄清，消除对方对你的误解。有时也可以利用技巧，将在某场合的所谓“缺点”在其他场合转换成优点。

（四）注意面试中的非语言交流

加州大学洛杉矶分校的一项研究表明，个人给他人留下的印象，7%取决于用辞，38%取决于音质，55%取决于非语言交流。这就提醒应聘者要注意面试中的非语言交流，要合理运用非语言交流提高求职的成功率。

1. 握手

与面试官见面时，如果对方伸出手却握到一只软弱无力、湿乎乎的手，肯定印象不好。握手应该坚实有力，但不要太使劲，且手应当是干燥、温暖的。

2. 坐姿

俗语云“站如松，坐如钟”，面试时也应该如此。松懈的姿势会让人感到你疲惫不堪或漫不经心，因此坐姿要端庄，表现出气质、信心和热忱。

3. 眼神

眼睛是心灵的窗户。面试时应看着面试官，但不要瞪视，不能显示出进攻性、敌视性。不要不停地环视房间，这样会显得缺乏自信或者对所谈话题缺乏兴趣，也会让考官感觉缺乏尊重。

4. 手势

交流时做些手势是很自然的，一定程度上会对思想的表达起到突出和强调的作用。但手势太多也会分散人的注意力。一定要避免无意义的动作，如说话时摸嘴、挠头发、抓耳朵、摸鼻子等，此类问题在平时就应留意。

5. 仪表

要符合面试的场合和自己的身份，发饰服装不能过于夸张。

（五）妥善结束面试

1. 主动结束

一般来说，在高潮话题结束之后或者是在主试人暗示之后就应该主动告辞。比如考官让应试人谈谈自己今后工作的打算和设想，商谈福利待遇问题之后，应试者就应该主动做出告辞的姿态。有时考官也会说“今天就到这里”、“很感谢你对这个岗位的关注”或“等我们通知”之类的话，这也就是提出了结束面试的暗示。

2. **表达谢意**

不管有没有被录用或得到是否被录用的明确告知，应试者都要表示出自己的风度和修养。被录用也不能过分惊喜，应向考官表示感谢并希望今后在一起合作愉快。如果结果未知，则要简要强调你对应聘工作的热情和重视，并感谢考官与你的交流。如果与考官交流受益匪浅，则可以真诚地表达你希望进一步接受考官指导的愿望。

3. **礼貌退场**

面试完毕后，同样要注意礼仪问题，给考官留下良好的印象。一般来说，面试完毕应试者要起身鞠躬，说声“谢谢，再见”，并将椅子归回原位，退后两步之后转身离开，出门后轻轻将门关上。

三、了解几种常见的考试

(一)报考硕士研究生、“专升本”

1. **报考硕士研究生**

我国硕士研究生的学制一般为三年，部分专业为两年半。专业硕士学制一般为两年。按照专业和培养方向的不同，分为普通研究生(学术学位)和专业学位研究生。普通硕士教育以培养教学和科研人才为主，授予学位的类型主要是学术型学位；而专业硕士是具有职业背景的硕士学位，为培养特定职业高层次专门人才而设置。专业硕士要求报考者有一定年限的工作经历，而普通硕士则不需要。所以，应届本科毕业生报考的是普通硕士。

符合报考条件的毕业生，按照一定程序进行报名(包括网上报名和现场确认两个阶段)、资格审查、初试、复试、体检，符合条件的会被所报考的学校录取。这其中有的报考者可能还存在调剂的问题。调剂分校内调剂和校外调剂。校内就是指你的分数不够你报考的专业复试线或录取线，调剂到相关专业复试或者录取；校外就是分数不够报考的专业或者复试被刷，申请调剂到其他学校。

考研是一项艰苦的学习活动，同时也是一项需要进行系统规划的工程。

首先是报考志愿的选择。一旦决定考研，第一步决策就是确定报考志愿。与高考志愿类似，考研的第二志愿作用不大。选择志愿是个风险很大的博弈过程。报考者要综合主客观条件进行决策，可以向参加过考试的学兄学姐请教，也可征询专业老师的意见。

其次是获取考试信息。在确定了要报考的学校、专业的大致范围以后，就可与学校联系，以便获得最新的招生信息，并最后定下报考的学校和专业。可通过往年的招生简章、院系印发的说明和专业课试题、电话咨询、联系导师或在读研究生、网站等途径获取招生专业信息。

最后是做好复习。考研复习是一个庞大的系统工程，复习课程多、时间跨度长，因此需要整体规划。一般来说，复习进度大致分基础、强化和冲刺三个阶段。第一轮复习重在基础，如英语、专业课等，政治复习可以暂缓。第二轮复习意在强化，从全面基础复习转入重点专项复习，对各科重点、难点进行提炼和把握；研究大纲考点，特别是新增考点和新修考点；对跨章节、跨学科的相关知识点进行初步综合。政治首轮和第二轮复习是同时进行的。第三轮复习也是冲刺，本阶段复习要解决两个问题：一是归纳总结、升华提炼、查漏补缺，二是强化应试训练。

2. 报考“专升本”

这里是指应届专科毕业生在毕业当年报考，考取后经过两年全日制学习获得本科文凭(符合条件者同时获得学士学位)，有别于成人教育的“专升本”。毕业生在专科毕业最后一学年(我省一般在下学期)关注本省出台的有关“专升本”方面的政策和通知、招生高校的招生专业和人数，根据自身情况选择报考。

报考“专升本”功夫在平时。专科期间应努力学习，打好基础，一旦有机会才能抓住。据我省的情况看，公布“专升本”招生计划和考试之间的时间很短，如果不提前准备会很被动、胜算不高。招生计划公布后，报考者应针对所报考专业的相关课程加紧复习。

(二)报考公务员、“选调生”、“大学生村官”

1. 报考公务员

公务员是指依法履行公职、纳入国家行政编制、由国家财政负担工资福利的工作人员。按照公务员职位的性质、特点和管理需要，划分为综合管理类、专业技术类和行政执法类等类别。公务员考试有“国考”和“省考”之分。“国考”是中央国家机关及其直属机关考试录用公务员的简称。“省考”是各省考试录用公务员的简称。

报考公务员时有些问题需要注意。

一是谨慎选择报考职位。要求低、待遇好、所在地区经济社会发展水平高的职位报考人数一般都很多，因此建议考生能够在选择职位时客观分析、理性思考，有时选择相对而言不太热门的职位可能成功率会更大一些。

二是给自己留较充裕的时间。有的考生想在最后根据报名情况再确定自己的报考岗位，但突然出现意外造成无法填报志愿。所以一般在报名三五天以后就要进行选择，最后几天再去确认。

三是掌握一些笔试应试技能。首先，及早复习。复习越早，准备就越充分。要认真研读权威应试教材，了解考试的内容、题型、题量、难易程度等情况，多做一些练习，学会各类试题的答题思路和应试方法，还可根据自身情况参加一些权威机构举办的考前辅导班，以供借鉴。其次，注意复习的针对性。要对公务员考试的性质和内容有一个基本了解，明白它是一种能力考试，不仅考察考生对理论知识的掌握，更重在对考生的理解分析、判断推理及解决实际问题的能力考察。如，《申论》考察考生解决实际问题及语言表达方面的能力，要求考生熟悉时事及社会热点问题，并且能够科学分析，明确表达自己的观点，所以要充分利用报刊、电视、网络等媒介，平时多动笔进行自我训练。再如《行政职业能力测验》，其主要考察考生是否具备从事行政管理工作的潜能。考题涉及面广，包括政治、经济、法律、逻辑、人文等各方面的知识，题量大，时间紧，虽然试题难度不大，但要求考生具备很强的快速反应能力。由此，考生复习时要多做练习，熟悉题型和考试内容，掌握相应的答题思路和方法。

2. 报考“选调生”、“大学生村官”

“选调生”是指组织部门有计划地从高等院校选调品学兼优的应届大学本科以上、到基层工作的、作为党政领导干部后备人选和县级以上党政机关高素质的工作人员人选进行重点培养的毕业生。“选调生”与各单位招录的机关类国家公务员都是国家公务员，但是大部分省市区的“选调生”比其他公务员少一年的试用期。因此，“选调生”的工资定级比其他公务员要快一年。

“大学生村官”是指到农村（含社区）担任村党支部书记、村委会主任助理或其他村“两委”职务的具有大专以上学历的应届或往届大学毕业生。“大学生村官”聘任期满后有“五条出路”，即留任村干部、考录公务员、自主创业、另行择业、继续学习。

报考“选调生”、“大学生村官”的毕业生要及早关注相关信息，做到未雨绸缪。应试方面可参考上述报考公务员的有关情形。

（三）参加事业单位编制考试、“特岗计划”招考

事业单位招聘专业技术人员、管理人员和工勤人员，除国家政策性安置、按干部人事管理权限由上级任命及涉密岗位等确需使用其他方法选拔任用人员外，新进人员都要实行公开招聘。公开招聘由用人单位根据招聘岗位的任职条件及要求，采取考试、考核的方法进行。

2006 年，教育部、财政部、原人事部、中央编办下发《关于实施农村义务教育阶段学校教师特设岗位计划的通知》，联合启动实施“特岗计划”，公开招聘高校毕业生到“两基”攻坚县农村义务教育阶段学校任教。特岗教师聘期 3 年。原则上安排在县以下农村初中，适当兼顾乡镇中心学校。特设岗位教师的招聘遵循“公开、公平、自愿、择优”的原则，一般有以下程序：①公布岗位；②报名；③资格审查；④考试和考核；⑤体检；⑥确定招聘人选；⑦岗前培训；⑧教师资格认定；⑨签订协议；⑩派遣上岗。

考试内容和应试注意事项与参加教师编制考试存在很大共性。

参加事业单位编制考试也需要注意一些问题。

一是要看清招聘条件。编制考试不同于国家公务员考试，对于考生的身份有时具有一定限制。首先，户口或生源所在地限制。编制考试一般面向的是回生源所在地就业的毕业生，所以一般情况下具有举办编制考试地常住户口的大学毕业生才有报考资格。其次，毕业院校限制。由于编制考试录用人员数量少而报名者众多，因此许多地方人事部门规定报名者须为特定院校的毕业生。再次，学历、专业、职业资格证书限制。如教师编制考试，各地人事部门普遍要求毕业生取得教师资格证或出具可以获得教师资格证的证明后方可报名；非师范类且取得教师资格证的毕业生报考教师编制，虽然有时成绩在前列但也未必一定能被录取。

二是有针对性地复习备考。编制考试的内容由各地人事部门自行制订，绝大多数的事业单位编制考试不指定指导教材，也没有考试大纲，备考比较困难，但认真研究还是有规律可循的。一般情况下，笔试内容包括对符合岗位要求的基础知识的考核和相关法律、法规知识的考试。比如教师编制考试，一般是报考学科的专业知识以及教育学、心理学、教育法规等内容。

三是认真应对面试。笔试后就应该做面试的准备。要多方学习面试技巧，从满足岗位职责需要的角度换位思考，认真预测面试可能要问的问题，并可以请专业人士对自己的回答把脉，以便完善。教师编制考试面试一般还包括试讲、说课等，需要平时加强教师基本功训练。

（四）申请参加“三支一扶”、“西部计划”、“大学生志愿服务基层计划”

1.“三支一扶”

“三支一扶”是指大学生在毕业后到农村基层从事支农、支教、支医和扶贫工作。其政策依据是国家人事部2006年颁布的第16号文件《关于组织开展高校毕业生到农村基层从事支教、支农、支医和扶贫工作的通知》。

“三支一扶”工作时间一般为2年，工作期间给予一定的生活补贴。工作期满后自主择业，择业期间享受一定的政策优惠。坚持“谁用人、谁受益、谁负责”和培养与使用并重的原则，由服务单位和服务县“三支一扶”办公室具体管理，省和市“三支一扶”办公室负责指导和协调。

“三支一扶”的招募工作主要有以下环节：

(1)制订计划。每年4月20日前，各市“三支一扶”办公室要收集、汇总当地乡镇一级教育、农业、卫生、扶贫等基层岗位需求信息，并上报省“三支一扶”办公室，经研究后形成全省年度“三支一扶”招募计划，于每年5月份面向社会发布。

(2)组织招募。各级工作协调管理部门和高校广泛宣传有关政策，动员高校毕业生报名。报名由省“三支一扶”办公室统一组织，采取网上报名方式进行，6月上旬完成。各市“三支一扶”办公室按照招募要求，对报名学生资格条件进行审核，通过考核或考试方式确定服务人员初选名单，于6月中旬报送省“三支一扶”办公室审定。

(3)确定人选。6月下旬，省“三支一扶”办公室对各市确定的人选审核后，统一指定时间和医院，对入选学生进行体检。经审核、体检合格的大学生，由省“三支一扶”办公室组织填写《“三支一扶”计划登记表》，同时与服务单位签署《“三支一扶”计划协议书》。6月底前，将确定的“三支一扶”大学生名单上报全国“三支一扶”办公室备案。

(4)培训上岗。“三支一扶”大学生上岗前，要集中进行培训。培训主要内容为基层工作特别是农业、农村、农民等方面的方针政策，本地区基层工作现状，拟服务单位和岗位的基本情况等，同时也应对服务地的生活、民情、风俗等予以介绍，以利于大学毕业生更快地适应工作和生活环境。7月底前，派遣“三支一扶”大学生到服务单位报到。

2.“西部计划”

即“大学生志愿服务西部计划”的简称，它是由共青团中央、教育部、组织部门、人事部门于2003年根据国务院有关要求共同组织实施的。计划从2003年开始，按照公开招募、自愿报名、组织选拔、集中派遣的方式，每年招募一定数量的普通高等院校大专以上学历应届毕业生，以志愿服务的方式到西部贫困县的乡镇从事为期1～3年的教育、卫生、农技、扶贫以及青年中心建设和管理等方面的工作。志愿者服务期满后，鼓励其扎根基层，或者自主择业和流动就业，并在其升学、就业方面给予一定政策支持。此项工作一般由高校共青团组织具体组织开展。

“西部计划”的招募选拔一般程序如下：

(1)报名。每年4月下旬至5月底，毕业生在大学生志愿服务西部计划网站(http://xibu.youth.cn)如实填写报名表并选择三个意向服务省，下载打印后经辅导员签字、所在院系盖章，交所在高校项目办(设在团委)审核备案。

(2)选拔。学校会及时对报名学生的情况进行审核。接下来学校会组织报名学生进行笔试、面试，选拔笔试面试成绩突出、专业符合岗位要求的学生进行岗位对接。岗位对接之后，参加统一体检。高校所在地为省会城市的，参加由招募省项目办组织的统一体检；高校所在地在地(市)的，参加由地(市)团委或高校组织的统一体检。体检之后，学校将公布录取名单并公示3天。若无异议，将名单报招募省项目办。6月下旬，全国项目办委托各招募省项目办向志愿者发《确认通知书》。

(3)集中培训及上岗。7月下旬，志愿者携《确认通知书》、毕业证和本人身份证件，由各招募省项目办根据情况集中组织到服务省培训地报到并参加由服务省项目办统一组织的集中培训，时间不少于4天。培训派遣期间，如出现入选志愿者流失，服务省项目办在本省派遣指标内，结合前期招募选拔情况进行补招。志愿者到达服务地后，须在8月15日前登录西部计划信息系统，填写确认服务岗位、服务地联系方式、发放补助个人银行卡号等有关服务信息。

3.“大学生志愿服务基层计划”

如我省的“大学生志愿服务安徽计划”，由团省委、省教育厅、省财政厅、省人事厅、省扶贫办共同组织实施。实施此项计划，旨在引导大学生到农村去、到基层去建功立业，促进我省经济欠发达地区教育、卫生、农技、扶贫等社会事业的发展。此项计划采取公开招募、自愿报名、组织选拔、集中派遣的方式。参加大学生志愿服务基层计划的志愿者在就业和升学中将享受部分优惠政策。

对上述项目，毕业生可于毕业当年关注相关信息并选择报名应选。在应选过程中要特别注意面试环节。平常要注意自身习惯的养成、素质的提高，应试前充分准备，熟悉面试环节和主要内容，掌握基本应对方法。要注意放松心态，安排好时间（一般来讲，思考和答题的时间安排为3∶2是比较合理的）不要超时；思考时要把回答要点写出按主次列好，答题时口齿清楚、思路清晰、条理分明，不要超时并注意扬长避短，回答结束后要说“回答完毕”。

第三节　求职及职场礼仪

案例

电话号码的故事

某单位人事部刘经理通过邮件、招聘会等途径，收集了50余人的求职简历。在进行筛选后，他按简历上留的号码，给其中比较优秀的10个人打电话，通知他们面试时间。令他意外的是，10人中有5人因“手机关机”、“不在服务区”、“手机号码是空号”、“无人接听”等原因无法取得联系。最令人哭笑不得的是，他给一名男性应聘者打电话，手机接通后首先是一片麻将洗牌声，然后一个女声说：“他现在很忙，你最好待会再打……”刘经理只好很严肃地说：“我这里是某公司，现在通知他面试，希望他能尽快接电话！”这才与应聘者联系上。

刘经理非常无奈地说：“这些通讯不畅者中，多数是应届大学毕业生。这样的应聘者，印象分肯定是要差多了。”

启示：求职过程中，求职者的言行体现着其品质和素质，求职过程中的礼仪则是最直接和重要的载体。求职礼仪事关第一印象，求职者要在平时的生活、学习过程中加强锻炼，提升礼仪素养，为顺利求职择业打下基础。

什么是礼仪？礼仪就是律己、敬人的一种行为规范，是表现对他人尊重和理解的过程和手段，体现个人素质和教养，也体现社会文明程度。我国著名思想家颜元说：国尚礼则国昌，家尚礼则家大，身尚礼则身修，心尚礼则心泰。遵从礼仪，有助于处理好人与人的关系，否则会使人们在交往中感到手足无措，乃至失礼、闹出笑话。在毕业生求职和职业生活中，熟悉和掌握礼仪，对于成功就业、成就事业意义巨大。

一、仪表

广义上讲，仪表礼仪是指个人呈现出来的外观美，是包括外部轮廓、容貌、表情、服饰和举止等的总和，主要分为仪容和举止两方面。

（一）仪容

指的是一个人静止状态下所展现的整体外观礼仪，其最重要的部分是容貌，也包括化妆。

1. 发型

发型讲究整洁，规范，长度适中。在重要的工作场合，男士头发一般不可太短也不要太长。具体要求是：前发不附额，侧发不掩耳，后发不及领。留长发的女士，在上班或重要场合中，最好用卡子或者发箍把头发束起来或扎起辫子。发型的选择一定要适合自己的性别、年龄、身份、场合和单位文化。

2. 面部

面部修饰除了要保持整洁之外，还要清理多余的毛发，如胡子、鼻毛和耳毛等。没有特殊的宗教信仰和民族习惯，男士一般不要留胡子，要养成每日剃须的习惯。

3. 口部

最重要的是无异味。应该养成饭后及时刷牙的习惯。尽量避免在会客前进食有异味的食物，如葱、蒜、韭菜、海鲜等。一旦发现自己有口腔异味，应及时处理。

4. 手

手是参加社交活动的一个重要组成部分。清洁的双手能给人以美感，能增添主考官对你的好感。要将指甲修剪整齐，保持指甲清洁，不留长指甲，不对指甲过于修饰。涂指甲油时应考虑指甲油的色彩与你所穿服饰，以及与求职岗位的协调。

5. 化妆

基本要求是自然、协调、不在公共场合化妆。一般不要化舞台妆，应当化淡妆。

化妆要与自身整体、环境、身份相协调。在公共场所，众目睽睽之下修饰面容是没有教养的行为。如确有必要化妆或补妆，一定要到洗手间去完成。

清洁卫生是仪容美的关键，是礼仪的基本要求。应该养成良好的卫生习惯，做到入睡起床洗脸、脚，早、晚饭后勤刷牙，经常洗头洗澡，勤更衣。不要在人前“打扫个人卫生”，比如剔牙齿、掏鼻孔、挖耳垢、修指甲等，与人谈话时应保持一定距离，声音不要太大，不要唾沫四溅。

（二）举止

指人的表情、姿态和动作，它无声地流露了一个人的气质风度、品德修养和精神风貌等信息，是一个人品质、知识、能力等内在因素的外在显现。

1. 表情

主要是指人的眼神、笑容、面部肌肉的动作。

(1)眼神要注意四个字：目中有人。在日常工作和交往中与别人交流的时候，要养成注视对方的习惯，当然注视的身体部位、时间长短、角度均有讲究。用目光注视对方的面部应自然、稳重、柔和，不能死盯住对方某部位，或不停地在对方身上上下打量；谈话时眼睛不应往上、往下、眯眼、斜视、闭眼或游离不定，这些都是缺乏教养的。

(2)与人说话表情要自然诚挚，语气要亲切，用语要得体，态度要落落大方。为表达需要，可以适当使用声音表情，使言谈显得生动及增强感染力，但动作不要过大，更不要手舞足蹈或以手指人。说话时不可面露媚态或低声下气，这在主观上想讨好对方，而客观上却会使对方轻视自己，是不足取的。

(3)交往中的笑也有分寸，要注意四个字：当笑则笑。换句话说，不该笑的时候不能笑，所以必须注意时机和分寸。

2. 举止

举止文明的要求首先是美观、规范。尽管美的标准具有时代性，但是相对而言，立似松、坐如钟、行似风等类似规范已约定俗成，坐相、站姿、坐姿、走姿首先要规矩。其次是从众。就是要使自己的举止动作与此时此刻绝大多数人，尤其是与自己的交往对象保持一致，要为交往对象理解和接受。

(1)站姿。站立是求职面试时基本的举止之一。正确的站姿是：身形应该正直，头颈、身躯和双腿应当与地面垂直。女子双脚并拢，男子双脚并拢或双脚叉开与肩同宽。两肩相平，两臂和手在身体两侧自然下垂或双手在小腹前交叉。下颌微收，胸部稍挺，眼睛平视，整个形体要显得庄重、平稳。面试站立时要防止身体东倒西歪、摇头晃肩，更不得倚墙靠壁，弓腰驼背，无精打采，或双手叉在腰间、环抱在胸，盛气凌人。

(2)坐姿。正确的坐姿是：上身正直，头平正，两肩放松，脖子挺直，下巴向内收，胸部挺起，双手自然地放在双膝或椅子扶手上。女子双腿一定要并拢，可斜放一侧，双脚可稍有前后之差。男子双膝可略微分开,不跷二郎腿,不随意抖腿。女子入座时要把身后的裙子抚平,否则不雅。入座时要坐于椅子的前半部分,轻稳,从容不迫,坐下后应该安静,不能在椅子上前倾后仰。

(3)走姿。正确的走姿是:男子两眼平视前方,挺胸收腹直腰,两肩不摇,步态稳健,刚强雄健。女子头部端正,目光柔和,直视前方,挺胸收腹直腰,两手前后摆动的幅度较小,步态自如、匀称、轻柔,显示出端庄、文静、温柔的窈窕美。走姿忌左右摇摆、步履蹒跚、左顾右盼、弓腰腆肚、俯首驼背等,避免给人留下缺乏修养的印象。

二、着装

职业着装是个人职业形象的重要组成部分。职业着装不仅可以体现一个人的品位,还可以凸显一个人的性格、气质。同时,职业着装往往也是被他人评价的重要方面。

(一)着装的一般原则

1. 与职业种类匹配

比如,从事生产流水线的技术工作着西装就不合适。同理,在窗口部门工作穿着过于随便显然也不合适。所以,选择职业着装的时候,要考虑与职业、岗位的匹配,自然得体。

2. 与个人特征匹配

着装要与个人的相貌、身材、气质匹配。在选择着装的时候,不要一味地追求时尚、赶时髦、价格昂贵,重要的是适合自己。

3. 符合大众审美,整洁干练

职业着装出现在工作场合,是面向大众的,因此要符合大众的审美,得体、不过于张扬,要赏心悦目。整洁干练则体现你的气质和专业性。

4. 与周围同事相协调

同事是与你日常交往最频繁的群体,所以你的着装需得到同事们的认可,可把同事的审美当作选择着装的参考因素。

(二)男生的求职着装

1. 西装

男生一般着西装,正装夹克之类也可。西装应注意选购整套的两件式的,颜色应当以主流颜色为主,如灰色或深蓝色,在价格上应符合学生身份,不要盲目攀比、乱花钱买名牌。

2. 衬衫

以白色或浅色为主，这样能较好配领带和西裤。应该注意选购较合身的衬衫，应聘前应熨烫平整，不能给人“皱巴巴”的感觉。

3. 领带

领带以真丝的为好，上面不能有油污，不能皱巴巴。如果要在衬衣外打领带，应选择与西服颜色相衬的领带。

4. 皮带

深色西装可配深色腰带，浅色西装则深浅的皮带都配得上。此外，皮带的颜色应与皮鞋协调。

5. 皮鞋和袜子

皮鞋以黑色为宜，且一定要擦干净。穿西服时的袜子必须是深灰色、蓝色、黑色等深色，这样在任何场合都不失礼。忌用白色袜子配西装，袜子长度的原则为宁长勿短。

（三）女生的求职着装

1. 套装

套装要注意与职业活动相符合。裙装需要注意裙子的长度，不要在膝盖以上，太短的裙子，会让人显得轻浮、不专业。V领的上衣要注意开口不能太低，如果很低的话，可以通过丝巾或者内衬上衣来弥补。服装整体颜色以淡雅或同色系的搭配为宜。

2. 衬衣

款式和颜色依旧应该以保守为主。尽可能地避免那些透明材质、蕾丝花边或者雪纺薄纱。在衬衣里面再穿一件小背心，能显得更为庄重。

3. 鞋袜

鞋子需要配合上装，选择简单的样式。丝袜的颜色也最好是传统常见的，比如黑色、肉色、深灰等，但必须和套装和鞋子有良好的搭配。花哨的颜色和款式，会使你显得轻浮。

4. 包

选用一个大小合适，并且和整体穿着相配的包，会让你看起来专业、干练。如果可能的话，最好是皮制的。注意，可以只拿公文包而不背皮包，但不能把公文包里的文件全部塞在皮包里而不带公文包。

5. 首饰

一般不建议佩戴。如要佩戴，则以适中、简洁、大方为原则。

三、职场礼仪

(一)日常礼仪

1. 称呼

称呼,是指人们在交往应酬时,用以表示彼此关系的名称用语。

(1)职务性称呼。在职场中,最常见的称呼方式是以交往对象的职务相称,以示尊敬,这是一种最常见的称呼方法,具体又分为三种情形:

一是仅称职务。如:“局长”、“经理”、“主任”等。

二是职务之前加姓氏。如:“周经理”、“李处长”、“马主任”等。

三是职务之前加姓名,仅适用于极正式的场合。如:“习近平主席”。

(2)职称性称呼。对于具有专业技术职务(职称)者,可在工作中直接以其职称相称。

一是仅称职称。如:“工程师”、“教授”、“医师”等。

二是职称前加姓氏。如:“卢编审”、“赵研究员”。有时这种称呼也有约定俗成的简化。如,“孔工程师”可简称为“孔工”。但注意不要不发生误会、歧义。

三是职称前加姓名,适用于十分正式的场合。如:“张三教授”、“李四主任医师”、“王五主任编辑”,等。

(3)学衔性称呼。在工作中以学衔作为称呼,可显示被称呼者的权威性,有助于学术气氛的营造,常见的有四种情形:

一是仅称学衔。如:“博士”。

二是学衔前加姓氏。如:“陈博士”。

三是学衔前加姓名。如:“赵六博士”。

四是说明学衔所属学科,并在其后加上姓名,此种称呼最为正式。如:“文学博士周飞”、“工学硕士郑平”,等。

(4)行业性称呼。职场中有时可按行业称呼,可分两种情形:

一是称呼职业。即直接称呼被称呼者的职业。如,将教师称“老师”、将教练员称为“教练”、将警察称为“警官”等。一般可在此类称呼前可加上姓氏或姓名。

二是称呼“小姐”、“女士”、“先生”。对商界、服务业从业人员,一般可称呼为“小姐”、“女士”或“先生”。其中,“小姐”、“女士”二者的区别在于:未婚者称“小姐”,已婚者或不明确其婚否者称“女士”。

(5)姓名性称呼。职场中一般限于同事、熟人之间称呼,情形有三:

一是直呼姓名。

二是只呼其姓,不称其名,但在它前面加上“老”、“大”、“小”。如,“老张”、“小李”等。

三是只呼其名，不呼其姓。通常限于同性之间，尤其是上级称呼下级、长辈称呼晚辈之时。亲友、同学、邻里之间也可使用这种称呼。

错误的称呼、易产生误会的称呼、带有歧视性和侮辱性的称呼等都是称呼的禁忌。

2. **介绍**

要求大方得体。一般原则是：将级别低的介绍给级别高的，将年轻的介绍给年长的，将未婚的介绍给已婚的，将男性介绍给女性，将本国人介绍给外国人。如果在进行介绍时忘记了别人的名字，可以继续介绍，如：“对不起，我突然想不起您的名字了”，这比不进行介绍要好得多。

3. **握手**

愉快的握手应是坚定有力的，能体现你的信心和热情，但不宜太用力、时间太长，除非特别情况，几秒钟即可。握手的标准方式为：行礼时行至离握手对象约一米处，双腿立正，上身略向前倾，伸出右手，四指并拢，拇指张开，手掌垂直于地面与对方相握。在正式场合，握手时应遵循“尊者决定”的原则，通常年长者、位尊者、女士先伸手。如果手脏或者很凉或者有水、有汗，要主动向对方说明而不握手。另外，不要戴手套握手，不要在嚼着口香糖的情况下与别人握手。

4. **递接名片**

接递名片有几点需要注意：首先是出示名片的顺序。一般是地位低的人先向地位高的人递名片，男性先向女性递名片。当对方人数较多时，应先将名片递给职务较高或年龄较大者，也可由近至远处递，依次进行。其次是出示名片的礼节。向对方递送名片时，应面带微笑，稍欠身，注视对方，将名片正对着对方，用双手的拇指和食指分别持握名片上端的两角送给对方，如果是坐着的，应当起立或欠身递送。最后是接受名片的礼节。接受他人递过来的名片时，应尽快起身或欠身，面带微笑，用双手的拇指和食指接住名片的下方两角，态度要毕恭毕敬，使对方感到你对名片很感兴趣，然后郑重地放入自己的口袋、名片夹或其他稳妥的地方。如果接下来要与对方谈话，不要立刻将名片收起来，应该放在桌子上，并保证不被其他东西盖住。

5. **乘坐电梯**

伴随客人或长辈来到电梯厅门前时先按呼梯按钮。电梯门打开时，若客人不止一人，可先行进入电梯，一手按“开门”按钮，另一手按住电梯侧门，礼貌地说“请进”，请客人们或长辈们进入电梯。进入电梯后，按下客人或长辈要去的楼层按钮；若电梯行进间有其他人员进入，可主动询问要去几楼，帮忙按下。在电梯内尽量不进行交谈，特别要避免大声交谈。电梯内尽量侧身面对客人。到达目的楼层时，一手按住“开门”按钮，另一手做出请出的动作，可说：“到了，您先请。”客人走出电梯后，自己立刻出电梯，并热情地引导行进方向。

（二）交流礼仪

1. 谈话

刚踏入社会的新人，若想在工作上有所进步、人际关系和谐，需要在谈话的技巧上花点心思，不能懵懂无知也不能老于世故。为避免让对方产生不愉快的情绪，应尽量用温和、中庸的说辞。想要表露专业的应对技巧，平常就要有意识地进行言语的训练。有几点需要注意：一是说话时注视对方。不论你用的言辞多么礼貌，讲话时如果不注视对方，往往也会令对方感到不安。二是保持微笑，笑容可以让交流对象和自己都沐浴在幸福感之中。不过什么时候露出笑容，须由内容而定，否则会引起对方的疑惑。三是专注于倾听。对方讲话时，察其言观其色，才能做出正确的回应。偶尔变换话题和说话方式，会使交流更加有意趣，气氛更加和谐。

2. 道歉

如果在职场中冒犯了别人，就应真诚地去道歉，表达出你想表达的歉意，然后继续进行工作。道歉时要注意：一是语言文明、规范。如说："深感歉疚"、"非常惭愧"、"多多包涵"、"请您原谅"，一般场合可以讲"对不起"、"很抱歉"。二是及时。知道自己错了马上就要说"对不起"，拖得越久就越会让人家不愉快。三是大方。道歉绝非耻辱，故而应当大大方方、堂堂正正，不要遮遮掩掩。也不要过分贬低自己，诸如"我真笨"、"我真不是个东西"之类的话会让人看不起，也可能被人得寸进尺。四是可借助于"物语"。如有些道歉的话当面难以启齿，写在信上寄去或借助某些有意义的物品以表达歉意，可能会有良好的反馈。

3. 接打电话

在接听电话时要言语文明、音量适中，让对方感受到你的微笑，切忌使用"说"、"讲"之类用语。同时不要忘记，每一个重要的电话都要做详细的电话记录。打电话时要选好时间，尽量避开受话人休息、用餐的时间，通常一次通话不应长于 3 分钟（即"3 分钟原则"），态度要友好，用语须规范。在使用手机时，应注意不要影响他人。

4. 网络沟通

虽然通过电子邮件、传真你有随时找到别人的能力，但除非情况允许，否则不意味着你就可以这样做。未经别人允许不要发传真，那样会浪费别人的纸张，占用别人的线路。而在求职过程中，通过此类途径与用人单位联系的前提，是对方的联系方式是公开的，并希望你与之联系。发电子邮件要真实介绍自己、表达与对方交流的诚意，并在形式上表现出对用人单位的尊重，要及时回复用人单位的来信。发传真则应写明传真接收人、你的联系信息、传真件页数等信息。

阅读材料

一、一些常见面试问题的应对

1. 行为表现面试法(STAR 面试法)

如果你是应届毕业生,面试者会问你类似的问题:你在学校里遭遇到的压力最大的一件事是什么,请给我举个例子。一般而言,如果面试官问应聘者以前曾做过什么,应聘者就要答:当时做那件事的情景是怎么样的,这是S(SITUATION,即背景);当时我的工作任务是什么,这是T(TASK,即任务);当时具体是怎么做的,这是A(ACTION,即行动);当时做那件事情的结果是什么,这是R(RESULT,即结果)。

2. 为什么来本单位应聘?

说出本单位吸引你的地方,如公司品牌形象好、规模大、行业处于不断上升中、培训发展的机会比较多等。表达你想到该单位工作的愿望。把这些实话说出来,给面试官一个很务实的印象。

3. 为何选择这份工作?

分析自己的兴趣、专长所在,说明自己所学专业、工作经历等与所求工作岗位的相关性,以及对这项工作的期待和理想。

4. 你对这份工作了解多少?

最好事先收集有关资料,做到心中有数。

5. 你认为自己具有哪些优缺点?

客观回答就可以了,将自己的优点说出来,但最好能够说出跟这个职位比较吻合的优点。也可坦率地说出自己的缺点,但最好说出一些不重要的、与应聘职位不相冲突的缺点。

6. 你对未来有何规划?

一定不可以显得没有任何规划。可讲进了单位之后,如何实现自己的理想,表达自己明确的人生目标及努力向上的精神,也显示对单位的期望,最好有一定的时间节点。

7. 你是否可以加班?

一般不可否定,但可以委婉地告诉面试官你加班的限度。

8. 何时可以正式上班?

斟酌自己的情况具体回答。可以反问:“请问公司期望我什么时候来上班呢?”或者:“以前您招聘的人员一般都是什么时候来上班呢?”再根据自己的具体情况回答。

9. 除了应聘本单位外，你是否应聘了其他工作？

回答时应考虑：该单位知道你还应聘了不同性质的工作，可能会认为你志向不稳定。但是如果说没有，面试官也不会相信，这时候就不妨说："我对某个方向感兴趣，只要是合适的企业我会去看看的。"

二、大学生村官的"五条出路"

1. 鼓励担任村干部

对表现优秀、党员群众认可、担任村"两委"主要负责人的大学生"村官"，鼓励长期在农村基层干部岗位上建功立业。留任村党支部书记和村委会主任的，仍然纳入大学生"村官"名额，可以继续享受大学生"村官"的工作、生活补贴。

2. 择优选拔乡镇和其他党政机关公务员

各级党政机关从具有基层工作经历的优秀大学生"村官"中招考公务员，并明确录用比例；乡镇机关补充公务员，逐步提高从大学生"村官"中考录的比例。选调生主要从具有2年以上基层工作经历的大学生"村官"及其他到基层工作的高校毕业生中招考。报考公务员和选调生的大学生"村官"，须在聘期内表现优秀、考核称职，并经县级组织、人力资源和社会保障部门推荐同意。

3. 扶持自主创业

鼓励和支持大学生"村官"发挥自身优势和专业特长，立足农村农业实际自主创业。各地结合实际，建设和完善一批投资小、见效快的大学生"村官"创业园和创业孵化基地，落实高校毕业生创业的各项优惠、扶持政策，重点帮助和支持有创业意愿、创业能力、创业优势的大学生"村官"，带领群众创业致富。积极为大学生"村官"开展信息咨询、项目开发、创业培训、创业孵化、小额贷款、创业指导、跟踪辅导等工作。

4. 引导另行择业

对于聘期考核称职，不再留村工作或不参加公务员招考的大学生"村官"，可在择业前免费提供一期职业培训。鼓励和引导事业单位、国有企业、非公有制企业等用人单位，优先聘用（招用）具有2年以上农村基层工作经历的大学生"村官"。

5. 支持继续学习

鼓励大学生"村官"继续学习深造。聘期工作表现良好、考核合格的，报考硕士研究生可享受初试总分加10分和在同等条件下优先录取的优惠政策。鼓励高等学校结合办学实际，为大学生"村官"攻读研究生学位创造条件。

——《关于印发〈关于建立选聘高校毕业生到村任职工作长效机制的意见〉的通知》（组通字〔2009〕21号）

三、部分求职、考试网站

1. 新职业(全国大学生就业公共服务立体化平台)

http://www.ncss.org.cn

2. 智联招聘

http://www.zhaopin.com

3. 中华英才网

http://www.chinahr.com

4. 前程无忧

http://www.51job.com

5. 南方人才网

http://www.job168.com

6. 安徽大中专毕业生就业信息网

http://www.ahbys.com

7. 个人简历网

http://www.gerenjianli.com

8. 国家公务员考试网

http://www.gjgwy.org

9. 事业单位考试网

http://www.examw.com/sydw

10. 安徽教师考编网

http://www.ahkb.cn

11. 中国考研网

http://www.chinakaoyan.com

12. 中国国家人才测评网

http://www.chinatest.com.cn

13. 职业规划中国网

http://www.ienjoyjob.com

14. 大学生村官网

http://www.54cunguan.cn

练习与思考

1. 求职应聘前要做好哪些准备?
2. 求职面试时要注意哪些问题?
3. 你认为职场中哪些礼仪最为重要,平常应怎样塑造个人形象?

参考文献

[1] 曲振国:《大学生就业指导与职业生涯规划》,北京:清华大学出版社,2008。

[2] 程艺等编:《大学生职业发展与就业指导》,合肥:合肥工业大学出版社,2009。

[3] 赵岩宇:《就业指导》,北京:化学工业出版社,2011。

[4] 周建华等编:《大学生职业发展与就业导航》,合肥:中国科学技术大学出版社,2012。

[5] 百度文库:http://wenku.baidu.com.

第七章

就业安全

随着高校毕业生的逐年增长，就业压力也逐渐增大，毕业生的求职理念也受到了一定的影响。如，“有工作就干”、“交钱参加培训谋取高薪”等等。这使得一些违法分子有机可乘，以各种招数实施欺骗、诈骗。作为大学毕业生，要完成从学生到职场人的转变，可能会碰到形式多样的就业陷阱。因此，识别各种就业陷阱，认识就业协议与劳动合同并正确签订，维护合理的就业权益，了解与就业相关的政策和法律知识，对保障毕业生的就业安全非常重要。

本章学习要点

1. 识别就业陷阱；
2. 正确签订就业协议与劳动合同；
3. 了解保护自身权益的方式；
4. 熟悉相关法律、法规。

第一节　识别就业陷阱

案例

“传销”陷阱

某高校地理信息系统专业女生小王在大四考研结束后，应多年不联系的高中同学小张邀请，到南京某公司去上班。小张告诉小王该公司待遇好、工资高，让小王即刻前去。小王因考研结束后离过年还有段时间，因此欣然前往。当小王到达南京后，小张让小王又转车至溧水县。与小张见面后，小张并没有带小王去公司，而是在街上转圈。直到晚上，小张将小王领至住宿的地方。到地方后，小王的手机、钱包等贵重东西都被收走，这才知道误入了"传销"组织。在接下来的一段时间内，经过小张的"教育、劝解"，小王逐渐地接受了这份"工作"，主动从妹妹处要来4000元购买所谓的"保健品"并积极发展业务。春节后，小王先后将班级同宿舍的两名同学骗过去加入该组织。其中一名同学假装顺从，找准机会逃了出来，并立刻赶往学校向老师报告。后经学校和家长的多方努力，小王和同寝室的另一名同学才顺利返校。

启示：对于亲友推荐的工作，一定要准确分辨信息的真实性。对诸如工作性质不清、任务不明，遮遮掩掩、行动诡秘的工作要非常留心，防止陷落"传销"组织等就业陷阱。

大学生就业陷阱是指招聘单位、其他机构或个人，利用大学生的弱势地位（如社会经验不足、自我保护意识差、就业竞争激烈等），以提供就业机会为诱饵，采用违法悖德等手段，与大学生达成权利与义务不对等的各类就业意向（协议），侵害大学生合法权益的现象。

一、大学生就业陷阱的主要类型

（一）侵财型陷阱

侵财型陷阱是大学生就业过程中普遍、常见的一类陷阱，主要指招聘单位、某些机构或个人利用大学生的弱势地位，骗取钱财的一类陷阱。

1. 招聘陷阱

招聘机构通过广告造势，声称"双选会"会有多家名企参会，以吸引众多毕业生前来应聘。而实际并没有名企来与会，其真实目的是收取高价门票，同时收集毕业生的信息。有的招聘机构甚至出卖学生的个人信息，使一些违法之徒有机可乘。

2. 中介陷阱

有些中介机构本身属于非法，通过大量广告吸引毕业生前往，骗取毕业生的中介费。有的得手后携款逃匿；有的为毕业生列出一大堆要么不招人，要么干脆不存在的单位，毕业生来回奔波无着，只得知难而返，而中介则拒绝退回中介费；有的则与企业勾结，毕业生到单位工作几天后就被辞退，等等。

3. 培训陷阱

在大学生求职过程中，经常会遇到“高薪诚聘，年薪X万”、“保证就业”等类似的广告宣传，这一承诺很让大学生心驰神往。但是真当毕业生前往应聘时，却又要求参加培训，由此落入培训陷阱。有的毕业生交了培训费，但培训结束后并不给安排就业，或是被推荐到一些位置偏僻、层次较低、无人问津的低薪岗位。有的交了培训费后却很难过关，因此不能被聘用或短期内遭解聘。有的规定经过培训合格的人员须签订长期劳动合同，否则必须交纳数目巨大的违约金，等等。

4. 押金等陷阱

在招聘过程中，有少数用人单位通过巧立名目等方式，收取毕业生的押金、保证金，甚至扣押毕业生的相关证件等，以达到增加劳动强度、延长劳动时间、榨取毕业生劳动价值的目的，甚至还可能因为留下了证件、签名、盖章等重要证据为人所用成为欠费、欠税、担保等各种形式的债务人，或成为敲诈勒索的对象。

（二）权益受损型陷阱

权益受损型陷阱是在大学生就业过程，招聘单位、某些机构或个人利用大学生的弱势地位，通过欺骗、胁迫或是隐瞒等手段侵犯大学生合法权益的一类陷阱。

1. “传销”陷阱

一些非法“传销”组织利用大学毕业生求职迫切的心理，以知名企业或单位的名义招聘毕业生，或通过网络招聘等方式套取毕业生的通讯地址和联系方式。之后以要面试或到单位实习为由，将毕业生骗至外地，收取有效证件，控制其人身自由，强迫、诱骗毕业生加入“传销”组织。

2. 协议或合同陷阱

第一种为口头承诺。口头承诺如果没有在协议书中白纸黑字予以体现，就没有法律约束力。一旦协议主体间发生矛盾，吃亏的一般都是学生。第二种是不平等协议。由于大学生维权意识缺乏，在求职中又处于弱势地位，对不平等条款要么不知要么不敢提出异议，使就业协议在某种程度上成为用人单位的“霸王合同”。所以大学生在签订就业协议时，一定要慎防无保障协议，死协议、卖身协议等不平等协议。第三种是就业协议代替了劳动合同。有些用人单位以就业协议替代劳动合同。究其原因，是用人单位在就业协议中的许多约定不符合劳动法规的规定，如果签订劳动合同，就不能达到其违法用工的目的。

3. 试用期陷阱

试用期是劳动合同的约定条款，对双方都有约束力。试用期长短或有无由双方依法在劳动合同中约定。但是，有些大学生在就业过程中会遭遇这样的情况：一是某些用人单位与大学生签订了劳动合同，但在试用期就要结束时，以各种理由辞退毕业生。二是试用期或见习期过长。《中华人民共和国劳动合同法》第十九条明确规定，劳动合同期限3个月以上不满1年的，试用期不超过1个月；劳动合同期限1年以上不满3年的，试用期不得超过2个月；3年以及固定期限和无固定期限的劳动合同，试用期不得超过6个月。同一用人单位与同一劳动者只能约定一次试用期。由于法律、法规对见习期内的权利义务没有具体规定，在大学生就业中，用人单位违规违法主要表现为见习期与试用期的总期限超过1年，有的甚至长达2年。有些单位以见习期的名义不签合同，且借故延长见习期；有些单位签的是劳动合同，书写的却为见习期。诸如此类，应当引起大学生的高度重视。

4. 网络陷阱

在信息化时代，网络求职的便捷、快速、低成本、信息量大等特点使得它越来越受到青年大学生的青睐。但是，在网络求职中，由于网络的安全等问题，使得个人或企业在网站上注册的信息容易被他人盗取和利用，造成大学生名誉上、经济上的损失。因此，大学生要谨慎运用网络求职，并要保护好个人信息以防泄漏，避免因此而带来的各种麻烦。

二、就业陷阱的防范

要完全消除就业陷阱，需要社会各个方面的共同努力。在目前的就业形势下，对毕业生而言，如果能够主动学习相关法律、法规，树立正确的择业观念，掌握识别就业陷阱的技巧，就能甄别就业信息的真假，从而增强自己对就业陷阱的防范能力，减少各种损失和麻烦。

（一）通过正规渠道获取信息，确保真实和准确

一是参加政府、高校或其他合法组织针对大学毕业生组织的招聘会、“双选会”。用人单位在参加上述招聘会、“双选会”招聘人才时，除通过网络、电视、报纸、人才市场等机构发布信息外，招聘活动的组织者都要按照程序和规定对招聘单位的资质进行审查，确定单位状况以及招聘信息的真实性。

二是留意学校就业信息网、权威人才机构发布的就业信息。因为学校的就业信息网和大型权威人才网站在公布就业信息时都要进行审核。包括核实用人单位的工商许可证、营业执照等信息，基本上能保证就业信息的真实性、可靠性。

三是对于通过其他网络以及亲朋好友得来的就业信息，一定要进行核实。包括向学校就业指导中心核实或打电话到用人单位所在的工商、税务部门查验是否有这家单位及招聘信息是否属实。也可以咨询当地的熟人，了解用人信息是否真实可靠，或者上网搜索该用人单位有无负面信息。如果遇到只公开电话（尤其是移动电话）而不愿公开具体地址的用人单位，要特别小心。对于民营的职业介绍所，最好查证它是

否有合法经营资格。

（二）警惕面试环节

一是在前往面试前，一定要将自己面试的时间、地点告知老师、同学和家长，在面试前后保持与他们的联系。

二是遇到临时变换面试地点的情况时，要看新的面试地点是否偏僻、隐蔽，如果是这种情况，应加倍小心或邀人陪同前往。

三是面试时间要求是夜间或者是宾馆之类非办公场所，也应小心，尤其是女生，最好有人陪同。

四是面试时，不要将自己的证件、印章、钱包、钥匙等交给对方。如果感觉到危险或潜在危险的话，要以某种理由迅速离开该单位。此外，还要拒绝不合理的邀约和请求，尽量不要随便饮用陌生人提供的饮料等。

五是面试后认真核查，看该单位（特别是企业单位、公司）登载的营业项目、招聘简章中的项目、面试现场所见三者是否相符。

（三）认真推敲劳动合同

根据《中华人民共和国劳动合同法》规定，用人单位与劳动者建立劳动关系，应当订立书面劳动合同，如果不签订则是违法行为，会被劳动监察部门处罚。毕业生要对准备签订的劳动合同仔细研究，注意合同应当具备的九个条款是否都有，以及其他事项是否说明清楚。如合同中有侵害自身权益的，要提出异议，并拒绝签订。

（四）遭遇陷阱要学会用法律保护自己

毕业生如果遭遇就业陷阱，要及时向招聘单位所在地的人力资源和社会保障局监察大队、工商局或公安派出所报案，寻求法律保护，千万不要忍气吞声，让违法分子逍遥法外，使得更多的人受害。同时，要将情况及时报告学校和有关老师以加强防范，避免其他同学再次上当。

另外，女大学生在就业过程中更应注意自身安全。在前往用人单位时要注意及时向家人或师友报告自己的行踪。要避免到僻静或私人场所去面试；不要随便搭便车；对招聘女服务生、女伴游、女导游、女接待的要多加留心和防范；对于“月薪数万”、“免工作经验”的职位要多加防范。

第二节 就业协议与劳动合同

案例

劳动合同纠纷

某高校学生小陈在大四时经熟人介绍到一家公司实习。由于实习期间表现不错，小陈与该公司达成了就业意向，并签订了《就业协议书》。双方约定，服务期为3年，如果小陈提前解约必须赔偿公司1万元。至于协议中的待遇、福利等条款暂为空白，人事经理让他先签名，具体条款过几天再补上。小陈觉得，自己是熟人介绍过来的，也不好意思提待遇的事，于是便在协议上签上了自己的名字。正式上班后，该公司与他签订了劳动合同，合同的有效期为1年，而且也没有提前解除合同的赔偿条款。由于待遇与其他员工相差较大，小陈在工作第二年便向企业提出辞职。而企业方提出，必须按就业协议的规定赔偿1万元。小陈不服，准备通过法律手段维权。

启示：在毕业后与公司签订了劳动合同时，《就业协议书》就自动失效。对于尚未毕业的大学生，不是合格的劳动主体，用人单位不能与其签订劳动合同。但是毕业生与用人单位确定就业意向后，可以签订《就业协议书》。这份协议并非劳动合同，但充分保障了应届毕业生和用人单位的权益，因此在签订《就业协议书》的时候也应注意细节。

一、就业协议

《普通高等学校毕业生就业工作暂行规定》第五章第二十四条指出，经供需见面和双向选择后，毕业生、用人单位和高等学校应当签订毕业生《就业协议书》，作为制订就业计划和派遣的依据。未经学校同意，毕业生擅自签订的协议无效。就业协议的签订，维护了毕业生就业方案的严肃性，明确了各方在毕业生就业工作中的权利和义务，是毕业生就业工作中一个重要环节。

（一）就业协议的基本内容

1. 毕业生基本情况：包括姓名、性别、身份证号、专业、学制、毕业时间、学历、联系方式等。

2. 用人单位基本情况：包括单位名称、组织机构代码、单位性质、联系人及联系方式、档案接收地等。

3. 高校毕业生和用人单位约定的有关内容：包括工作地点及工作岗位；户口迁入地；违约责任；协议自动失效条款、协议终止条款；双方约定的其他事宜。

4. 其他补充协议。

（二）就业协议的签订

就业协议一经签订，毕业生与用人单位的权利和义务即受到国家法律的确认和保护，因此，签订就业协议是一种法律行为，毕业生必须慎重对待。

1. 就业协议的订立原则

（1）主体合法原则。这里所说的“主体”是指具有权利能力和行为能力，依法享有权利和承担义务的当事人。要求主体合法，是指签订就业协议的当事人必须具备合法的主体资格。对毕业生而言，就是必须取得毕业资格，如果学生在派遣时未取得毕业资格，那么用人单位可以不予接收，并且无需承担法律责任。对用人单位而言，用人单位必须具有从事各项经营或管理活动的能力，具有民事主体资格，否则毕业生可以解除协议而无需承担违约责任。对高校而言，高校应根据用人单位的要求如实介绍毕业生的在校表现，也应如实地将所掌握的用人单位的信息提供给毕业生。

（2）平等协商原则。是指当事人在签订就业协议时的法律地位是平等的，任何一方不得将自己的意志强加给另一方。学校不得采用行政手段要求毕业生到指定单位就业（不包括有特殊情况的毕业生），用人单位不应在签订就业协议时要求毕业生缴纳过高数额的风险金、保证金。当事人的权利和义务应是一致的。

2. 就业协议的订立步骤和程序

用人单位招聘员工要经过笔试、面试等很多环节，时间、精力及成本都花费了不少。但有些毕业生刚签完约不久就毁约，大大增加了用人单位的风险和成本。由此，不少用人单位都会提出高额的违约金来限制学生的违约行为。所以，建议毕业生按如下步骤签约：

（1）在签约前要认真阅读《就业协议书》及所附说明，明确自己在就业中的权利和义务。

（2）认真填写“毕业生情况及意见”并签名。《就业协议书》的各项内容要认真如实填写，避免和用人单位签约后产生纠纷。如因毕业生隐瞒或虚报个人信息发生违约问题，毕业生可能要承担违约责任。

（3）用人单位在协议书上签署意见并盖章，注明毕业生档案的邮寄接收地址和户口迁移地址。必要时，应报上级主管部门批准或当地人才服务中心审批。

（4）毕业生将《就业协议书》（省教育厅及学校留存联）送回学校就业指导中心，并将有关信息录入毕业生就业管理系统。其中白联和蓝联交给培养学校，黄联交给用人单位留存，红联由毕业生本人留存，至此《就业协议书》手续办理完成。

(5)异地签约过程中，若毕业生在收到用人单位已签字盖章并返回的《就业协议书》后，又提出改变就业意向，不愿意继续签署协议的，必须获得用人单位的谅解和同意，并持用人单位同意不再签约的证明方可到就业中心中办理毁约手续。

3. 就业协议的解除

就业协议签订后，若情况有变，致使协议不能履行的，经双方当事人协商，可以解除。就业协议解除分为单方解除和双方解除。

(1)单方解除。包括单方私自解除和单方依法或协议解除。单方私自解除协议，属违约行为，解除方应对另一方承担违约责任。单方依法或协议解除，是指一方解除就业协议有法律上或协议上的依据。如学生未取得毕业资格，用人单位有权单方解除就业协议。此类单方解除无需对另一方承担法律责任。

(2)双方解除：是指毕业生、用人单位经协商一致，取消原订立的协议，使协议不发生法律效力。此类解除因是双方当事人真实意愿的表示，且协商一致，认为原协议的履行没有必要，故双方均不承担法律责任。双方解除协议，应签署解除协议文件，解约手续完备后，毕业生可重新择业。在与新的用人单位达成就业意向后，凭新用人单位的接收证明以及原用人单位的解除协议文件或违约手续等材料到学校办理就业手续。

4. 签订就业协议应注意的问题

(1)签订就业协议是法律行为，毕业生和用人单位两方共同签署后生效。任一方不得随意解除，否则应承担违约责任。

(2)签约前，毕业生应多方了解用人单位的情况，包括单位的发展历史、规模、效益、管理制度、薪酬待遇及人才培养体系等，对其单位文化与价值观也应有所了解。在充分了解单位的情况下，做出理性的选择。

(3)尽可能采取现场签约的方式。若因条件限制需进行异地签约，则签约双方应保持良好的沟通和配合，尽快履行签约手续。先行签约的一方有责任督促对方在尽可能短的时间内签约。

(4)在签约过程中，要把与用人单位约定好的内容全部写进《就业协议书》，对协议的解除条件做好书面约定。如对用人单位提出的条件有疑问，可要求给予一定的考虑时间，切不可因急于签约而损害自身权益。

二、劳动合同

劳动合同是劳动者与用人单位确立劳动关系、明确双方权利和义务的协议。《中华人民共和国劳动合同法》明确规定：建立劳动关系，应当订立书面劳动合同；已建立劳动关系，未同时订立书面劳动合同的，应当自用工之日起一个月内订立书面劳动合同;用人单位与劳动者在用工前订立劳动合同的,劳动关系自用工之日起建立。应该指出的是,劳动合同应在求职者上岗、试用前与用人单位签订,而不是试用合格后。

(一)劳动合同的内容

劳动合同应以书面形式订立,并具备以下内容:

1. 用人单位的名称、住所和法定代表人或者主要负责人;
2. 劳动者的姓名、住址和居民身份证或者其他有效身份证号码;
3. 合同期限:主要分为有固定期阻、无固定期限和以完成一定的工作为期限三种。无固定期限的劳动合同是指不约定终止日期的劳动合同。以完成一定工作为期限是指以工作结束的时间为合同终止期限的劳动合同;
4. 工作内容和工作地点;
5. 工作时间和休息休假;
6. 劳动报酬:包括工资、奖金、津贴等;
7. 社会保险;
8. 劳动保护、劳动条件和职业危害防护;
9. 法律、法规规定应纳入劳动合同的其他事项。

(二)合同缔结过程

1. 劳动合同订立的条件

具备订立劳动合同条件的,是用人单位和劳动者。国家机关、企业事业单位、社会团体、非法人组织和个体经济组织,都具有劳动合同主体资格,可以成为用人单位;劳动者需要达到法定年龄,是具有劳动能力的公民。

2. 劳动合同订立的原则

《中华人民共和国劳动合同法》第三条规定:“订立劳动合同,应当遵循合法、公平、平等自愿、协商一致、诚实信用的原则。”

3. 劳动合同订立的程序

劳动合同订立的程序,是指用人单位和劳动者在订立劳动合同时,必须遵循的方式和步骤。

第一,要约。即订立劳动合同的建议,是指作为用人单位或劳动者的一方当事人,向另一方提出订立劳动合同的意思表示。要约人提出的要约,除了表达自己订立劳动合同的意愿外,还要依照法律、法规的规定,明确、具体、清楚地提出订立劳动合同的条件。

第二,承诺。即劳动者或用人单位接受对方当事人的要约提议,并对要约中劳动合同的条款表示完全接受。

第三，签约。即经过要约、承诺、再要约、再承诺的过程后，用人单位与劳动者达成一致，订立劳动合同。

4. 劳动合同的解除

是指劳动合同订立后，尚未全部履行以前，由于某种原因导致劳动合同一方或双方当事人提前中断劳动关系的法律行为。劳动合同的解除分为法定解除和约定解除两种。根据《中华人民共和国劳动合同法》的规定，劳动合同既可以由单方依法解除，也可以双方协商解除。

履行劳动合同过程中由于情况发生变化，经双方当事人协商一致，可以对劳动合同部分条款进行修改、补充。劳动合同的未变更部分继续有效。劳动合同期限届满，经双方协商一致，可以续订劳动合同。

（三）签订劳动合同应注意的问题

1. 签订劳动合同，合法是前提

依法签订劳动合同是劳动合同产生法律约束力的前提。如果签订的劳动合同不合法，那么求职者的权益保护就会遇到困难。因此，求职者一定要先确认自己签订的劳动合同是否具备产生法律约束力的条件。包括：用人单位这一劳动合同主体须符合法定条件，用人单位应当依法成立，能够依法支付工资、缴纳社会保险费、提供劳动保护条件，并能够承担相应的民事责任；双方签订的劳动合同内容（权利与义务）必须符合法律、法规和劳动政策，不得从事非法工作；签订劳动合同的程序、形式必须合法，如经协商一致采用书面形式等。违反法律、行政法规的劳动合同以及采取欺诈、威胁等手段订立的劳动合同属无效的劳动合同。

2. 明确约定权利、义务和试用期

合同双方的权利和义务应当在合同中明确约定。对于工作的内容应当尽量细化。对于试用期、培训、保守商业秘密、补充保险和福利待遇等求职者希望在劳动合同中体现的内容，当事人可提出在劳动合同中写明。劳动法中对劳动者的试用期有较明确的规定：一是试用期内也应当参加社会保险；二是试用期应当包含在劳动期内；三是试用期的最长期限不得超过 6 个月。

3. 合理确定岗位条款

一些用人单位往往故意在劳动合同中避开工作岗位条款，从而随心所欲地变更劳动者的岗位，无限扩大其管理权。由于用人单位在劳动合同关系中处于强势地位，在签订劳动合同过程中，有些单位会利用这种优势，制订一些不公平的格式条款，如规定不合理的服务年限、苛刻的劳动纪律以及劳动者解除合同时的惩罚性补偿措施等，强迫劳动者接受。大学生在签订劳动合同之前要特别注意审查类似的条款，对其中有失公平的地方要及时提出异议。

4. 读懂合同附件

签订劳动合同前，仔细阅读关于相关岗位的工作说明书、岗位责任制、劳动纪律、工资支付规定、绩效考核制度、劳动合同管理细则和有关规章制度，不论这些文件是否被用人单位作为劳动合同的附件。因为，这些文件中会涉及求职者多方面的权益，求职者应当遵守规定是其法定义务。这些文件作为劳动合同附件时，与劳动合同具有同样的法律约束力。

5. 劳动合同不等于劳务合同

有些用人单位会用劳务合同代替劳动合同，这二者的差别是相当大的。劳动合同中必须写明对劳动者的义务，如必须为劳动者交纳各种保险、明确最低工资标准等，而劳务合同则仅仅是一方提供劳务、给付报酬的一种约定形式，一般不受劳动法的制约。用人单位违反劳动合同可能承担行政责任、民事责任甚至刑事责任，而违反劳务合同一船只承担民事赔偿责任。

另外，当劳动合同涉及数字时，应当使用大写汉字。劳动合同至少一式两份，双方各执一份，求职者应妥善保管。用人单位事先起草了劳动合同文本，要求求职者签字时，求职者一定要慎重，对文本仔细推敲，发现条款表述不清、概念模糊的，及时要求用人单位进行说明或修订。

三、就业协议和劳动合同的关系

（一）就业协议与劳动合同的相同之处

1. 合同的性质一致

毕业生与用人单位签订了就业协议，就要去签约单位报到，用人单位就要为其安排相应的工作，这确定了一种劳动关系，表明这种劳动关系确立的依据就是就业协议。用人单位对大学毕业生这类劳动者与面向社会公开招聘的劳动者在培养、使用、待遇等方面可能有不同，但从确立劳动关系这一点来说，就业协议与劳动合同是一致的。

2. 主体的意思表达一致

任何合同，双方确定的权利、义务关系，都是在协商一致、充分表达主观愿望的情况下订立的。双方对合同中设定的权利、义务都予以完全认可，并在实践中履行。劳动合同如此，就业协议亦如此。签订就业协议的双方，在表达主观愿望、无强制、无胁迫上与劳动合同中所处的状态完全一致。

3. 法律依据一致

由于就业协议是确立劳动关系的一种协议，用人单位对毕业生录用、接收之后，要有见习期（试用期）、最低劳动年限的规定，这与劳动合同的要求一致。因此，就业协议应当遵循《劳动法》中劳动合同等有关规定，发生争议纠纷，应依法解决。

（二）就业协议与劳动合同的不同之处

1. 使用的法律、法规不同

劳动合同适用《中华人民共和国劳动法》、《中华人民共和国劳动合同法》及劳动社会保障部门颁布的有关劳动方面的规章。而就业协议目前无法可依，只能依据教育部颁发的《普通高等学校毕业生就业工作暂行规定》和有关政策。

2. 适用主体不同

劳动合同是劳动者与用人单位之间确立劳动关系的协议。只要合同双方协商一致，符合国家的法律、行政法规，经双方签字盖章，合同即生效。而目前的就业协议除毕业生与用人单位双方签字、盖章外，尚需学校介入。尽管学校不是主体一方，不作为协议的一方签字，但学校作为签证登记方，应在协议书上盖章，没有经过学校鉴证登记的协议，不列入就业方案。学校毕业生就业工作部门对就业协议进行鉴证，旨在保护学生与用人单位的利益，维护协议的严肃性、确保协议的有效性。《就业协议书》上除了毕业生、用人单位、学校三方签字盖章外，还必须有无人事权的用人单位上级主管部门或人才中心的签字盖章。

3. 适用的人员不同

劳动合同可以适用于各类人员。凡是中华人民共和国的公民，只要有劳动能力并符合法律规定的条件，经过供需见面、双向选择，一经录用都可以与用人单位签订劳动合同。而就业协议适用的人群只限于高校毕业生、毕业研究生。

4. 签订的内容不同

依据《中华人民共和国劳动合同法》的规定，劳动合同的内容包括 9 项必备条款（前面已经详细讲述）。除此之外，当事人可以协商约定其他内容，条款十分齐全。相比之下，就业协议的条款就比较简单，主要是毕业生如实向用人单位介绍自己情况，愿意在规定期限内到用人单位报到并服从用人单位安排；用人单位如实向毕业生介绍本单位情况，同意录用毕业生等。

5. 签订时间不同

一般就业协议签订在前，劳动合同签订在后。毕业生双向选择成功后，由双方签订就业协议，并经学校登记、确认，毕业后凭报到证到用人单位报到。学生到用人单位报到后，双方按有关法律、法规规定及就业协议约定条款订立劳动合同，并办理有关录用手续。劳动合同订立后，就业协议就自动终止了。当然，这也不是说原来的协议条款就不管用了。就业协议中的有关条款，包括合同期、服务期、试用期和福利待遇等符合劳动法的内容应当作为签订劳动合同的依据。

第三节　就业权益及其保护

一、毕业生就业过程中的权利

(一)自主择业权

就业或不就业,是毕业生的权利。如,申请自费出国的毕业生毕业时可以申请不就业。毕业生可自主选择就业方式、职业、岗位。

(二)平等就业权

用人单位招录毕业生,应坚持公开、公平、公正的原则,任何非公开、公正及性别歧视等,都是对毕业生平等就业权的侵犯。《中华人民共和国劳动法》第十二条规定:"劳动者就业,不因民族、种族、性别、宗教信仰不同而受歧视。"第十三条规定:"妇女享有与男子平等的就业权利。在录用职工时,除国家规定的不适合妇女的工种和岗位外,不得以性别为由拒绝录用妇女或者提高对妇女的录用标准。"

(三)接受就业指导、服务权

毕业生有权接受学校的就业指导和就业服务。高校应及时向毕业生传达有关就业方针、政策、规定,并对毕业生进行择业观教育,提供择业技巧指导和信息服务。

(四)自荐权和被荐权

毕业生有权向有需求的用人单位进行自荐或接受学校的推荐。学校应广泛地向用人单位推荐毕业生,并坚持优生优荐的原则,发挥学校推荐的导向作用。

(五)知情权

就业信息是毕业生成功就业的前提。学校和有关就业指导部门应该如实、毫无保留地向毕业生及时提供就业信息。主要包括:用人单位的需求情息,所选单位基本情况、工作安排、福利待遇等情况,国家的就业政策和就业形势等。

(六)享受国家规定的待遇权

毕业生就业后,其工资标准和福利待遇按国家有关规定执行,工龄从报到之日计算。毕业生报到后,用人单位应根据工作需要和毕业生所学专业及时安排工作岗位。

到非公有制单位就业的毕业生，其档案按国家有关规定进行管理，工资待遇由毕业生和用人单位协商确定，但工资标准原则上应不低于国家规定。此外，毕业生还应享有自谋职业和自主创业及享受相应优惠政策的权利。毕业生报到后，发生疾病不能坚持正常工作的，应按在职人员有关规定处理，不得把上岗后发生疾病的毕业生退回学校。

（七）申请调整改派权

符合下列条件之一的毕业生，可以提出申请改派：因家庭发生不可预知的困难需要回家庭所在地就业的；符合国家、省有关政策导向，流向合理的；接收单位因不可抗拒的原因（如单位倒闭、破产或被兼并等）无法接收毕业生的；国家政策照顾对象情况发生变化的；毕业生就业主管部门下达调整分配计划的；其他经批准要求改派的。

（八）解除协议权

当履行协议后毕业生的权益或人身自由、人身安全受到用人单位严重侵害时，毕业生可以提出解除协议。《中华人民共和国劳动法》第三十二条规定：有下列情形之一的，劳动者可以随时通知用人单位解除劳动合同：在试用期内的；用人单位以暴力、威胁或者非法限制人身自由的手段强迫劳动的；用人单位未按照劳动合同约定支付劳动报酬或者提供劳动条件的。

（九）申诉权

《中华人民共和国劳动法》第七十七条规定："用人单位与劳动者发生劳动争议，当事人可以依法申请调解、仲裁、提起诉讼，也可以协商解决。"第七十九条规定："劳动争议发生后，当事人可以向本单位劳动争议调解委员会申请调解；调解不成，当事人一方要求仲裁的，可以向劳动争议仲裁委员会申请仲裁。当事人一方也可以直接向劳动争议仲裁委员会申请仲裁。对仲裁裁决不服的，可以向人民法院提起诉讼。"第八十三条规定："劳动争议当事人对仲裁裁决不服的，可以自收到仲裁裁决书之日起十五日内向人民法院提起诉讼。一方当事人在法定期限内不起诉又不履行仲裁裁决的，另一方当事人可以申请人民法院强制执行。"

（十）求偿权

即向违约方要求承担违约责任、获得赔偿的权利。

二、毕业生就业过程中的义务

权利与义务是一对孪生姐妹，毕业生在享有国家规定的权利的同时，还必须履行一定的义务。就业过程中应当承担的主要义务有：

(一)执行国家就业方针、政策和规定的义务；
(二)向用人单位实事求是介绍个人情况的义务；
(三)严格履行就业协议的义务；
(四)遵守学校有关规定的义务；
(五)承担自身违约带来的相应责任,依法履行其他义务。

三、毕业生保护自身权益的方式

(一)主管部门的保护

毕业生就业主管部门可通过制订相应的规范来确定毕业生的权益,并追究侵犯毕业生权益的行为,对权益受侵害毕业生进行补偿。

(二)高校的保护

学校对学生权利的保护最为直接。学校可通过制订各项措施来规范毕业生就业指导和就业推荐,对用人单位在录用毕业生过程中的不公平、不公正行为,学校有权予以制止。用人单位与毕业生签订不符合有关规定的就业协议,学校有权不予同意,未经学校同意的就业协议不发生法律效力。

(三)毕业生的自我保护

毕业生应深入了解目前国家关于毕业生就业的有关方针、政策和规范,熟悉在就业过程中的权利和义务,这是毕业生权益自我保护的前提。在就业过程中,如果因为所谓的公司规定或部门规定与国家政策法规有抵触,侵犯了自己的权益,可以依据法规办事,维护自己的合法权益。毕业生应自觉遵循有关就业规定,接受其制约。在与用人单位签约及就业报到后,毕业生也应注意自身权益保护。如,按照规定在报到后应享受正常的福利待遇、正常的人才流动应根据国家和当地的有关人才流动规定,不应过多限制,等等。

第四节　毕业生就业应了解的法律知识

随着我国社会经济的快速发展,各行各业为大学毕业生提供了广阔的就业天地和事业发展空间。但是,就业的过程并不都是顺风顺水,经常会遇到这样那样的问题。为此,大学毕业生在就业的过程中需要了解一定的相关法律规定,遵守就业法律、法规,保证顺利就业。下面简要地介绍大学毕业生在就业过程中会涉及的相关法律、法规。

一、《中华人民共和国劳动合同法》

《中华人民共和国劳动合同法》由十届全国人大常委会第二十八次会议审议通过，自2008年1月1日起施行。这部法律在维护用人单位合法权益的同时，对于更好地保护劳动者合法权益，构建和发展和谐稳定的劳动关系，促进社会主义和谐社会建设，具有十分重要的意义。

二、《中华人民共和国就业促进法》

《中华人民共和国就业促进法》由十届全国人民代表大会常务委员会第二十九次会议2007年8月30日通过，自2008年1月1日起施行。《中华人民共和国就业促进法》是构建社会主义和谐社会的一部重要法律，作为一部与民众利益密切相关的法律，《中华人民共和国就业促进法》从制订时就受到社会各界的广泛关注，体现了党和国家对广大劳动者的权益维护、民生保障的重视和关怀。

三、《中华人民共和国劳动争议调解仲裁法》

《中华人民共和国劳动争议调解仲裁法》由十届全国人民代表大会常务委员会第三十一次会议2007年12月29日通过，自2008年5月1日起施行。《中华人民共和国劳动争议调解仲裁法》突出的特点在于增加了劳动争议受理范围、受理申请的时效规定更加灵活、部分案例施行“一裁终局”、强化劳动仲裁免费等，大大降低了劳动者的维权成本，更加有效地维护劳动者的合法权益。

四、《职工带薪年休假条例》和《职工带薪年休假实施办法》

《职工带薪年休假条例》于2007年12月7日国务院第198次常务会议通过，自2008年1月1日起施行。《职工带薪年休假条例》共计十条，目的是为了维护职工休息休假权利，调动职工工作积极性。《职工带薪年休假实施办法》于2008年7月17日经人力资源和社会保障部第6次部务会议通过、公布之日起施行。《职工带薪年休假条例》和《职工带薪年休假实施办法》平等保护各类职工的休息休假权利，对各类用人单位实行广覆盖。根据《职工带薪年休假条例》和《职工带薪年休假实施办法》，机关、团体、企业、事业单位、民办非企业单位、有雇工的个体工商户等单位的职工连续工作一年以上的，享受带薪年休假。

五、《养老保险业务管理办法》

《养老保险业务管理办法》于2007年9月30日中国保险监督管理委员会主席办

公会审议通过，自 2008 年 1 月 1 日起施行。办法首次提出了团体养老金保险权益归属的概念，要求在合同中明确投保人和被保险人各自缴费部分的权益归属，被保险人缴费部分的权益应当完全归属其本人。当被保险人在离职时，有权申请提取该被保险人的全部或者部分已归属权益。团体养老金保险合同设置公共账户的，被保险人缴费部分的权益不得计入公共账户。这样一来，个人对年金的拥有权就得到明确的界定，退休收入的安全也得到了保障。

练习与思考

1. 如何甄别各类求职陷阱？

2. 你认为在求职时可能会出现哪些不良心态，这些不良心态最容易陷入哪些求职陷阱？

3. 你对违约怎么看待？

4. 当自己的合法权益受到侵犯时，你想得到什么样的帮助？

5. 在签约前，你会认真思考里面的内容是否侵犯了自己的合法权益吗？

6. 主动了解与就业相关的法律知识，保护自己的权益。

参考文献

[1] 王琳娜:《大学生就业指导》，北京:北京理工大学出版社，2010。

[2] 林流动:《论加强大学生就业陷阱的预防教育》，《漳州职业技术学院学报》，2005 年第 3 期。

[3] 侯琦:《大学生求职如何避开就业陷阱》，《中国大学生就业》，2007 年第 5 期。

[4] 程艺、杨德林、庆承松等主编:《大学生职业发展与就业指导》，合肥:合肥工业大学出版社，2009 年。

[5] 杨万甫、陆建玲、王鑫等主编:《职业生涯规划与就业指导》，天津:天津科学出版社，2008 年。

[6] 周嫆、刘雪梅主编:《大学生职业发展与就业指导》，贵州:贵州人民出版社，2009 年。

[7] 鲁宇红主编:《大学生职业生涯规划与就业指导》，南京:东南大学出版社，2008 年。

[8] 陈贤忠、虞志方主编:《职业生涯规划与大学生就业指导》，合肥:黄山书社，2009 年。

第八章

毕业生工作初期的适应

毕业季后，毕业生离开菁菁校园，踏入社会，步入职场，总带着新奇与迷茫。新的环境和任务要求毕业生尽快完成从学生到职业人的角色转变，这对大多数职场新人来说是全新的课题。尽快转变角色，融入职场环境，进入工作状态对毕业生工作的开展和未来的快速发展都至关重要。因此，刚入职场的大学生要在心理、环境、业务、人际关系等方面多下功夫。

本章学习要点

1. 了解上岗前应做好哪些准备；
2. 掌握如何在入职初期完成角色的成功转变；
3. 如何正确对待“跳槽”。

第一节　上岗前应做好的准备

案例

成功只给有准备的人

小罗凭扎实的功底和温婉的举止进入了某知名企业。上班前一天，家人教导说：“职场险恶，该说就说，不该说的一句话不说。”小罗记住了。新人中，除了小罗，还有分在人事部的小艾，两人受训期间就已是朋友，彼此承诺互相照顾。

开始也顺利，小罗负责社会保险，小艾负责员工培训。办公室多是女性，一到中午，两人就拿出小零食给大家，把一向单调的气氛搞得相当融洽。

两人工作也都卖力，试用期一到两人都转正了。

时日渐长，两人的风格却看出分晓。性格内向的小罗做事谨慎，自己分内的事总是做到尽善尽美，旁人的事从不插手，怕的是惹上是非。小艾为人热情，常捎带帮他人做事。为此小罗提醒过几次，说职场如战场，人事关系复杂，万一处理不好会得罪人。小艾却有自己的想法："都是一个部门的，能有什么事？"

某日，一个医疗期的员工上门，说自己的劳动合同到期，可医疗期协议还没到期，要求续签合同。劳动合同那部分由人事经理兼管，恰巧经理那天不在，小罗叫员工过几天再来。员工很为难："我明天就要去外地看病，不能拖延了。"小罗却坚持说："事关合同大事，我做不了主。"正僵持间，小艾从外面办事回来，听说这件事，马上对一筹莫展的员工说："你等会儿，我想想办法。"她查看了公司的劳动合同细则，该员工这种情况，应将劳动合同顺延到医疗期为止。于是二话不说，小艾就把那份劳动合同给顺延了。小罗认为那属于越权，可是小艾认为，特殊情况不能不管。

不久，公司进行调整，人事部新分出一个合同事业部，专管员工劳动合同，新主管首先在人事部员工里挑选。方案一出，宛如一石激起千层浪，人事部的气氛开始紧张。小罗更是谨言慎行，把自己的一亩三分地调理得有声有色，其他事更是一概不管，生怕惹上半点是非。对于这次主管任命，小罗觉得自己的晋升系数很大。一个月后新主管名单下来，却是小艾。小罗很郁闷，自己一直循规蹈矩，工作从未出过差错，在人事部也是有目共睹，能力和小艾不相上下，甚至很多工作要比小艾做得好，凭什么是她而不是自己？小罗鼓起勇气，向经理提出了疑问。经理说："你俩成绩都很优秀，可那是在分内工作上。至于有没有领导能力，还得看综合表现。你平时并没表现出来，公司怎么知道你能胜任主管职位呢？"小罗说："如果给我主管的权力，我就能干好的。不是主管，我怎么能表现得像个主管呢？"经理笑了："罗马不是一天建成的，罗马的开始不叫罗马。同样，做领导的人一开始也不是领导，你想想，小艾平日表现得像个主管吗？"罗马的开始不叫罗马，忽然之间，小罗有点想通了。

启示：其实还是那句老话，成功只给有准备的人。小罗这次的晋升失败，就输在没有准备上。新人在工作上是该谨慎，可谨慎并不意味着只扫自家门前雪，一定范围内，也应该兼顾全局。分内工作要做好，其他方面也要顾及，这样，你的能力才能表现出来。一句话，成功地在职场上站稳脚跟，需提前开始各项准备工作。

凡事预则立，不预则废。那么，对即将正式上岗的大学毕业生而言，该做些什么样的准备呢？

一、按时报到上岗

（一）报到的时间

按照教育部的规定，高校毕业生的报到期限为一个月，也可以协议或报到约定为准。大学生应该遵守报到的规定或约定，在规定的时间内去用人单位报到。

（二）报到的材料

大学生在报到时经常要携带以下材料：

1.《全国普通高等学校本专科毕业生就业报到证》（简称“《报到证》”）

《报到证》是毕业生到就业单位报到的凭证，也是毕业生参加工作时间的初始记载和凭证。用人单位凭《报到证》办理接收手续和档案接转、户口迁移手续。

2. 毕业证和学位证

由毕业生本人携带毕业证和学位证，交给接收单位人事主管部门核验。

3. 户籍关系

毕业生的户籍关系，由毕业生本人在学校主管部门办理迁移手续后，自行携带，到接收单位办理转入手续，或存入接收地人才交流中心。

4. 档案关系

所有毕业生的档案均不得由毕业生自己携带。档案由毕业生的母校在毕业生离校后，按照机要文件的要求，统一寄送到毕业生工作单位所归属的人事档案管理部门，或毕业生生源地的人力资源和社会保障部门保管。

5. 党组织关系

毕业生的党组织关系应在离校前转到接收单位党组织，入党材料可随档，也可以密封后自带，个人不得拆封。毕业生到就业单位将介绍信、档案材料交给党组织后，应及时把接收党组织关系的回执单寄回母校院系党总支。

二、了解新单位

（一）了解单位基本情况

尽管在面试阶段毕业生已对用人单位的情况有所了解，但作为一名新员工，毕业生需要更深入地去了解自己要服务的组织。如，单位的性质、上级主管部门、发展实力及远景规划、在整个行业中的排名或在整个社会经济结构中的地位，等等。

1. 了解单位的历史和现状

这有助于毕业生更合理地规划自己的职业生涯，更准确地定位自己的职场角色。所需了解的内容包括：

(1)单位的成立年限。若单位成立已有一定年限，说明其已经开拓出相应的市场；若只是刚刚起步，则说明其处于不规范和摸索状态。这将直接影响到毕业生在单位能够学到知识的深度和广度。当然，随着单位的成长和发展，毕业生将会成为单位的资深员工。

(2)单位的经营状况。很难想象一家财务状况极其糟糕、管理极其混乱的单位能够给毕业生带来好的成长体验。

(3)单位的用人机制。单位是不拘一格发掘人才，还是任人唯亲、讲求与领导的关系？尽可能地从各个角度去了解单位的用人机制，可以让毕业生对自己在所属单位的发展空间做一个最充分的预估。

(4)单位的培训体系。是最大限度地尊重员工、并给予员工完善的培训，还是只看重员工的无条件付出、而不考虑员工的职业发展要求？全面了解单位的培训体系，也可以让自己更好地选择去留。

(5)单位的发展方向。是固守原有的市场、不再进取，还是有计划地一步步拓展市场，并有更大的举措？抑或很多项目正在撤销，市场正在萎缩？也许你会说这是高层的决定，与你无关。但是，要知道，如果说单位是一艘行进中的航船的话，它的航向也决定了船上每个人的命运。

当然，一家单位不可能十全十美。对于一名刚刚毕业的职场新人来说，最关键的是要明确：这家单位的工作内容与自己希望的职业发展方向是否契合，这家单位的稳定性如何，自己的职业能力是否能够提升，等等。

2. 了解单位的规章制度和文化

要想在入职后更迅速地步入正轨，尽可能地少犯错误，毕业生最好能提前了解，哪些规章制度正被严格地遵守着，哪些又是单位里不成文的规矩。如果不能很好领会，就会在日后的工作中“碰钉子”，并且永远意识不到在哪里犯了错，这在职场中是很可怕的。

各单位的不成文规章制度往往蕴含于单位文化中，因为单位文化是单位在运行实践中形成的一种基本精神和凝聚力，是单位全体职工共同的价值观念和行为准则。有一些单位会把这些形成文字并编印成册。如有家著名的 IT 公司曾一度规定男士不能穿平底鞋、打绿领带。而大多数单位则没那么多繁文缛节，甚至没有成文的规定。为了尽快融入单位，必须学会察言观色，并且要勤于询问。对于初入职的大学生来说，首先了解单位的文化理念才能让自己成为一个合格的职场新人。

无论单位的规章制度成不成文，以下几点都是一名新员工应该做好的：

(1)按时完成任务。一定要在规定的时间内完成任务。如能提前完成当然不错，但有时过于提前也不一定就是好事。

(2)杜绝在工作中闲聊。工作中的闲聊不但会影响工作效率，也会影响别人的工作情绪和工作环境的安宁。

(3)不要自作主张。在未充分了解上司所交代的任务前，一定不要因为怕事而不敢问、不愿问，更不可不懂装懂、擅作决定。

(4)保管好文件资料。离开工作岗位时要收妥资料，万一丢失文件或是让单位以外的人看到不该看的机密，到时候你就“吃不了兜着走”了。

(5)讲究言行举止。言行举止一定要遵守单位的文化理念，切忌言行举止与他人发生冲突，并注意与周围同事的协调。

案例

两个职场新人的故事

某公司新进两个大学生A和B。两个人被安排在同一个部门做同样的工作。她们在工作能力和工作业绩上不相上下，但在待人接物方面，却有着天壤之别。

A是一个大嗓门女生，见到人要么直呼其名，要么小刘、小许地喊。有一次，老员工张某和A的顶头上司李经理正在会议室接待客人，A突然出现在门口，大声喊：“老李，你的电话。”刚刚35岁的李经理，竟被人喊“老李”，而且是当着客人的面，喊自己的人还是自己的部下。李经理的脸沉了下来，出去接电话时，看也不看A一眼。

而B就不同了，见到谁都毕恭毕敬的，小心翼翼地喊X经理、X主任；没有职务的，她就喊X大姐或X大哥；年龄稍长的职工，她就喊X师傅。

A只有上班时才来公司，下班就走人，与公司里的人也没有过多交往。B就不同了，她下班以后，看有人没走就会留下来，与人家聊聊天，说说闲话。谁有什么困难，她也会尽力帮助。当然，她有时也会向别人求助。有一次，她来到老员工张某的办公室，说有一件大事，务必请张某参谋参谋。原来她弟弟参加高考，想请张指点一下，看填什么志愿好。人家把弟弟的前途都交在张手里了，张某自然不敢含糊，于是很认真地给她分析了近几年的就业形势，慎重地给她提了一个建议。B千恩万谢地走了。卡耐基提到赢得别人好感的方法之一，就是请对方帮忙，让对方获得做重要人物的感觉。由此可见，B是一个精明透顶的员工。

后来，李经理手下的一个副经理调到别的部门主持工作了，公司决定采用公开竞聘的方式选拔新的副经理。A和B因为都是本科学历，又都是业务骨干，符合公司规定的竞聘条件，于是两人都报名竞聘。评委由公司中层以上干部和职工代表组成。竞聘的结果是，B以绝对的优势击败了A，成为公司最年轻的中层干部。

启示：从这个故事里我们可以看出，A和B最大的区别是职场常识运用不同。A全然不顾职场的日常礼仪，缺乏应该具备的职场常识，结果没有树立良好的个人形象，也没有建立和谐的人际关系。B则是非常注意日常礼仪和相关常识的运用，树立了良好的个人形象，建立了和谐的人际关系，实践证明取得了很好的效果。

（二）熟悉新岗位

1. 了解新环境

每个新人要投入到一份新工作之前都必须要先适应新环境。可以多熟悉熟悉办公区的地形，留心一些如打印机、传真机、饮水机、休息室等的位置；了解一下单位的内部组织结构，如有哪些部门或哪些科室、每个部门主管是谁、所负责的主要工作是什么。当你把最基本的区域和部门职责熟悉了以后，那么你对这个环境就不会有陌生感了，信心也会增强。

2. 了解工作内容

入职之前，最好要对工作内容有初步认识。如果你的主管认为有必要，可能在确认录用你之后就会告诉你，若你的反应很积极，一定会给上司带来良好的第一印象。若你未来的上司对你期望很高，或你的工作是一项新工作，或工作进度有急迫性，你不但要提前了解工作内容，甚至很可能会提前投入工作呢！

3. 了解你的前任

他或她有哪些长处？抑或有哪些不足？工作上曾经有什么样的失误？如果还能联系到他们，能够与即将接替其工作的那个人推心置腹地谈一谈，那就最好不过了。总结前任的成败得失，了解前任的工作特点和方式，将是一个很有价值的事情，从中你可能会总结出一些值得继承和发扬的好办法，他们提供的工作方法、工作思路等方面的有效指导，会让你尽可能少地受到挫折。不过，切记千万不要批评你所替代之人，这看起来是不成熟的表现，甚至是卑鄙低劣的。

案例

小王出丑了

小王外语很好，业务能力也很强，被派往国外某大使馆工作。出国前国家都要对即将出国的人员进行业务能力、外语口语、外事纪律等方面的集中培训。当时，小王并没有认真地接受培训。出国后，在与外国人的交往中，小王违反了外事纪律，最终很不光彩地被遣返回国。

启示：发生这样的事对国家、对自己都是一种很大的损失。如果当初小王能认真熟悉自己的岗位职责，学习有关外事纪律，也许就不至于犯这样的错误。对新员工而言，这是前车之鉴。

4. 提前接触同事

在上班之前就接触你未来的新同事，向他们表明你热切希望有个良好的开局。实际上，少有职场新人注意到这点。而在这方面做了功课的人不仅能给别人留下良好的第一印象，同时还能为自己迅速发现公司不成文的行为习惯或准则提供机会。提前接触新同事可以采用不同的方式，如发电子邮件就是大家推崇的交流方式。当然，你也可以利用单位所有人都参加的早上例会时间。

三、学习业务，学会协作

（一）完善知识结构

应试教育的一大弊端是导致中国大学生应试能力强，但实际运用与变通能力弱。所以，同团队精神缺乏一样，实践经验的缺少也是刚从学校走出来的大学生们常有的缺陷。不少毕业生入职前一方面为自己即将走向社会实现自己的人生价值感到高兴；另一方面却因知识结构的欠缺而产生焦虑、急躁、抑郁、恐惧等不良情绪反应，从而影响了能力的正常发挥。比如：做销售工作时，要想成为一名专业的金牌销售员，毕业生除了需要掌握销售方面的知识外，还需完善心理学、成本管理以及仓储、产品管控、产品规划控制等方面的知识，否则，就可能会由于知识结构的不健全、不专业而很难为客户提供更优质、更具个人独特魅力的服务。因此，毕业生入职前一定要主动调整心态，全面客观地认识自我，在充分了解自己的兴趣、爱好和优势、特长的基础上，尽快学习业务知识，完善自己的知识结构。同时要增强信心，自信自己具备岗位所要求的能力，以积极的心态进入职场。

案例

小王被"炒"了

小王是某高校计算机专业的毕业生，凭借还不错的专业成绩，毕业后，他顺利在某民营企业找到了一份工作。但是工作不久，小王就感到十分吃力。由于在学校学习的理论知识和工作实践有些脱节，再加上计算机知识更新太快，很多分内的工作自己根本无法独立完成。幸好，小王人勤快、嘴又甜，在办公室里有较好的人缘。每每遇到困难，总能在同事的帮助下迎刃而解。这期间，也有好心的同事建议他再参加一些培训，提高应用技能，可小王总觉得自己现在的状态良好。结果，时间一长，同事们对他的求助都变得避之唯恐不及，试用期一结束，小王就被企业"炒"掉了。

启示：机会总是为有准备的人提供的。大学毕业生正处于心理成长期，知识化程度高、社会化程度低，情绪波动性大、自抑能力小，自我认可度高、人际交往能力差，成才意识、抗挫能力弱，这是当今大学生的共同问题。大学毕业生只有做好充分的准备，才能把握机会，顺利实现求职、就业。

(二)增强协作能力

现在单位都非常注重培养员工的团队协作精神，为此不惜重金，耗费大量人力、财力进行拓展培训。然而，现在的不少大学生过度强调自我，过于自信，而协作精神弱，缺乏从他人角度考虑问题的意识。例如，当面试时被问到"作为负责人，怎样组织策划公司活动"时，很多应聘大学生只回答"我如何做"，而没有学会充分利用身边的人、财、物等资源。这就体现出他们的团队合作精神较弱，会导致进入单位后难以融入团队工作的情况。

所以，初入职场，面临新的人际关系，大学毕业生们一定要牢固树立团队意识，有意识地培养团队协作精神，与团队打成一片，以谦虚的言行与同事和睦友好相处，保持良好的人际关系。这样，才不会造成被边缘化、不被重用的局面。

四、积极应对报到时可能遇到的问题

(一)用人单位是否履行合同

毕业生在报到时，要注意用人单位履行合同的情况。如出现用人单位随意调换工作地点、降低工资水平和福利待遇、户籍问题不予解决、任意调换岗位、强迫缴纳押金或是扣押重要证件等情况，应该据理力争，以《就业协议书》、就业合同为法律依据，维护自己的合法权益。

(二)报到证遗失或损毁

如果遇到《报到证》遗失或损毁的情况,应及时向学校学生处、招就处或毕业就业指导中心提出申请,然后由本人到省教育厅大学生就业指导中心办理手续,予以补发。

(三)用人单位拒收

毕业生与用人单位签约具有法律效力,双方必须严格遵守。如果用人单位发生了严重变故,如企业破产、削减编制、转产等而无法继续接受大学生时,用人单位必须向学校出具说明材料,以便毕业生重新参加"双选",再联系新的单位就业。

(四)不能按时报到

毕业生应在规定的时间内报到。如果由于不可抗拒的原因,如生病、外出遇灾未归等无法按期报到,应采取信件、电话、电报、传真等方式向接收单位说明和请假。如果逾期不报到,又未向接收单位说明和请假的,就可能出现接收单位拒绝接收的情况。

第二节 工作初期的角色转换

案例

为难的小贾

小贾是今年的应届硕士研究生,IT 专业。去年年底应聘到一家公司,从事系统集成项目管理工作,也就是项目助理。他的业务指导者肖经理是一名 30 多岁、非常有经验的项目经理。现在,肖经理手上有两个大项目,每个都是上千万的投资,其中一个处于设备要上线的阶段,做的是交通方面的;另外一个项目也在上线中。因此,他希望小贾能尽早进入状态,单独处理其中一个项目。跟肖经理学习了一个月后,小贾从他手里接过来一个项目。小贾负责所有具体事务的处理,而肖经理则起遥控作用。3 个多月里,小贾负责项目的监理,跑设计院、供应商,从会议的策划、组织、汇报,到资料的整理,工作非常繁杂,投入的精力也非常多,免不了犯错误。"肖经理的性子比较急,我稍微有一点做不好,他就生气,他说话语速又快,语气又急,接二连三被他批评，经常被他说得想死的心都有了。每次出去开会坐他的车，就跟蹲监狱似的，一路上都被批评”。小贾很无奈地说。

最近，小贾又挨批了。那天是公司的周年庆，中午大家一起聚餐。吃完饭小贾就回公司，整理了几个文件，给监理和供应商发了过去，6点就下班了。坐在地铁上，他把一天的工作都回忆了一遍，应该没有什么问题。这个念头刚闪过去不到1分钟，电话响了，是肖经理打过来的。拿着手机让它响了半天，旁边的人都转过来看他。小贾真的不想接，因为知道，厄运又要来了。果不其然，下午小贾提交的文件没有经过肖经理的审查，其中一个是不符合要求的。“你这样做，把我们的底都透出去了……会造成多大的损失……”小贾没有吭声，挂了电话。小贾觉得，肖经理也许真的对自己忍无可忍了。

问题出在哪里？也许小贾和肖经理都应该好好了解对方的真实想法。

小贾方面：(1)处事方式：不管是以前在学校还是现在，对自己的老师、师傅，我都感觉有点畏惧，跟他们说话我会害怕、紧张，往往是自己想好的事情，因为紧张就说不好，直接结果就是要表达的意思表达不清楚，这样会产生很多不必要的麻烦。(2)小贾的想法：我觉得，问题出在跟肖经理的沟通存在很大困难，现在我都不敢随便跟肖经理交流，要交流就是短信、邮件了。只要我一跟他说话，他就绷着个脸，搞得我很紧张，有时候表达不清，继续挨批。我自己的问题，想过一些办法克服，也在网上搜索了很多资料，看到同事们跟肖经理开玩笑，我也曾主动尝试在跟肖经理说话时轻松一点，但是往往肖经理一两句话，我的头又低了下来。

肖经理方面：(1)处事方式：我并不觉得自己经常批评小贾，也许是我说话的方式让小贾感觉是在批评。(2)肖经理的想法：我觉得小贾就是个小孩，可能社会经验不足，我对他的期望又太高，所以有些落差。他的工作能力还是不错，但是处理人际关系上感觉弱了点，我看他平时也不太跟部门的同事交流，不太爱问人，本来一些工作问同事就能解决。我带过不少徒弟，都是被我骂着成长的。我觉得徒弟应该来适应我，毕竟我有很多工作要做，不可能一一去教你应该怎么做，努力是一个方面，灵活也是一个很重要的方面。即便不是跟我，在职场上也会碰到各种各样的人，作为新人，你应该去适应。

启示：初入职场，角色从学生向员工转换，同学关系向同事关系转换，因为上司和父母都是权威，有人会在内心深处混淆他们的感觉。即使在同事中感受到如同家人般的照顾与温暖，也要学习理清关系中的责任和情感，明确自己要承担的职责和任务。在自己出现工作失误时，批评是成长的动力，同时要清楚被批评是说明某件事也许做的不合适或者没有达到标准，并不等于你自己不好。小贾最大的问题就是不自信，谈话时没有底气。所以初入职场，首先要学会的是怎么提升自己的“气场”，尽快完成角色转变。

一、加速完成角色转变

（一）正确认识学生角色与职业角色

大学毕业生在从学生角色转换到职业角色的过程中，必然伴随着角色冲突。能够在毕业前夕的实习、见习等实践环节尽早做好准备，形成职业角色观念，提高职业角色技能，增强角色扮演能力，必将使自己的职业生涯有个良好的开端。

1. 认识学生角色

学生角色是在社会教育环境的保证和家庭经济的资助下，学习知识，培养能力，全面提高自身素质，努力使自己成长为社会所需要的合格人才。大学生大多处在18～24岁这一年龄阶段，这个时期，经济上主要依靠家庭，以学习为主，是人生中增长知识、发展智力、求学成才的关键阶段。大学生的中心任务是努力学习以专业知识为主的多方面知识，培养以专业能力为主的各种能力。因此，这是一个接受教育、储备知识、培养能力的重要阶段。

2. 认识职业角色

职业角色是指在某一职位上，以特定的身份，依靠自身的知识和能力并按照一定的规范具体地开展工作，在行使职权、履行义务为社会做出贡献的同时取得相应的劳动报酬。职业角色的个性表现得非常具体，但是千差万别的职业角色却有以下共性：职业角色扮演者具有自己的社会职位和一定的职权；相应的职业规范；一定的基础知识和业务能力；履行一定的义务；经济独立；劳动者。

3. 学生角色和职业角色的区别

学生角色与职业角色的区别在于：前者是在家庭的经济供给或社会资助下，接受和完成系统的知识教育、能力培养、品格塑造，从而初步成为潜在的人力资源；后者是用自己掌握的本领，通过具体的工作为社会付出，以自己的行为承担责任，并取得相应报酬的真正劳动者。

下面表一、表二可以帮助我们进一步认识学生角色与职场角色以及学校与职场的差别，可以更清楚地看出，在学校思考问题的角度、方法、承担责任、探讨问题的途径均不同于职场。明确这两种角色、两种环境的差别，是顺利实现从毕业生到职场人角色转换的前提。

表1 学校与职场环境对比

项目	学 校	职 场
人际环境	“熟人”型环境，同学、老师相互较了解，人际关系简单	“陌生型”社会，除同事外，还有客户及其他相关社会人
存在基础	学生间、师生间无直接利益关系，是互助互利的短期结合	以利益往来和利益交换为存在基础，共同实现组织目标
核心目标	培养和输送人才的非营利性机构，以教育为主要目标	开展商业等经济活动，以创造价值为主要目标
工作要求	个体学习为主，要求个人成长，取得良好成绩	团队协作为主，要求个人奉献、获得组织业绩增长

表2 学生与职业人的对比

项目	学 生	职场人
思维角度	一般只关注个人学习成绩、个人成长	多关注个人工作业绩、未来的发展空间
思维方法	他人出问题，被动思考和回答	自己发现，主动思考问题
解决问题	强调独立思考并解答问题	团队沟通，协作解决问题
地位立场	主体地位，学校为学生服务；获取主体，依赖家长和学校	客体地位，为职场和团队服务，是奉献主体；工作生活独立，参与竞争，独立承担责任
行事规则	处世交往和待人接物比较简单直接，不牵涉过多的利益纠纷	高效做事，以结果为导向，绩效至上
合作习惯	松散的、情感导向	义务性的，利益导向
承担责任	以学习、探索为主要任务，校园内接受校纪校规约束	必须服从领导和管理，适应职场，犯错误要承担相应的成本、风险和责任
社会权利	接受教育权	依法行使职权，开展工作，获得报酬
社会规范	学生规范，学校规章制度	职业规范，不同职业有不同的行为规范
生活环境	简单的生活方式，寝室→教室→图书馆→食堂四点一线，单纯的校园文化	快速生活节奏，紧张的工作，没有寒暑假，自由支配时间少，必须适应不同环境和组织文化
人际关系	单纯，民主平等，自由	复杂，明确等级关系，服从管理
活动方式	学习知识和培养能力，接受给予	运用自己的知识和能力，提供劳动

（二）角色转换过程中容易出现的问题与对策

1. 角色转换过程中容易出现的问题

根据社会心理学的角色理论，大学生从学生角色到职业角色的转变，必然伴随着角色冲突、角色学习和角色协调等一系列过程。在从学生角色向职业角色转变的过程中，受社会、家庭、个性与心理、情境、个人认知、意志品质等影响，大学生往往会面临着新旧角色的冲突，不能及时学习新角色，不能有效协调角色转变中遇到的障碍。

一般情况下，在从学生角色到职业角色的转变过程中容易出现以下问题：

(1)守旧惧新。一些大学生在角色转变过程中依恋学生角色，出现怀旧心理，常常不自觉地置身于学生角色之中，以学生角色行为模式处理工作中的问题，以学生角色养成的固定习惯方式待人接物、观察和分析事物。同时，面对新环境，不知工作应从何入手，怕承担责任，怕做不好工作，在工作上放不开手脚，前怕狼后怕虎，缺乏应有的朝气和锐气。

(2)主观、自傲。有一些大学生对人才的理解不够全面和准确。认为自己接受了比较系统正规的高等教育，拿到了学历，取得了较高的学位，自以为是高层次人才，往往看不起基层工作和基层工作人员；不重视实践，甚至认为"一个堂堂的大学生干一些琐碎的不起眼的工作是大材小用"、"有失身份"，轻视实践，眼高手低。

(3)作风浮躁。在角色转变的过程中，部分大学生受社会情境、相互攀比心理影响，表现出内心焦虑、情绪不稳、作风漂浮等现象。在工作中，有些毕业生这山看着那山高、不能深入工作内部了解工作性质、工作职责以及工作技巧，反认为职位设置不合理、没有适合自己的工作岗位，不能沉下心来投入工作，无法融入团队合作之中。

2.解决问题的对策

角色转变是一个艰苦而长期的过程，需要毕业生在工作初期就坚持不懈地努力，自觉加快角色转换速度。针对上述问题，大学生要想在较短时间内，在思想上、行动上作好角色转变，可从以下几个方面提高和锻炼：

(1)虚心学习，熟悉单位，明确职责。通过学习与请教，掌握更多的知识，以优秀的表现赢得同事和领导的认可和信任，对于从"学校人"到"职业人"转变至关重要。大学毕业生刚迈入工作岗位，应本着一切从零开始的态度，将心态放低、放虚，牢记"三人行，必有我师"；虚心向自己的同事们学习工作经验，了解所在的行业，熟悉单位的情况，明确部门和岗位职责，把握工作岗位业务知识，结合实际工作将自己所学知识灵活运用，这样才会发现工作的真实乐趣。这个过程是个充满挑战的过程，也是大学生角色转变的第一步。

(2)面对现实，调整心态，胜任本职工作。热爱本职工作，安心工作岗位是学生角色向职业角色转变的基础。刚刚走上工作岗位的大学生容易将事情看得简单而理想化，对未来充满憧憬，一切想象得很美好。但当他们接触现实环境时往往会产生一种失落感，感到处处不如意、事事不顺心。因此，大学毕业生在工作中要能够抛弃幻想，根据现实的环境调整自己的期望值和目标，立足眼前的岗位，做好每项负责的工作，打破学生思维模式，全身心地投入到工作中去，培养工作兴趣，做好本职工作。如果"身在曹营心在汉"，经过几个月甚至一年的适应还静不下心来，不仅对角色转变不利，而且会影响职业兴趣的培养和工作成绩的取得，会对后期的职业生涯产生不良影响。

(3)满腔热情，脚踏实地，循序渐进。刚毕业的大学生因为对工作不熟悉，所以在完成工作的过程中要多学习，多向老师傅、业务骨干请教。对安排的任何一项工作都要认真负责地去完成，尤其要注重从小事学起，了解整个工作的来龙去脉，掌握工作流程。不管工作多小，工作多累，都要以满腔的热情、高度的事业心和责任感认真对待。坚持从基层做起，通过一点点的经验积累，丰富自身知识，提升自身工作能力，提高自己的执行力。

(4)以诚待人，乐于奉献，互利合作。毕业生到一个新的工作岗位之后，需要本着实事求是、以诚待人的态度与同事沟通交往，缩小与周围同事之间的距离；在自己受到委屈或误解时要胸怀大度、克制感情、冷静处理；工作中要乐于奉献，如果出现错误，应主动查找出错原因，主动承担责任；对别人的困难，以对方能接受的方式在力所能及的情况下施以援手，如此才能快速适应新的人际关系和工作环境，迅速赢得同事和领导的认可，也会获得他们的帮助，这对自身的成长大有裨益。

案例

王强究竟错在哪里？

王强大学毕业进入了一家私营企业，而他的个人梦想是进入世界五百强公司。为此，他打算通过在这家私营企业锻炼，加强自己的英语和管理能力，为实现以后的目标做准备。

可到工作岗位后，王强发现自己被公司安排进行销售方面的培训，他认为这与自己的个人目标相违背。于是，他对销售业务培训心不在焉，而是看一些英语和管理类的书，把精力集中在实现个人目标的努力上。由于阅历不深，王强还经常在同事面前炫耀自己的个人目标和职业理想，并说自己已经开始为进入外企而努力了。后来单位领导知道了王强的想法后，一些比较核心的工作都不再交给他，在培训和福利方面他也总被排在后面。

启示：像王强遇到的问题，在刚刚参加工作的毕业生身上时常发生。他们的个人目标往往过于远大，有的只能用“梦想”来形容。在个人目标与单位目标冲突很大的情况下，毕业生务实的做法应是先以单位目标为主，得到单位的认可，获得核心工作，得到锻炼、学到更多的经验，这样单位也才可能赋予新人更多的机会和资源，更有利于自身发展。

二、建立良好的职场第一印象

(一)衣着整洁，举止得体

毕业生上岗后穿着要比学生时期的衣装更加端庄，既体现年轻人的朝气又要符合职业特点。衣服不必价格昂贵，但要整洁大方，还要考虑与同事及工作环境相协调。要懂得基本职场礼仪，礼貌待人接物。职场有职场的规则，单纯的讲礼貌是不够的，身处其中，一言一行，一举一动都要符合职场规范。相信没有人愿意因为失礼而成为众人关注的“焦点”。

（二）工作负责，遵规守纪

工作之中无小事，任何疏忽和大意都有可能给单位和个人带来严重的后果。要本着高度的责任心，养成严谨的工作作风，高质量地完成每一项工作任务。要严格遵守单位的规章制度，尤其单位的作息规定。守时是现代社会对职场人的基本要求，必须克服喜欢睡懒觉、经常迟到等坏习惯，在学校这也许不会带来什么严重的影响，可是在职场中这却是成功的大忌。一般地，无论领导、同事多么宽容，也要提前10至20分钟到达工作岗位，可以做诸如打扫卫生、烧开水等类的事情。与上班准时相对应的是下班应该稍晚一些走。遇到必须提前走的情况，应该向领导请示，向同事打招呼，并把手头的工作交代清楚。不管提前的事由有多少，次数千万不可太多，否则理由再充分也容易引起别人的不满。

（三）积极进取，踏实肯干

从学生变成员工，主要任务虽不再是书本知识的学习，但知识的学习和积累并没有停步。新的学习任务应围绕与本职工作相关的内容展开。刚进入单位，大学生都处在同一起跑线上，刚参加工作谁都免不了不懂、不会，要多问、多学。谁的学习能力强，谁的适应过程快，就会在同事中脱颖而出。因此，在上岗的第一天起，就应该放下架子，主动找学长、同事交流，尽快熟悉单位文化、业务流程等，克服依赖心理，适应角色转变，逐步学会和习惯于独立自主地打理好一切，逐步做到自主地开展工作，并尽早地能在工作中独当一面。

（四）少说多做，注意细节

刚步入职场，难免觉得茫然。如果少说多做，注重细节，就能很快实现从学生角色到职场角色的华丽转身，树立良好的职业形象。有些职场新人和同事在一起时，说起话来往往没有顾忌。但是必须提醒的是：毫不避讳的发言往往会带来问题。任何一个单位加班加点都是不可避免的，如果恰好赶上，不可抱着不满或轻率的态度对待。如果是自己本职范围内未完成的任务，加班是理所当然之事，而假使这份任务是身边其他同事的，就应该主动询问对方是否需要帮助。要记住少说多做，细节决定成败。

以下方面可能有助于良好职场形象的树立：

1. 接听电话

不论是在机关、事业单位工作，还是在企业供职，接听电话都是日常办公必不可少的一项内容。接听电话一定要注意以下原则：保持礼貌；注意不要大声说话，要保持声音的沉稳、清晰；说话简洁扼要；注意记录电话要点，及时汇报。千万不要在单位经常打私人电话，如果是别人打进来应尽量缩短通话时间。

2. 安排工作

有条不紊地安排日常工作，掌握工作的整体概况。不要把目光集中在一项工作的某一特定细节而忽略全局，甚至真正重要的部分。善于借助同事的力量，大家协同配合地完成一项工作。了解自己的实力，譬如通常多长时间完成一项常规性工作，知道自己的能力极限，方可有效地掌控工作进度。

3. 工作记录

注意记好工作日记，这对于提高工作效率和工作能力都大有帮助。工作日记的基本内容包括：工作进度表（时间、地点、当事人、预期及完成情况）、扼要的内容、发现的问题或改善的意见，等。

4. 使用设备

学会操作办公室的日常设备。如，打印机、纸张粉碎机、纸张切割机等。很简单的一件事情往往能够体现出一个人对待工作的态度及办事效率。

案例

小许的尴尬

小许是80年代后出生的新新人类，在一家科技公司负责游戏栏目。小许是追赶时尚、跟随潮流的城市大男孩，一会儿跟随韩流，扎着花色头巾穿着肥大宽敞的韩装；一会儿又是街舞男孩的超酷打扮，打一个耳环，戴粗大的手链，好端端的牛仔裤子剪了好几个破洞，如此等等。总之，什么流行玩什么，什么时尚跟随什么。幸好科技公司环境宽松，同事大多是年轻人，也是着休闲装，小许也认为这是自己的个性、自己的风格，没什么不妥。一天，董事长不打招呼忽然而至，看到小许这一身超酷打扮，脸色十分难看，说，我还当我们公司来了夜总会歌手，或是街头艺术家呢。小许简直尴尬得恨不得立即找个地缝钻进去。

启示：当代年轻人玩个性、耍酷，这是个人喜好无可非议。然而，在工作中却不同了。所以，职场"新新人类"应注意，着装要看场合：酷装留在休闲时间，上班时间还是穿正式点。

三、建立和谐的人际关系

（一）正确处理与同事之间的关系

假如以每个人每天工作 8 小时来计算的话，人们从参加工作到正式退休，差不多一生 1/3 的时间都在跟同事相处。所以，同事关系对于一个人来讲是最重要的人际关系。对刚刚跨出校门的你来说，学会如何处理同事间的关系也是很重要的。

1. 低调行事

很多大学生朋友都认为，刚工作时一定要突出自己的能力，只有这样才能坐稳自己的位置。因此，有些人在工作中处处争强好胜，急于把自己的能耐表现出来。其实不然，一定要明白，欲速则不达，处处崭露头角只能引起同事的反感。再有能耐，在职场中也应该小心谨慎，即便帮助同事，也不要以强者的姿态出现，低调展现自己没错。

2. 相互尊重

相互尊重是处理好任何一种人际关系的基础，同事关系也不例外。同事关系不同于亲友关系，它不是以亲情为纽带的社会关系。亲友之间一时的失礼，可以用亲情来弥补，而同事之间的关系是以工作为纽带的，一旦失礼，创伤难以愈合。所以，处理好同事之间的关系，最重要的是尊重对方。和同事相处，要不卑不亢，谦恭有礼。遇到同事应主动趋前打招呼，如果距离较远，可点头示意。对同事的困难要表示关心。同事的困难，通常首先会选择亲朋帮助，但作为同事，应主动问讯。对力所能及的事应尽力帮忙，这样，会增进双方之间的感情，使关系更加融洽。

3. 含蓄竞争

面对加薪、晋升，应抛开杂念，不要耍手段、技巧，但决不放弃与同事公平竞争的机会。面对强于自己的竞争对手，不要嫉妒，应摆正自己的心态；面对弱于自己的竞争对手，也不要张狂自负。如果与同事意见有分歧，完全可以讨论，但切忌把讨论变成辩论赛。有时候，大家的意见不够统一，可以保留自己的意见，对于那些原则性不是很强的问题，没有必要争得你死我活。如果一味好辩逞强，会让同事们对你敬而远之。

4. 善解人意

同事之间相处，一时的失误在所难免。如果出现失误，应主动向对方道歉，征得对方的谅解。对双方的误会应主动向对方说明，不可小肚鸡肠，耿耿于怀。更不要在背后议论同事的隐私。隐私与个人的名誉密切相关，背后议论他人的隐私，会损害他人的名誉，引起双方关系的紧张甚至恶化，因而是一种不光彩的、有害的行为。

5. 参加活动

大学生初入职场，由熟悉的校园来到陌生的职场中，如果不能在较短的时间内融入团队，很容易会陷入孤独、寂寞之中。这时，积极参与集体活动是快速融入团队的有效方法。可以在活动中认识新同事、结交新朋友、熟悉新工作，从而确保心情愉快、工作顺心。

案例

都是嫉妒惹的祸

罗敏刚到一家大型企业上班，她是她们部门学历最高的，所以认为自己的能力也是最好的，常常在工作中表现出自满的情绪。有一天，部门主管给她分配了一个很简单的任务，可罗敏偏偏没能完成，后来求助于同事陈刚才顺利交差。为此，主管表扬了陈刚说：虽然陈刚学历不高，但操作能力强，大家都应该向陈刚学习……就这么一句表扬，罗敏心里很不是滋味，在以后的工作中，她总想挑陈刚的刺，出他的丑。可陈刚总是很坦诚地向她学习，并不生气。结果，时间久了，罗敏给同事们留下了嫉妒心强的不良印象，也因此在后来的主管选拔中，罗敏败给了陈刚。罗敏叹气道："嫉妒让我吃了不小的亏啊！"

启示：学历最高的罗敏本应在单位中最有竞争力，但是她却没有很好地运用好自己的优势，平时工作中骄傲自满又心胸狭窄，从而最终因不良的人际关系而在职场竞争中败下阵来。

（二）与领导相处的正确原则

与单位领导相处，分寸的把握非常重要：过于亲近，有阿谀奉承之嫌，会惹得同事们的鄙夷；过于疏远，则得不到重视，不利于个人的发展。那么，该怎样恰当处理与领导的关系呢？

1. 支持尊重不吹捧

处理事情时要充分尊重领导，维护领导的尊严。全力支持领导的工作，主动承担责任，为领导分忧解难，不故意与领导唱对台戏，有疑问可私下沟通。

2. 虚心请教有主见

不明白的地方要积极主动请教。该请示汇报的需请示汇报，不能依赖等待。当然，也不是事事都要请示汇报，要根据职责和分工来确定。

3. 积极主动不越权

积极主动，善于提出自己的意见，不能唯唯诺诺，四平八稳。

4. 听从指挥不自持

服从领导安排，听从领导指挥。但也不是领导说什么就是什么，领导说错了你也去做，但要尽量找机会与领导交换意见，表达自己的观点争取达成一致；达不成一致的要按照领导意见办。不能自持高明，对领导布置的任务不落实，甚至阳奉阴违。

毕业生初入职场，在较短的时间内与同事和领导建立和谐的人际关系，能有效消除孤独感和陌生感，为施展才能搭建舞台。

第三节　正确对待“跳槽”

案例

想象五年后的你

1976年的冬天，当时我只有19岁，在休斯敦太空总署的太空梭实验室里工作，同时也在总署旁边的休斯敦大学主修电脑。工作和学习几乎占据了我除了睡眠之外的全部时间。但是要是有多余的一分钟，我总是会把我所有的精力放在我的音乐创作上。我知道写歌词不是我的特长，所以在这一段日子里，我往往寻找一位善写歌词的搭档，与我一起合作创作。我的这位朋友名叫凡内芮。自从20年前离开德州后，就再也没有听过她的消息，但是她却在我的事业起步时给了我最大的鼓励。仅19岁的凡内芮在德州的诗词比赛中，不知得过多少奖牌。她写作的诗词总是让我爱不释手，当时我们的确写了许多很好的作品，一直到今天，我们还认为这些作品充满了特色与创意。一个星期六，凡内芮热情地邀请我到她家的牧场烤肉。她的家族是德州有名的石油大亨，拥有庞大的牧场。她的家庭虽然极为富有，但她的穿着，她虔诚待人的态度，更让我从心底佩服她。凡内芮知道我对音乐的执着。然而，面对那遥远的音乐界及整个美国陌生的唱片市场，我们一点门道都没有。此时，我们两个人坐在德州的乡下，根本不知道下一步该如何走。突然间，她冒出了一句话：“想象一下，你五年后在做什么？”我愣了一下，她转过身来，手指着我说：“嘿！告诉我，你心目中的‘最希望’五年后你在做什么，你那个时候的生活是一个什么样子？”我还来不及回答，她又抢着说：“别急，你先仔细想想，完全想好，确定后再说出来。”我沉思了几分钟，开始告诉她：“第一个五年后，我希望能有一张唱片在市场上，而这张唱片很受欢迎，可以得到许多人的肯定。第二，我住在一个有很多很多音乐的地方，能天天与一些世界一流的乐师一起工作。”

凡内芮说:“你确定吗?”

我慢慢极稳地回答,而且拉了一个很长的 Y—E—S!

凡内芮接着说:“好,既然你确定了,我们就把这个目标倒算回来。如果第五年,你有一张唱片在市场上,那么你的第四年一定要跟一家唱片公司签约。”

“那么你的第三年一定要有一个完整的作品,可以拿给很多很多的唱片公司听,对不对?”

“那么你第二年,就一定有很棒的作品开始录音了。”

“那么你第一年,就一定要把所有要准备录音的作品全部编曲、排练就位准备好。”

“那么你第六个月,就要把那些没有完成的作品修饰好,然后让你自己可以逐一筛选。”

“那么你第一个月就是要把目前这几首曲子完工。”

“那么你的第一个礼拜就是要先列出一个清单,排出哪些曲子需要修改,哪些需要完工。”

“好了,我们现在不就已经知道你下周要做什么了吗?”凡内芮笑着说。

“喔,对了。你还说你五年后,要生活在一个有很多音乐的地方,然后与许多一流的乐师一起忙着工作,对吗?”她急忙补充说:“如果你的第五年已经与这些人一起工作,那么你的第四年按道理就应该有你自己的一个工作室或录音室。那么你的第三年,可能已经住在纽约或是洛杉矶了。”

次年(1977),我辞掉了令许多人羡慕的太空总署的工作,离开了休斯敦,搬到洛杉矶。说也奇怪,不敢说恰好五年,但大约可以说是第六年了——1983 年,我的唱片在亚洲开始畅销起来,我的一天 24 小时几乎全部忙着与一些顶尖的音乐高手日出日落地一起工作。

每当我在最困难的时候,我会静下来问自己:“五年后,你‘最希望’看到你自己在做什么?”

如果你自己都不知道这个答案的话,你又如何选择或开路呢?别忘了,在生命中,上帝已经把所有“选择”的权力交给我们自己的手上了。

(转自 http://www.cnki.com.cn/Article/CJFDTotal-WBWB200612011.htm)

启示:如果你连自己要的是什么都不知道的话,那么上帝又如何帮你安排呢——不是吗?而在你旁边的人,再怎么热心地为你敲锣打鼓,“上帝”也只能给你一些慈悲的安慰。因为连你自己都没有清楚地告诉他,你要的是什么?那么你又岂能怪“上帝”没有为你开路呢?

不久前，麦可思发布的《2012年大学生就业报告》指出，2008届大学毕业生毕业3年内平均为2.3个雇主工作过，其中本科的平均雇主数为2.1个，低于高职高专毕业生的平均雇主数(2.6个)。广州某人力资源公司总经理也曾指出，他们通过对珠三角部分企业的调查发现，企业新招进的大学生一年后留下来的竟不到20%。为此，有媒体报道，如今部分企业为防止员工“跳槽”，竟扣押他们的毕业证、户口迁移证等证件。

青年大学生员工频繁“跳槽”，目的当然是寻求更好的个人发展前途。人往高处走，这固然没错，但是说起来容易，做起来难。“跳槽”是一门学问，也是一种策略。人们“跳槽”的目的是为了“吃”得更好，但也有可能比以前“吃”得更差。

面对是否“跳槽”的选择，职场新人如何决策？

一、深思熟虑，慎做决定

(一)深思熟虑，分清利弊

现实生活中，“跳槽”已经成为职场新人的一种普遍现象。或因待遇不高、对薪水不满；或因对职位不满意、职业发展受限；或因同事关系恶化、人际关系不如意；或因老板素质低、工作压力大；或因企业缺乏有效的激励机制、没有营造出一种留人的人文环境，等等。从一个公司到另一个公司，从一种工作换到另一个工作，从一个行业换到另一个行业……在职业发展的路上，“跳槽”是为了使自己的职业生涯获得较大的发展的手段之一，通过“跳槽”给自己重新发展的契机或提供发展的更好平台。在“跳槽”的念头刚从大脑中浮现出来的时候，我们就必须以一种绝对冷静、客观的态度来审视3个问题，千万不要盲目付诸行动：

首先，为什么“跳槽”？分析一下原因。最为稳妥的方法是找一个可以让自己平静下来的场所，而后在纸上分条逐点地列出自己想要“跳槽”的原因，并对所列出的原因做出客观的分析。如，困扰产生的根源、有无解决的办法、矛盾是否真的无法调解……再综合所有的分析结果做出是否“跳槽”的决定，切忌因一时冲动选择“跳槽”。否则就有可能造成损失。

其次，凭什么“跳槽”？应先考虑自身的条件，不要心急火燎地写辞职报告。应该认真地问自己：凭什么“跳槽”？换言之，就是要对自己的能力做出合理的客观的评估，对辞职后的发展做出严肃认真的思考。

再次，该如何“跳槽”？“跳槽”时既要有一定的策略，又不要有太大的跨度。否则，如果新的工作是个人能力不能胜任的职务，那这种“跳槽”无疑是一种冒险行为。

(二)珍惜工作，审慎行事

有些大学生刚走上工作岗位，稍微遇到一点困难，就抱怨组织，抱怨领导，根本不从自身寻找原因,缺乏克服困难的勇气。一不满意就意气用事,自谓"此处不留爷,自有留爷处"。有的大学生看到自己同届的同学在相似的工作岗位上拿的薪水比自己高,待遇比自己好,对环境状况不加分析,就见异思迁,结果越"跳"越差。

日本有一句著名的谚语:"滚石不生苔。"意思是:不断移动的石头底下是生不出苔藓来的。如果你想在某一领域有所成就,就必须在该行业内有所积淀。从基层做起,以积极主动的精神踏实工作。不断地改变职业看上去是在寻求更好的发展机会,但是也可能因此失去了机会。就像打井,这儿打一口,没有水,再换一个地方,结果打了几十口井也没打出来水。其实也许前面的一些地方只要向下再多打深一点就会有甘甜的井水喷涌而出。所以当你对工作不满意的时候,应该先理智的分析一下客观现状,不要怨天尤人,不要感叹怀才不遇,要珍惜每一次就业的机会。

对于"跳槽"一定要审慎行事,不要轻易做出盲目和冲动的决定。因为越是大企业越是重视员工的工作经历,频繁的"跳槽"往往被企业看作是忠诚度缺失,这样的人很难在企业有稳定的发展。除此之外,还会使过去积累的宝贵经验和工作经历白白浪费。时间成本、机会成本、金钱成本等都会造成损失。所以,如果只是因为一时一事的不满而"跳槽",还是要慎重行事;如果确实觉得现在从事的职业与自己的职业生涯规划不符,也应该先为后面的决定做出规划,再考虑往哪里"跳"。

(三)友情提醒,少走弯路

应该承认,总体上讲,"跳槽"是一次积极的自觉的职业再选择行动。因为,如果通过成功的"跳槽"找到了自己合适的岗位,会使你的职业生涯"柳暗花明又一村"。但是,一次失败的"跳槽"也能让你前功尽弃、功败垂成。如果一个人抱着"这山望着那山高"的态度"骑马找马",盲目地跳来跳去,往往会发现越跳越不满意,越跳薪水越少,甚至有些"杀驴找马"的人最后落到无业可就的地步。职业生涯的成就与"跳槽"有着密切的联系。为了让大学生们理性对待"跳槽",力争让每一次的"跳槽"都能推动职业生涯向前发展,成功人士提醒欲"跳槽"的人要力戒8种做法:

1. 头脑发热,意气用事;
2. 见异思迁,急于求成;
3. 心猿意马,挑肥拣瘦;
4. 金钱第一,斤斤计较;
5. 人走茶凉,不负责任;
6. 乘机发泄,诋毁中伤;
7. 过河拆桥,喜新厌旧;
8. 心怀不轨,以身试法。

案例

小王的烦恼

小王毕业后8年时间里，先后在5家企业工作过。在这8年间，他几乎每天都想着如何到另外一个新单位去上班，怎么能够得到更好的待遇，怎么让自己的职位得到快速的提升。由于不能专心工作，自然得不到提升，但他总觉得自己是怀才不遇，应该到更好的企业去工作，这样就形成了恶性循环。后来他又到处去找工作，几乎跑遍了自己所能去的每家企业。企业人力资源的主管一看其简历，没有一个愿意要他。其中一位人事主管非常坦诚地告诉他："我们对你的个人经验和能力都很满意，但根据你以往的就职记录，发现你对自己的工作不太珍惜，对工作和企业的忠诚度也不够，很抱歉，我们不敢录用你。"小王听了这些话，自言自语地说："要知道这样，我就不应该'跳槽'。现在仔细想想，其实以前的每一份工作都是挺不错的。可惜，唉……"

启示：从小王的经历可以看出，"跳槽"是一把"双刃剑"，它既可能对个人的价值产生立竿见影的促进作用，也可能使一个人几年下来的努力化为泡影。

二、把握策略，百战不殆

很多时候，毕业生在择业时受"先就业再择业"、"骑马找马"口号的影响，并没有清晰的就业定位，大多数随波逐流，因而就职后往往容易出现这样那样的问题。在这种情况下考虑"跳槽"，同样也会因为缺少全盘考虑而盲目选择。因此，在做出"跳槽"决定之前，准备工作要做到位：

（一）深入了解，选好单位

"好"单位通常有以下几个衡量指标：

1. 公司形象好

有的为业界的模范，如名牌公司，业内龙头自然声名远扬，只要成为其中一员，就会觉得无比的光荣。它收入稳定，旱涝保收。有时，小而精悍的公司企业也有非凡的声誉。一个规模虽小但业绩良好，充满生命力的单位，会让每一个人的价值都可以得到充分发挥，能力得到很大提高。

2. 员工优秀

一家用人单位各方面条件好，内部员工自然也人才济济，你也就有更多的学习机会,提高得也越快。这就如同各国参加奥运会的队友、知名乐队的队员,其中的每一个人都是精英,与他们一起工作,个人所能爆发的创造力是相当可观的。与这些高手“过招”,就算你起点水平很低,也会获得难得的经验,而这正是你以后发展所必需的。

3. 培训机会多

美国训练发展协会执行副总裁普拉特曾经说过:“对公司来讲,员工培训的制度比公司的有形资产更为可贵,一家公司单位是否生机蓬勃,重要的一方面就是它的员工培训计划安排得怎么样。”

4. 管理先进

如,有完善的定期考评制度及开明的管理方法,员工有良好的薪金待遇和晋升机会,企业文化与自己的个性吻合,等等。

5. 单位有活力

这是指单位有着旺盛的生命力和良好的发展前景。

案例

李兰的选择

李兰还是白领的时候就崇拜金领。那时候的崇拜很肤浅,他们的名牌西装、言谈举止,甚至公文包,在她眼中的意义都非同凡响。于是她下定决心,要在外企当金领。要在外企当金领当然不是那么容易的事情了,必须要语言过关。没有办法与外企老板进行深层次的交流,多强的能力也无济于事。过语言关最重要的就是敢开口讲话。她是个地道的“国产”学生,没有出国的留学经历,语言对她自然较难。幸运的是,她选择的公司是一家正在筹备阶段的外企,老板和员工之间不但没有距离,反而因为筹备阶段人手短缺而倍感亲切。尤其是他们主管的夫人还经常邀请她们到家里聚会。她当然不会放弃这种机会,每次都没话找话地拉着她们说个没完。没想到,一年下来,她英语沟通障碍已经完全消除了。

当时与她共事的还有一个中国人。他比她学历高,英语好,应该说比她有发展前途。可他觉得等待公司筹备的过程太漫长,简直是浪费人生,半年后他“跳槽”了。大概过了两年,李兰在一次招聘会上遇到了他。他说这几年他“跳”了四五次槽,始终没有找到合适的职位。他感叹,没想到坚守岗位的李兰已经成了高级主管。他说的一句话让李兰印象深刻:“跳”不好伤筋动骨。李兰说:“其实我很害怕,如果这几年也东挑西挑,我一定不是现在的我。还有,我觉得在大公司筹备阶段开始参与,成为有突出贡献的元老,也是很不错的发展捷径。”

启示：对比李兰和她的同事，虽然同事学历高、英语好，似乎更有发展前途，但是李兰却成功了。为什么？因为李兰能够沉下心来，在自己选择的有发展前途的公司坚持下去，并在工作中不断提升自己的各方面能力，而不是为了眼前利益盲目地跳来跳去。所以，她最终成为了公司有突出贡献的元老，找到了自己在职场中的合适位置。

（二）理性“跳槽”，避免盲从

在“跳槽”的过程中，应避免犯以下几种错误：

1. 盲目追求“热门”行业，或一味地追求进外企

有些人之所以选择“跳槽”，原因就在于感觉自己目前的工作不“热门”，不是外企，因此，选择“跳槽”去追求所谓的“热门”和外企。除非大家觉得某个所谓“热门”职业真正适合自己，不然的话不要轻易地选择加入，更不要指望一味地进外企。外企严格的管理制度、高强度工作压力……你能胜任吗？

2. “跳槽”的期望值不要太高

不要指望一下子就能够跳到更好的公司，不要一味地指望进大公司，不要一味地指望“跳槽”就能从员工一下子升到主管、经理。其实，绝大多数公司的中层都是从内部产生的。

3. 薪水和奖金不是衡量“跳槽”好坏的唯一标准

衡量“跳槽”好坏的标准是看该公司是否正处于发展时期，而且有很大的发展空间；该工作是否具有挑战性，是不是自己所希望做的工作；此工作会不会对你未来发展产生一定的影响。不要单把金钱作为“跳槽”的决定因素。

4. 不要指望一夜之间就能有彻底的改变

在没有对原工作做出深刻反省的情况下，盲目地“跳槽”，希望在另一个工作环境中寻找出路，是不可取的。实际上，“跳槽”者只有深刻反省在原工作单位的得失、成败才可能平复自己的工作心态，也才能在另一个工作领域得到新的发展。

5. 别人干得好不是“跳槽”的理由

不要因为自己的朋友、同学等干得出色便想加入他所从事的工作，要了解该行业是否适合自己，是否符合自己的职业规划。

（三）把握策略，成功起跳

“跳槽”是一门学问，也是一种策略。一旦决定“跳槽”，在实施过程中需要选择恰当的策略，以下是比较稳妥的做法：

1. 守口如瓶

“跳槽”是私人的决定，一定要尽力避免走漏风声。即使对自己最好的同事也要守口如瓶，原则就是：避免在你“炒”老板之前先被老板“炒”。

2. 知彼知己

查阅已与公司签订的劳动合同，明确自己是否受到违约金等条款的影响、离职手续办理的难易程度等，做到心中有数。

3. 收集信息

尽可能收集新公司的信息以及可能要求自己提供的材料等，做到有备无患。

4. 设计简历

可以寻求职业顾问的帮助，准备一份职业化的简历。有时候根据自己的工作经历和能力，借助猎头公司也不失为一种有效的策略。

5. 递交辞呈

向原公司递交辞职信，安排好离职过渡期。千万要记住一点：在拿到新单位录取通知后再递交辞职信。

6. 与人为善

虽然你应聘新单位成功了，虽然你可能“痛恨”原来的公司，但是也不要在背后恶言冷语。你哪天也许还会“用”到原来的公司，这谁也说不准。

三、掌握技巧，优雅转身

实际上，在选择“跳槽”前，一些成熟的职员已对自己的方向有了十足的把握，甚至可能是今天辞职，明天便到心仪的公司报到上班了。也就是说，在选择“跳槽”而来递交辞呈这段时间内，大家需要广泛而深入地去收集自己所能把握的就业机会，甚至可以利用休闲时间先联系单位，为“跳槽”消除一切不稳定的因素。只有感觉自己在离职后就业之前是很乐观的，这时，离职才是明智的。既然已经决定“跳槽”了，那就来个优雅的大转身，平稳地淡出原单位。

（一）适时请辞

为了让“跳槽”进行得更加顺利、和谐，需要把握时机适时向单位递交辞呈。如前所述，递交辞呈不可过早，也不可过迟。一般来说应在接到录用通知后和离开单位前这段时间内递交为宜。这样，原单位可以对个人离职后造成的岗位空缺及时进行人员调动，避免让原单位陷入措手不及的境地，也免去了既不被新单位录用又被原单位解聘的尴尬。

除了选择合适的时机而外，递交辞呈还应该注意以下方面：

1. 向直接领导辞职

辞职时，向直接领导递交辞呈，是辞职的惯例。越级、跨部门递交辞呈，除了会让直接领导陷入被动之外，还可能在辞职过程中遇到较大阻力，甚至可能遇到一些不必要的麻烦。

2. 面对面递交辞呈

递交辞呈时，最好选择面对面的方式。面对面地递交辞呈，是个人良好素质与修养的体现。

3. 简单阐述理由

向领导递交辞呈后，不要转身就走，而应该心平气和地阐述辞职的理由。当然，还应该感谢单位对自己的培养。

4. 心态平和

不要抱怨老板，不要指责同事，更不要指责单位。不论是在考虑“跳槽”之前，还是在准备辞职过程中，甚至在离开原单位之后，最好不要抱怨原来的老板，也不要去指责昔日的同事，而要持平和的心态。

（二）低调淡出原单位

从做出“跳槽”决定的那一刻时，个人就应该保持低调，为淡出单位作好准备。现实是，有些人在选择“跳槽”时唯恐天下不知，逢人便说、口无遮拦。这样做，非但达不到什么震动的效果，而且还可能带来不必要的麻烦，甚至影响到自己在新单位的发展。真正要做的事，只有两件：

1. 办好交接手续

(1)资料的整理与交接。将手头掌握的资料分类整理好，做到不遗失、不隐瞒，并直接交到下任工作人员手上。如果没有特殊情况，最好不要让他人转交，以防资料在转交时泄露。

(2)客户联系方式的交接。自己负责的客户联系方式，如电话号码、E—mail 都必须如实安全地做好交接。如有必要，还可以将离职的事实告知经常联系的客户，并向对方致谢。

(3)办公、生活用品的交接。使用属于公司财产的物品，离职前，最好做一份清单，并逐渐予以清点交接。

(4)经费的结算交接。如果离职前，手头还有属于公司的钱款，应及时清算上交。切记见钱眼开，因小失大。

2. 坚持“站好最后一班岗”

离职前，负责任的员工会比任何时候都认真地对待自己的工作。同时细心严格地清查好自己手中的多种材料并加以保管，直至把它交到下任工作人员手中。切忌带走原单位的一些重要资料。那种认为反正自己也要走了，便对手头的工作敷衍了事的行为是极不负责任的，也是不为职业规范所允许的。

（三）开始新生活

终于到心仪的新单位上班了，心情肯定愉悦，干劲十足。在这个时候，大家需要重新为自己定位。作为新人，在开始新生活的同时，需要记住：

1. 严格保护原单位的秘密

假如个人在原单位担任要职，或者不可避免地掌握了原单位的一些机密，不要把它当作讨好新单位的资本。当一个人面无愧色对新单位的领导大谈原单位的机密时，即使能够给新单位提供很大的帮助，也会让他失去可能升职的机会。因为新单位的领导会想：今天你把原单位的机密告诉我，明天就有可能把我单位的机密告诉别人。最终得出的结论是：此人不可重用。另外，还可能因机密的泄露陷入烦人的官司。

2. 积极融入新单位

新的单位、新的领导、新的同事、新的职位……“跳槽”后，一切感觉都是全新的，要在保持勤快、低调、谦逊的前提下尽快融入的新单位。面对新工作，不论本人是否熟悉，都要虚心听取他人的意见与看法，少发表议论；对安排下来的工作，要认真马上去完成，千万不可锋芒毕露，更忌讳光动嘴不动手，不然就容易给领导同事留下糟糕的印象；要在最短的时间内熟悉新的业务状况，尽快在新的公司里站稳脚跟，开始新生活。

初到新岗位的第一周，多帮别人的忙，低调地展现自己。这个时期，办公室可能会有许多关于新人的传言。在这一周内，你对那些传言不要太在意，照自己的步调生活、工作，对日常工作的操作方法要尽快熟悉、习惯。为了让自己更容易进入状态，切忌太突出，太与众不同。比起展现自己的能力，这一时期了解工作应更为重要。关于工作提案或自我表现，待一切熟悉后，便可以尽情发挥。

第二周把握工作流程，了解公司的期待。对转行“跳槽”的人而言，第二周时间内，最需要将有关的业务知识彻底了解。或许你会觉得很吃力，这是绝对必要的，主管会慢慢思考可以交给你何种任务。不过在这个时候别过于做作，自然表现自我即可。这一时期最重要的课题也就是把握工作流程并了解公司对自己的期待。

“跳槽”后的一个月内，试着了解上司和同事过去的经历，但是这是通过很自然的聊天交流获取的，切忌不分场合直接去了解上司和同事过去的经历，这样容易产生误会。而在这个时候，自己应该会有一些比较熟的同事了，聊天谈话切忌拿以前的公司来做比较。

第一个月过后，应该在工作上以独立操作为目标。可以好好回想自己这个月工作以来的得失，想想今后是否有需要改进的地方。把握好“跳槽”后一个月的操作期，你就会轻松的融入到新的工作环境了。

每次的转职都是人生重要的转折点，这个弯转得漂亮会让你下段职业生涯走得顺心如意。“跳槽”本身也是博弈。如果只有通过“跳槽”才能驶入职业发展的高速公路，那么“跳槽”势在必行；如果机会尚未成熟，那就要充分利用好现有的工作机会踏实为自己充充电。总之，无论哪个行业、哪个企业、哪个职位，实力才是竞争的核心。

练习与思考

1. 如何才能顺利实现从学生角色向职业角色的转变？
2. 建立和谐人际关系对于初入职场的大学生有什么重要意义？
3. 如何树立良好的第一印象？

参考文献

[1] http://edu.people.com.cn/GB/12281377.html
[2] http://www.newgxu.cn/html/2006-10/40934.htm

第九章

创业准备

美国《时代周刊》评论曾经有这样一段话："在21世纪，改变你命运的只有你自己，别期盼有人会来帮助你。从现在开始，学习、改变、创业是通往新世界的唯一道路。"心中有梦，希望相随。比尔·盖茨等成功人士的创业传奇事例，是同学们所熟知而向往的。然而，创业是不容易的，创业者的成功经验也是不能简单复制的。创业只是提供给广大毕业生一种职业发展的可能性，但并非每个人都能走上这条道路。机会总是留给有准备的人。既然要创业，就要有所准备。俗话说，不打无准备之仗，"知己知彼"，才能"百战不殆"。那么，创业需要做哪些准备？

本章学习要点

1. 创业应有的心理准备；
2. 创业需具备的知识；
3. 创业需具备的能力；
4. 如何打造创业团队。

第一节　创业心理准备

案例

驴子的故事

有一天农夫的一头驴子，不小心掉进一口枯井里，农夫绞尽脑汁想办法救驴子，但几个小时过去了，驴子还在井里痛苦地哀嚎。最后，这位农夫决定放弃，他想这头驴子年纪大了，不值得大费周折去救它。不过无论如何，这口井还是得填起来，于是农夫便请来左邻右舍帮忙一起将井中的驴子埋了，以免除它的痛苦。农夫的邻居们人手一把铲子，开始将泥土铲进枯井中。当这头驴子了解到自己的处境时，刚开始叫得很凄惨。但出人意料的是，一会儿之后这头驴子就安静下来了，农夫好奇地往井里探头一看，出现在眼前的景象令他大吃一惊：当铲进井里的泥土落在驴子的背部时，驴子的反应令人称奇——将泥土抖落在一旁，然后站到铲进的泥土堆上面！就这样，驴子将大家铲倒在它身上的泥土全数抖落在井底，然后再站上去。很快，这只驴子便得意地上升到井口，然后在众人惊讶的表情中快步地跑开了！

启示：就如驴子的情况，在生命的旅程中，有时候我们难免会陷入“枯井”中，会有各式各样的“泥沙”倾倒在我们身上。而想要从“枯井”脱困的秘诀就是：将“泥沙”抖落，然后站到上面去。事实上，我们在生活中所遭遇的种种困难挫折就是加诸在我们身上的“泥沙”，然而，换个角度看，它们也是一块块的垫脚石，只要我们锲而不舍地将它们抖落，然后站上去，那么即使是掉落到最深的井里，我们也能安然地脱困。本来看似要活埋驴子的举动，由于驴子处理困境的态度而变害为利，这也是改变命运的要素之一。如果我们以积极、沉稳的态度面对困境，助力往往就潜藏在困境中。

心理准备是创业活动中最重要的准备之一。创业是非常辛苦劳累的，更是一项复杂的商业活动。创业者面对的商业环境具有强烈的不确定性。特别是对于一个初创业者来说，在资金、人才、社会关系、原材料等方面，只要有一个环节出了问题就会陷入经营的困境；只要有一个关键的问题没有处理好，都不可能取得成功。所以，创业必须要敢于冒险，在心理上能够承受挫折。创业前要认真思考、反复评估，考虑成熟再行动。以下几个方面的问题，需要好好思考：

第一，准备创业的这个项目值得我去冒风险吗？

第二，如果创业，成功和失败的可能性是多少？

第三，我能控制风险吗？怎样才能使风险最小化？

第四，我能否承受挫折？我可以接受的损失底线是多少？

第五，是否能够放弃我已有的一切？

第六，我是否具备创业者应有的能力与素质？

第七，如果创办企业，还需要做哪些准备？

考虑清楚以上问题之后，再决定是否创业不迟。很多创业者由于创业前心理准备不够，匆匆忙忙进行创业，最后导致失败。

一、创业成功的关键——良好的心理素质

（一）自信心

自信是创业成功的基石。美国著名心理学家马斯洛认为：绝大多数人一定有可能比现实中的自己更伟大一些，只是缺乏一种自信。在日本的富士山上，有一所专门培养领导人的学校。这所学校有一项很特别的课程，就是每天出操。上课时学生都要大声地连续呼喊："我能行！我能行！"这所学校的创办人认为：一个成功的人，一定要有"我能行"这样一种强烈的成功意识和自信。自信是建立在对自己有充分的了解、对事情有充裕的准备、对环境有充足的认识的基础之上的，相信自己的愿望或设想一定能够得到实现的一种心态。通俗地说，自信就是结果还没有实现时自己先相信，以至于最后让自己看到结果作为回报。有志于创业的大学生，一定要注意培养自信心。

自信会产生一种心理暗示，这种暗示会给自信者一股无形的力量，使人可以克服平时克服不了的困难。心理学研究表明，在每个人的意识里都存在一个理想的积极的自我形象。但是这个理想的自我形象，并不是总能够主宰和指导自己的行为。因为，同时存在于意识中还有一个消极的瞬息万变的自我形象，它会干扰积极的自我做出决定。心理学者曾经挑选了一些运动员做实验。他们要这些运动员做一些别人无法做到的运动，还告诉他们，因为他们是国内最好的运动员，因此他们可以做到。随后这些运动员被分成两组。第一组到达体育馆后，虽然尽力去做，但还是做不到。第二组到达体育馆后，研究人员告诉他们，第一组已经失败了，并对他们说："你们这一组跟前边那一组不同，我们研制了一种药，会让你们可以达到超人的水准。"结果，第二组运动员吃了药丸以后，果然完成了那些困难的练习。事后，研究人员才告诉他们，他们吃的药丸其实是由没有任何药物成分的面粉制作的。第二组的运动员之所以能够完成那些困难的练习，是因为他们相信自己一定可以做到。这就是积极的心理暗示所产生的效果。

（二）坚定的恒心

"古之成大事者，不惟有超世之才，亦必有坚忍不拔之志"。在创业过程中，困难、挫折甚至失败是在所难免的。能否从挫折和失败中重新站起来，是创业者取得创业成功的一个重要因素。大学生如果具有坚定的恒心，在整个创业过程中就能调节自己的行动和精神状态，克服困难，战胜挫折，取得成功。

据统计,发达国家每年有上百万的新企业诞生,其中只有一半能坚持18个月,而仅有1/5能生存10年以上。产业中充满了压力、风险,大学生要培养坚强的意志和坚定的恒心,要敢于承担责任、敢于冒险,不怕失败,要有失败之后东山再起的勇气。

(三)独立思考、判断,善于与人合作

独立性是创业者最基本的个性品质。这种品质主要体现在以下三个方面:一是自主抉择,即在选择人生道路、选择创业目标时,有自己的见解和主张;二是自主行为,即在行动上很少受他人影响和支配,能按自己的主张将决策贯彻到底;三是行为独创,即能够开拓创新,不因循守旧,步人后尘。

创业活动尽管是个体的实践活动,但其本质是社会性的活动,是在人与人的交往、配合、协调中发生、发展并且取得成功的。因此,创业者具有独立性品质的同时还应善于与人交流、合作。大学生在创业过程中,需要和各种人打交道。要干成一番事业,需要学会合作与交往。要注意培养团队精神,在工作中善于团结人,让合作者感觉心情愉快。沟通能力常常直接影响一个人的管理能力、协调能力和组织能力。在创业过程中,通过语言、文字等多种形式与周围的人们进行有效的交流与沟通,可以提高办事效率,增加成功的机会。在创业过程中,需要与顾客打交道,与公众媒体打交道,与外界销售商打交道,与企业内部员工打交道,这些交往、沟通,可以排除障碍,化解矛盾,降低工作难度,增加信任度,有助于创业的成功。

(四)善于调控情绪,保持乐观心态

当我们大学生开始创办自己企业的时候,要面对许多困难,这要求我们要善于调控自己的情绪,保持乐观的心态,能够在紧迫的环境压力下泰然自若,举重若轻。

美国心理学教授戈尔曼在《情绪智力》一书中指出:“乐观是最大的活力。”学会调控情绪是做好工作的一个重要条件。乐观的人能够自我激励,能寻求各种方法实现目标,面对困境时能自我安慰,能将艰巨的任务分解成容易解决的小部分。

(五)克服盲目冲动和私利欲望

市场是有情的,也是无情的。面对市场创业者要克制、有理智,各种经营活动都必须在理性的思考之后才能采取行动,切忌盲目冲动。克制是一种积极的有益的心理品质,它可使人积极有效地控制和调节自己的情绪,使自己的活动始终在正确的轨道上进行,不会因一时的冲动而引起缺乏理智的行为。

创业者在创业过程中要自觉接受法律的约束,合法创业、合法经营、依法行事。要自觉接受社会公德和职业道德的约束,文明经商、诚实经营、互助互利。当个人利益与法律和社会公德相冲突时,要能克制个人欲望,约束自己的行为。

（六）敢于行动、勇于承担风险

在市场经济大潮中，机会与风险共存。只要从事创业活动，就必然会有风险伴随，且事业的范围和规模越大，取得的成就越大，风险越大。立志创业，必须敢闯敢干，有胆有识，才能变理想为现实。只要瞄准目标，判断有据，方法得当，就应敢于实践，敢于冒险。当然敢为不是盲目冲动、任意妄为，不能凭感觉冲动冒进，而是建立在对主客观条件科学分析的基础上的。成功的创业者总是事先对成功的可能性和失败的风险性进行分析比较，权衡利弊，选择那些成功的可能性大而失败的可能性小的目标。

案例

三个不同的选择

有一个故事是这样的：三个人要被关进监狱三年，监狱长满足他们三人一人一个要求。美国人爱抽雪茄，要了三箱雪茄；法国人最浪漫，要一个美丽的女子相伴；而犹太人说他要一部与外界沟通的电话。三年过后，第一个冲出来的是美国人，嘴里鼻孔里塞满了雪茄，大喊道："给我火，给我火！"原来他忘了要火。接着出来的是法国人，他手里抱着一个孩子，美丽女子手里牵着一个小孩子，肚子里还怀着第三个。最后出来的是犹太人，他紧紧抓住监狱长的手说："这三年来我每天与外界联系，我的生意不但没有停顿，反而增加了200%，为了表示感谢，我送你一辆劳斯莱斯！"

启示：这个故事告诉我们，什么样的选择决定什么样的生活。今天的生活是由三年前我们的选择决定的，而今天我们的抉择将决定我们三年后的生活。而就创业者而言，最初的创业选择和动机能直接决定以后的创业结果。

二、创业成功需具备的心态

（一）成功心态

我们努力了事情不一定成功，但是我们不努力事情一定不能成功。成功心态不仅仅指对胜利的渴望，它是一个人证明自身价值和团队价值的一种积极的心态。成功不是事情结果的实现，而是在创业过程中不断地超越自我，提取成功要素、不断学习和思考的过程，它是激励我们持之以恒的必备心理。

（二）积累心态

我们不和别人竞争现在的基数大小，那是我们无法更改的。但是，我们可以通过积累，让自己在实践中时时进步。积累自己的资源，积累自身的社会价值，积累自己的资金用度，培养自己不断战胜困难、挫折的心理。面对强劲的对手时，通过积累，在成长中战胜对手。

（三）合作心态

一个人的力量是有限的，我们需要有志同道合的合作伙伴。他们不是因为金钱利益简单地走到一起，而是因为对对方的彼此认可、对事业的信心、对燃烧激情的执着走到一起。

（四）感恩心态

事业的成功需要感谢某些人，包括自己。真诚的感谢那些帮助过你的人。他们在过去可以帮助你，在以后同样也可能帮助你，感谢他们不是因为其他什么，只是因为你自己的心让你那么做。

（五）快乐心态

享受创业带给自己的快乐，这是每个经历过的人们最大的乐趣。面对成功和失败我们快乐面对，让自己快乐，让身边的人快乐，让你所想服务的人快乐，这样你不想成功都难。

案例

谢永强成功靠什么

《乡村爱情故事》中的谢永强经营果园经历了无数次的挫折。当他把水渠修到水库边时，水库居然没水了。没办法，谢永强只能请人在山上打井。打井前王技术员勘测时明明是有水，可井打了好深却怎么也出不了水。他的行为遭到他亲人的反对和指责，而他并没有放弃，依然继续坚持下来，终于打出了温泉。可这时他的老同学王兵却想以抵债的形式强占他的果园。面对家庭、婚姻爱情和债务等多方面的压力，谢永强没有低头。他坚强地面对所有困难，最后成功了。

启示：试想，如果谢永强自己都不相信自己，那么王技术员还能跟他干下去吗？如果他不坚强，那么面对一次次的挫折他能坚持下来吗？如果他没有一定的胆识，他能冒那么大的风险贷款几十万吗？如果他不理智地思考问题，面对家人和爱人的劝说他能不动摇吗？如果……可见，谢永强确实具备了良好的心理素质，这才使他能够从容地面对种种困难与挫折，最终使自己的创业"柳暗花明又一村"。

第二节 创业知识准备

案例

女大学生养猪挣回五千万

一个靠借钱读完大学的女大学生，毕业后放弃令人羡慕的留校机会，跑去养猪。经过7年的积累发展，这位"养猪姑娘"身价已达5000万。

30岁出头的燕君芳，是陕西杨凌本地人。1998年，她从西北农业大学（西北农林科技大学前身）畜牧兽医专业毕业。由于家境贫寒，这个农家女为完成学业欠下了不少的外债。为了更快地还债，毕业后她放弃了留校当老师的机会，在杨凌干起了饲料加工销售。2001年6月，燕君芳决定利用自己在大学学习到的畜牧兽医知识，开始养猪。经过几年时间的发展，燕君芳建立起了大型种猪繁育基地和养殖基地，年出栏30万头商品猪，并形成了"饲料生产→种猪繁育→商品猪养殖→猪肉深加工→猪肉食品连锁专卖"一体化经营模式，年产值上千万元，并带动杨凌当地5000农户走上了富裕的道路。

2005年12月，燕君芳被共青团中央和农业部授予首届"全国优秀青年乡镇企业家"荣誉称号。2006年年初，燕君芳又被评为陕西省十大杰出青年。

启示：燕君芳成功创业的关键是什么？一个靠借钱上完大学的农家女，如今却拥有超过5000万元的资产。可以用燕君芳自己的话总结："我的成功，靠的是扎实的专业知识和不成功不罢休的执着信念。"

创业者即使具备了创业意识，也只是为创业指引了方向。想要创业，只有良好的愿望是不够的。要真正实现创业目标还得靠真本事、过硬的本领，必须具备相应的创业知识与能力。曾经有记者问李嘉诚："今天你拥有如此巨大的王国，靠的是什么？"

李嘉诚回答道:“依靠知识”,并且他毫不犹豫地告诉年轻人:“知识决定了命运。”专业知识是创业成功的基本条件,而非专业的综合性知识(社会技能、方法论等方面的知识)等对成功创业也起着至关重要的作用。

一、专业知识

创业者要想成功创业,尽可能选择自己擅长的行业,因为在这个行业,创业者往往具有丰富的专业知识。专业知识是指与创业目标直接相关并发挥作用的知识体系,是对本领域研究对象或工作起直接指导作用的理论体系。在形式上表现为某种性质或类别的学科知识,如自然科学和社会科学方面的知识。专业知识对于创业者确定创业目标有直接作用。可以说,专业知识就是对某一领域内事物发展规律的概括和总结。掌握的专业知识越多,创业活动就能越有效地开展。综观近年来在高科技领域取得成功的创业者,无一不具有深厚扎实的专业知识。

二、非专业知识

(一)管理知识

首先,学会管理自己、管理时间。

管理自己,就要给自己制订严格的行程表和学习进度表,有计划地创造和学习。学会管理时间,减少应酬的时间,至少在创业初期应严格执行。同时,不要对整个公司运作的程序全盘管理,要了解来龙去脉,减少细节的跟踪。如果一个企业家把太多的时间花在每个人都能胜任的日常工作上,而从来不考虑老板应做的战略计划及高层次的管理工作,那么其代价有时是致命的。如果你允许其他人做决定的话,他们也许会做得很好。他们也许会犯错,但他们可以学习而且下一次会做得更好。

其次,学会管理团队,带好“班子”。

要在你的能干员工中找到“伙伴”,来合作做生意,但事先应该有一个书面的协议,写明双方应承担的权利和义务。通常,双方应能为公司的发展带来不同的经营办法、经验或其他相关的优势。友情不能维持合伙关系,事实上,生意上的合伙关系很容易破坏多年的友情。合伙要想成功、愉快,必须在合伙之前先写好协议。如果是两个意见经常相悖者合伙,更应该有书面协议。

建立高效的管理团队必须遵循以下几项原则:

(1)聘请有经验的人员;

(2)选择素质较高的人;

(3)力图使其拥有的经验和才能适应公司的环境;

(4)尽量到你过去共过事的朋友中去寻找;

(5)管理层的人数要尽可能少;

(6)盯住目标——利润才是最终目的。

再次,学会招贤纳士,留住人才。

招聘最好的人才将会给公司带来比你付出的高薪多得多的利润和好处。因为,如果你的员工是一流的,那么你的公司便也成了一流的。老板必须清楚公司需要什么样的员工,并且让公司的每个员工都知道自己的职责范围,同时要培养他们的团队精神,使之与其他员工默契配合。能做到这一点,费点时间和精力也是值得的。这样不仅有利于老板明白自己需要什么样的人才,还有利于公司吸引人才。一般来说,部门经理要在自己公司内部选拔,而优秀的销售员和市场营销人员则需要到竞争对手的公司里去聘请。

最后,学会管理公司,创建制度。

企业从创办的第一天起,就应该有书面的规章制度。没有任何规章制度的公司,只会落到举步维艰的境地。规章制度最大的好处是:使每个人都处在相同的行为准则下朝着共同的目标前进。如果不制订这个准则,指明这个方向,那么员工就会自行其是。

(二)财务知识

财务专家麦劳维兹说,创业就是勤俭持家,创业者必须改变大手大脚的习惯。很多经营者每天忙着开拓业务。但是在忙碌中却忘了注意一些公司的长远发展问题,以至于到最后问题已经严重到病入膏肓,才猛然醒悟。其实,只要养成习惯,定期注意一些简单的财务报表,就能够掌握公司的发展趋势。一旦出现轻微的问题,就可以立即处理。

如果你平日只看利润表,这中间可能潜藏很多隐患。例如,有家公司虽然营业额和利润不断提高,但销售量其实在下跌,市场占有率在萎缩。营业收入之所以增长,是因为产品调价的关系。因此,必须定期追踪销售量,才能清楚地掌握公司的业务状况。

小测试:测试你的理财意识

1. 你现在手头上有多少钱?( )

A. 精确地知道　　B. 知道个大概　　C. 完全没概念

2. 你知道多少投资项目?( )

A. 5个以上　　B. 2～5个　　C. 只知道放在银行生利息

3. 你的钱主要用在哪里?( )

A. 全存在银行　　B. 全花光　　C. 做了好几项投资

4. 你清楚每个月花掉的钱吗?( )

A. 心中没数　　B. 不透支就不管　　C. 有计划

5. 买大件商品时你会怎么做？（　　）

A. 货比三家，全面搜集资料　　B. 选品牌　　C. 能用就行

6. 逛商场时你会有怎样的表现？（　　）

A. 狂买很多东西，回家才发现很多都是没用的

B. 大致买些需要的东西，随性而行

C. 有计划地购买，巧妙地利用打折

7. 别人给你好看的旧衣报时，你会怎样？（　　）

A. 欣然接受　　B. 勉强收下，但不穿

C. 怕面子上不好看而坚决不收

8. 对于请客吃饭你的看法是？（　　）

A. 量力而行，不给自己添负担　B. 在可操纵的范围内，尽量挑好的

C. 为了面子不管口袋，借钱也得请

9. 买房时你会如何筹钱？（　　）

A. 按揭买房，量入而出　　B. 攒钱一次付清

C. 看中就买，不够就找人借

评分标准：

1. A—2 B—1 C—0　　2. A—2 B—1 C—0　　3. A—0 B—1 C—2

4. A—0 B—1 C—2　　5. A—2 B—1 C—0　　6. A—0 B—1 C—2

7. A—2 B—1 C—0　　8. A—2 B—1 C—0　　9. A—2 B—1 C—0

测评分析：

0—4 分，建议你不要着急掌管钱袋子，还是先仔细读几本理财类书籍和杂志，因为对于理财，你还需要学习很多东西。

5—9 分，恭喜你已经意识到钱是需要费心打理的，但你也需要多关注你的钱袋子，多看看周围的人是如何管理自己的资源的，你的理财能力有待进一步提高。

10—13 分，你已经具有一定的理财能力，但有些地方你却不太在意。如果你对花出去的每一块钱都多一份关注的话，会发现原来你身边还有不少资源有待开发呢！

14—18 分，你的理财能力非常强，你懂得如何充分利用身边的资源，使其发挥最大作用。

（三）市场营销知识

在创业过程中，企业将拥有的技术、产品用创新的营销方式推向市场，让消费者更快地了解、接受，才能真正地让企业生存和不断地发展壮大。在新的市场条件下，传统的营销方式已经不能适应目前的顾客需求，必须采取创新的营销方式。

1993 年，美国西北大学教授舒尔茨等人提出联合营销理论，主张把企业的一切营销和传播活动，如促销、广告、公关、宣传、新闻、营销网络、包装装潢、CI 策划、产品开发、售后服务等进行一体化的整合重组，让消费者从不同的信息渠道获得对某一品牌的一致信息，以增强品牌诉求的一致性和完整性。对信息资源实行统一配置、统一使用，提高资源利用度，使一切营销活动和传播活动有了更加广阔的空间。这一理论被认为是 21 世纪企业竞争制胜的关键。整合营销作为企业进行市场战略决策的指导思想，主要强调以下几点：一是以顾客为导向，满足消费者对一种产品的全部需求；二是满足消费者不断变化的需求；三是满足不同消费者对不同产品的需求；四是双向沟通，树立新的营销传播理念；五是长期发展与长期利润概念；六是适应环境，发挥竞争优势。

(四)法律知识

在创业的道路上必然会遇到法律问题。不论创业的形式如何，企业从事经营活动，必须到工商行政管理部门办理登记手续，领取营业执照。如果从事特定行业的经营活动，还须事先取得相关主管部门的批准文件。创立企业需要了解的法律知识涉及方方面面。

有创业意愿的大学生应该尽早了解如下各种相关法律：

基本法律：《民法通则》、《合同法》、《担保法》、《票据法》；

公司企业法律：《公司法》、《合伙企业法》、《个人独资企业法》、《中小企业促进法》、《企业登记管理条例》、《公司登记管理条例》；

劳动法律法规：《劳动法》；

知识产权法律：《著作权法》、《商标法》、《专利法》；

公司企业税法：《企业所得税暂行条例》、《增值税暂行条例》、《营业税暂行条例》、《税收征收管理法》。

随堂小测试：

以下是与大学生利益最相关的劳动法内容，试试看，您的正确率是多少？(60%以下就要加强学习了！)

1. 最新的《劳动合同法》颁布实施于(　　)。

A. 2007 年 7 月 11 日　　B. 2007 年 7 月 20 日

C. 2008 年 1 月 1 日　　D. 2008 年 7 月 20 日

2. 某公司安排工人国庆节期间上班。根据《劳动法》，该公司应支付其工资报酬不低于原工资报酬的(　　)。

A. 100%　　B. 150%　　C. 200%　　D. 300%

3. 根据《劳动法》规定，因特殊原因需要延长工作时间的，在保障劳动者身体健康的条件下每日不得超过( )。

A. 1 小时　　B. 2 小时　　C. 3 小时

4. 属于劳动合同必备条款的是( )。

A. 职业培训　　B. 劳动保护　　C. 劳动纪律　　D. 试用期限

5. 根据《劳动合同法》第三十五条规定,变更劳动合同,应该采取( )形式。

A. 书面　　B. 口头

6. 若用人单位未与员工签订劳动合同,则员工工作 1 个月到 1 年内必须支付给员工规定工资的( )。

A. 1 倍　　B. 2 倍　　C. 3 倍　　D. 4 倍

7. 不属于《劳动法》规定的员工保险的是( )。

A. 基本养老保险费　　B. 基本医疗保险费

C. 失业保险费　　D. 意外伤害保险

8. 根据《劳动合同法》第十九条的规定,试用期最长不得超过( )。

A. 3 个月　　B. 6 个月　　C. 12 个月

9. 根据《劳动合同法》第十四条的规定,用人单位自用工之日起满( )不与劳动者订立书面劳动合同的,视为用人单位与劳动者已订立无固定期限劳动合同。

A. 1 个月　　B. 6 个月　　C. 12 个月

答案:1. C 2. D 3. C 4. B 5. A 6. A 7. D 8. B 9. C

第三节　创业能力准备

案例

普通高中生成销售总监,大学生屡换工作

刘某,安徽蚌埠人,27 岁的女孩,高中毕业,现为一家在全国 200 多座城市建立了 300 余家汽车销售连锁店、销售总量达 10.7 万辆、净资产过亿的汽车公司的销售总监,年薪 60 万。而她竟是一个普通的高中生。

一个普通的高中生,凭什么登上总监宝座,成为“淘金女皇”的呢?刘某高考落榜后,就来京求职,找到在一家汽车销售公司做前台接线员的工作,后来又被安排到办公室做文职工作。一年后,该公司因代理一个重要品牌出现质量问题被中央台曝光,濒临倒闭。当时她偷偷去过别的汽车销售公司应聘,但被该公司资源部负责人讥讽说:“你连大学门槛都没迈进一步,凭什么来我们这里上班。”也正是因为这件事,激发了她刻苦钻研汽车销售技

巧、汽车产品知识的决心。通过几年的摸爬滚打，使她在汽车销售上积累了丰富的经验，创下了 5 个月销售 476 辆车的记录，因此她被提升为主管。之后，又被总经理送到北大 MBA 班培训学习，还被派到德国学习汽车销售管理经验，最后被任命为销售总监。

杨某，山西五台人，1998 年毕业于山西财经大学，毕业后就职于山东某市人事局，因不满意于机关"朝九晚五"的生活及薪资，跳槽到北京一家科技发展有限公司任销售部经理销售医疗产品。两年下来业绩平淡，自以为不是干这行的料，现再次步入职场，准备再寻找一份满意的工作。

通过刘某和杨某两人的故事，你认为什么是能力？学历能否代表能力？

启示：刘某和杨某不同的起点和不同的结果说明：学历只能说明一个人具有某一学习经历或者说具有某一专业的系统知识，它不完全代表一个人在具体岗位上的能力。求职应根据自己的实际情况，确定目标，始终坚持。可以说学历是成功的基础，经历是能力的源泉，而能力才是成功的关键。由此看来，招聘单位强调所聘人员需要有多少年相关工作经验不无道理，而大学生拿着一纸文凭居高不下也是很失策的。

创业能力是一种综合能力，与创业的成败直接相关。它既包括专业能力也包括经营管理能力，既包括创新能力、学习能力、认知能力、信息处理能力，也包括人际沟通能力、社会协调能力、公关能力等。创业除了必备的专业能力，还应培养以下的几种能力。

一、创业能力的要素

（一）决策能力

决策能力是创业者根据主客观条件，因地制宜，正确地确定创业的方向、目标、战略以及具体选择实施方案的能力。决策是一个人综合能力的表现，一个创业者首先要成为一个决策者。创业者的决策能力通常包括：分析、判断能力和创新能力。大学生要创业，首先要对众多的创业目标及方向进行分析比较，选择最适合发挥自己特长与优势的创业方向。在创业的过程中，从错综复杂的现象中发现事物的本质，找出存在的真正问题，分析原因，从而正确处理问题，这就要求创业者具有良好的分析能力。所谓判断能力，就是能从客观事物的发展变化中找出因果关系，并善于从中把握事物的发展方向。分析是判断的前提，判断是分析的目的，良好的决策能力是良好的分析能力和果断的判断能力的结合。创业实际就是一个充满创新的事业。所以,创业者必须具备创新能力,有创新思维、无思维定势,不墨守成规,能根据客观情况的变化,及时提出新目标、新方案,不断开拓新局面,闯出新路子。可以说,不断创新是创业者不断前进的关键。

(二)经营管理能力

经营管理能力是指对人员、资金的管理能力。它涉及人员的选择、使用、组合和优化;也涉及资金聚集、核算、分配、使用、流动。经营管理能力是一种较高层次的综合能力,是运筹性能力。经营管理能力的形成要从学会经营、学会管理、学会用人、学会理财几个方面去努力。

1. 学会经营

创业者一旦确定了创业目标,就要组织实施,为了在激烈的市场竞争中取得优势,必须学会经营。

2. 学会管理

学会管理首先要学会质量管理,要始终坚持质量第一的原则。质量不仅是生产物质产品的生命,也是从事服务业和其他工作的生命。创业者必须树立牢固的质量观。其次要学会效益管理,要始终坚持效益最佳原则,效益最佳是创业的终极目标。可以说,无效益的管理是失败的管理,无效益的创业是失败的创业。做到效益最佳要求在创业活动中人、物、资金、场地、时间的使用,都要选择最佳方案运作。做到不闲人员和资金、不空设备和场地、不浪费原料和材料,使创业活动有条不紊地运转。学会管理还要敢于负责,创业者要对本企业、员工、消费者、顾客以及对整个社会都抱有高度的责任感。

3. 学会用人

市场经济的竞争是人才的竞争。谁拥有人才,谁就拥有市场、拥有顾客。一个学校没有品学兼优的教师,这个学校必然办不好;一个企业没有优秀的管理人才、技术人才,这个企业就不会有好的经济效益和社会效益;一个创业者不吸纳德才兼备、志同道合的人共创事业,创业就难以成功。因此,必须学会用人。要善于吸纳比自己强或有某种专长的人共同创业。

4. 学会理财

学会理财首先要学会开源节流。开源就是培植财源。在创业过程中除了抓好主要项目创收外,还要注意广辟资金来源。节流就是节省不必要的开支、树立节约每一滴水、每一度电的思想。大凡百万富翁、亿万富翁都是从几百元、几千元起家的,都经历了聚少成多、勤俭节约的历程。其次,要学会管理资金。要把握好资金的预决算,做到心中有数。要把握好资金的进出和周转,每笔资金的来源和支出都要记账,做到有账可查。另外还要把握好资金投入的论证，每投入一笔资金都要进行可行性论证，有利可图才投入，大利大投入、小利小投入，保证使用好每一笔资金。总之，创业者心中时刻装有一把算盘，每做一件事、每用一笔钱，都要掂量一下是否有利于事业的发展，有没有效益，会不会使资金增值，这样才能理好财。

（三）交往协调能力

交往协调能力是指能够妥善地处理与公众之间的关系，以及能够协调下属各部门成员之间关系的能力。创业者应该做到妥当的处理与外界的关系，尤其要争取外界，如政府部门、工商以及税务部门的支持与理解。同时，要善于团结一切可以团结的人，团结一切可以团结的力量，求同存异共同协调发展，做到不失原则、灵活有度，善于巧妙地将原则性和灵活性结合起来。总之，创业者处理好人际关系，搞好内外团结，才能建立一个有利于自己创业的和谐环境，为成功创业打好基础。

交往协调能力在书本上是学不到的。它实际上是一种社会实践能力，需要在实践活动中学习，不断积累总结经验。这种能力的形成需要从以下几个方面努力：一是要敢于与不熟悉的人和事打交道，敢于冒险和接受挑战，敢于承担责任和压力，对自己的决定要充满自信和希望。二是养成观察与思考的习惯。社会上存在着许多复杂的人和事，在复杂的人和事面前要多观察多思考。观察的过程实质上是调查和获取信息的过程，观察越仔细，掌握的信息就越准确。观察是为思考做准备，观察之后必须进行思考，做到三思而后行。三是处理好各种关系。处理好各种关系一个很重要的方面就是要善于应酬。应酬是职业上的“道具”，是处事待人接物的表现。心理学家称：应酬的最高境界是在毫无强迫的气氛里，把诚意传达给别人，使别人受到感应，并产生共识，自愿接受自己的观点。搞好应酬要做到宽以待人、严于律己，尽量做到既了解对方的立场又让对方了解自己的立场。协调交往能力并不是天生的，也不是在学校里能很快就形成的，而是走向社会后慢慢积累、逐步学习和实践形成的。

上述三个方面的能力中，每一项均有其独特的地位与功能，任何一项能力都会影响其他能力的形成和发展，影响交往协调能力的发挥，乃至影响创业的效果。因此，一个未来的创业者，不仅要注意在环境和教育的双重影响下培养自己的创业素质，更要重视其整体结构的优化，在创业实践中不断提高自身的创业素质。

二、提高创业能力的方法

案例

奥普浴霸的成功秘诀

方杰做奥普浴霸，大家觉得那么容易，好像是一蹴而就似的。其实早在澳大利亚留学时，方杰就有意识地到澳大利亚最大的灯具公司“Light up”公司打工。当时他还不懂商业谈判，他知道自己的缺陷，很希望学会谈判的本领。他知道他当时的老板是一个谈判高手，所以每当有机会与老板一起进行商业谈判的时候，他总是在口袋里偷偷揣上一个微型录音机，他将老板与对方的谈判内容一句句记录了下来，然后在回家偷偷地听，揣摩、学习，看看老板是怎样分析问题的，对方是怎样提问，老板又是怎样回答的。他就这样学习，几年以后也成了一个商业谈判的高手。最后老板退休了，把位子让给了他。到了 1996 年，方杰已经差不多成了澳洲身价第一的职业经理人。之后他不想再当打工仔，于是回国创业，最终成就了奥普浴霸。

启示：方杰的奥普浴霸就是在这样的基础上做成的，方杰并不是一个天生的生意人。方杰的学习精神，成就了他的事业。

(一)善于学习

善于学习是现代人必备的素质。在今天这个知识经济时代，新知识、新技术如雨后春笋般日新月异。如果我们认为在学校里已学到了不少东西而放松学习的话，我们就要落后，而落后是要被淘汰的。因此，我们要善于学习，为拼搏积累知识和力量。善于学习是要向一切内行的人学习，学习别人的长处，活到老学到老，坚持下去，必有收效。善于学习要讲究学习方法，“工欲善其事，必先利其器”，学习方法不对头，就会事倍功半或者劳而无功。善于学习就是要抓住一切学习的机会。在工作中会有各种各样的学习机会，要注意抓住它，不要因为学习环境改变而忽视它，也不能因为畏难怕苦而放弃它。在日后的工作中，同学们要学会“干中学，学中干”，从“干”中“学”本事，要会用“干”来验证“学”，又要会用“学”来指导“干”，从而相得益彰。善于学习还要求我们要有广泛的兴趣与爱好。“三百六十行，行行出状元”。今天的社会发展，新的行业和新的岗位会层出不穷，在我们的一生中，可能会先后从事多种职业、多个工作岗位，职业与工作岗位的变更将成为未来就业市场上的一大特点。要通过学习培养自己广泛的兴趣、爱好与技能，以适应这种变化，在激烈的市场竞争中取得“不管风吹浪打，胜似闲庭信步”的效果。

(二)勤于实践

大家都知道“实践出真知”这一道理，都记得“你要知道梨子的滋味，就得亲自去尝一尝”这句名言。怎样实践呢？曾国藩曾言：“盘根错节，可以验我之才；波流风靡，可以验我之操；艰难险阻，可以验我之思；震撼折衡，可以验我之力；含垢忍辱，可以验我之量。"这充分说明只有实践才能使我们锻炼成长，只有实践才能使我们获得成功。勇于实践首先要求我们应当立志，没有远大和崇高的志向，我们就会失去前进的动力。古人的"有志者、事竟成，破釜沉舟，百二秦关终属楚；苦心人、天不负，卧薪尝胆，三千越甲可吞吴"，今人的"为中华之崛起而读书"、"我以我血荐轩辕"等，都是以志向来引导和激励实践并取得成功的事例，应该对创业者有所启发。在校大学生可以利用课余时间进行尝试性的创业实践活动，也可以投入小资本进行经营活动，还可以参加创业实践模拟，更可以利用实习机会进行创业实践训练。

勇于实践要求我们必须具有胆识。有"胆"才能有"识"，有胆识才能有创造，有作为。优秀人才需具备这个特征。敢于做梦，是"胆"；梦做得如何，是"识"，是识别力。综合来讲是要善于抓准方向，并沿着正确方向无畏地前进，不屈不挠，努力创新。看准了的新事情就要干，机会转眼即逝，不干就会追悔莫及。

(三)请教他人

可以直接向创业成功人士进行请教，特别是自己想从事领域的成功人士。听听这些成功人士的体会和建议，学习他们的成功创业的经验，可以有针对性地提高自己的创业能力。

第四节　打造创业团队

案例

汉高祖刘邦的用人之道

历史上，楚汉相争中完全处于劣势的刘邦之所以能打败强大的项羽，一个很重要的原因就在于用人。项羽本人虽然骁勇异常，然而对其属下的头号谋士范增尚且不能从善如流，更不用说重用尚属无名之辈的奇才韩信了。与之相反，刘邦则善于用人：萧何坚强稳重、勤于实干，并善于营运，所以由他来做控制协调、运输粮草的工作；韩信长于预测决断，文武兼备，所以让他攻城略地；张良不仅足智多谋，而又擅长表达沟通，所以由他负责内外的交流联络工作；刘邦本人虽不具专长，却有非凡的战略眼光和组织才能，所以居于帅位，统帅全局。正因为如此，才使刘邦在战争中立于不败之地。

启示：刘邦之所以胜利的原因在于他有一个团结的团队，他懂得如何正确用人。

“赢在起跑线，就是要赢在开始”。对于创业而言，创业团队构建的水平与管理效果将直接影响到创业成功的概率以及创业企业生命周期。大量案例表明，水平高的创业团队，使创业企业具备先天的竞争优势和实力，有助于促进创业企业的持续增长。与一般意义上的团队不同，创业团队具有其自身的特点，这些特点影响到创业团队的构建，也影响团队成员的管理。理解创业团队的内涵，把握创业团队的特点等，是有效构建创业团队的前提。

一、创业团队的内涵

创业团队是一个由较少的企业创始人组成的为实现某一个目标，共同创建，共同投资，分享决策权的一个紧密合作的团队。也就是说，共同投资、共同创建、分享决策权是创业团队的三个要件。

二、优秀创业团队特征

（一）明确的目标与目的

优秀团队清楚他们要达到的目标。所有的成员都致力于达到他们的目标。目标最好由团队成员共同参与制订，因为这样的目标能使团队成员具有更强的责任感。

（二）广泛的技能与经验

优秀团队能够利用多种多样的技能完成工作。团队成员应该由不同专业、技能、性格的人构成，包括优秀的管理人员、出色的专业技术人员和精干的销售人员。优势互补，有利于团队创业活动的开展。

（三）充分的信任与支持

在优秀团队中，相互信任的氛围十分浓厚，团队成员全身心地参与并相互支持。

（四）透明的程序

团队成员对工作方式和方法都非常清楚，团队工作的信息和程序也是可以公开交流的。

创业团队的人员流失率很高，这是一个不争的事实。据一家研究机构对 100 家成长较快的小公司所做的调查，发现其中有一半的创业团队无法在公司头 5 年中顺利存活。而对 12 个创业团队进行的跟踪调查，表明只有 2 个创业团队在创立 5 年后，团队还保持创立初期般的完整。组建一个创业团队容易吗？大学生创业者组建创业团队需要把握哪些原则呢?

案例

创业团队组建不容易

刘先生是山东一家公司的总经理。他的公司从事家庭装修材料的生产和销售,经过四五年的发展,公司已经成为当地家装材料市场的领头羊,市场占有率稳居第一。

不过刘先生最近的心情非常郁闷。因为和他一块从江西老家出来打天下的几个公司元老级人物离开了他的公司,这其中令刘总最心痛的是公司的王副总。王副总在公司的威望极高,是公司元老中唯一的本科生,公司的发展有一大半功劳应归功于王副总。

王副总为什么要走呢?王副总对刘先生说:"刘总,当年是你把我和文涛、刘庆从江西老家拉到这里(文涛和刘庆分别是公司的销售和技术经理),我们一起拼命干,从4个人5万块钱做到现在的300多人3000多万,不容易。可是企业越做越大,我们的心也越来越寒。这么多年了,每年分红就凭你一时的高兴,想给谁多少就多少,大家心里都不踏实啊。我们都觉得干活没盼头,像现在这样下去,我们肯定都会走的。"这番话令刘先生终生难忘。

启示:创业初期,没有利润,大家可以忘我工作,不计得失。但是,为什么有了利润却产生了矛盾,不能继续共事呢?能共苦,不能同甘,似乎成了创业团队的一个通病。这就为我们提出这样一些问题,如何组建创业团队?如何管理创业团队?如何防止创业团队成员的流失?

三、组建团队的原则

(一)价值目标的趋同性

团队形成的前提是团队成员必须有共同的价值观。团队成员在共同价值观的指引下,通过分工协作,形成行动的合力。因为团队有共同的目标,他们的行动才能协调一致,他们的行为才能形成合力。

可以从以下几个方面考察创业团队成员的价值目标:诚实守信、为人处世、创业目标。

重信守约是非常可贵的商业道德,也是创业中对创业团队的基本要求。在创业企业中,对创业伙伴的道德要求非常必要,也非常重要。如果在创业团队中存在不具备基本商业道德的人，很可能把企业的前途断送了。无论创业企业的制度规定得如何详细，考虑得如何周密，也免不了有所疏漏，这样就会为居心不良者留下可乘之机，甚至危及到企业的生存与发展。

不同的创业者建立企业的目标和动机会有所不同，而不同的目标和动机会导致不同的经营战略和方法。有的人想挣大钱、快挣钱，有的人是为了兴趣创业，有的人则是为了干事业，有的人是投机创业。不同的创业目标导致创业过程中的投入不同，经营方式和经营策略不同。在创业实践中，要尽量寻找那些有共同目标的人一起创业。

（二）义利并重的规范性

创业团队成员之间的合作是以利益为基础的，没有共同的利益，就不会走到一起来。同时，团队成员往往又具有一定的亲情或友情。在中国这种重视传统文化的民族中，团队成员间的合作必定是义利并重、以利为主的合作关系，这种合作关系必须以契约的形式使其规范化。因此，义利并重的规范性就是组建创业团队的重要原则之一。

人与我、义与利是团队成员间相处时接触最多也是最难处理的关系。有些人在创业时能够有难同当，一旦事业有了进展，有了利益时，就只剩“有福我享”了。这样就不可避免地与其他合伙人产生利益冲突，解决不好就会导致企业垮台。因此，合伙人在经营中要注重企业的整体利益，注重与其他团队成员的关系，解决好个体与整体的关系、全局与局部的关系，做到利义并重，在个体与整体之间求得最佳平衡点。创业企业的利益就是大家的利益，只有通过合伙企业发展，才有个人的发展，这样就能人我两利、利义双收——有了这种心态，创业伙伴才能友好相处。

（三）能力技能的互补性

从管理学的角度看，建立优势互补的创业团队是保持创业团队稳定的关键。在创建一个团队的时候，不仅仅要考虑相互之间的关系，最重要的是考虑成员之间的能力或技术上的互补。

创业者寻找团队成员的目的，主要在于弥补当前创业能力的差距。一个好的创业团队，成员之间要有良好的能力互补，而这种能力互补既有助于强化团队成员间彼此的合作，又能保证整个团队的战斗力，更好地发挥团队的作用。一般而言，创业团队的建设从四个方面来考量，一是价值观是否相同，二是创业目标是否相似，三是性格兴趣是否互补，四是能力经验是否互补。可见团队的组建并不是越趋同越好，而是契合性越高越好。在价值观和创业目标上追求相同或相似性，在性格和能力上寻求异质性或互补性。

"三人行,必有我师"。创业伙伴都有自己的优势,也都有自己的劣势。只有相互尊重,取长补短,优势互补,才能充分发挥个人和集体优势,在竞争中获胜。需要注意的是,只有完美的团队,没有完美的个人。在大多数情况下,完美团队的形成并非一蹴而就,往往是在创业过程中逐渐形成,并最终达到完美组合的。

四、组建创业团队的技巧

为了组建一支优秀的创业团队,以保证创业团队沿着共同目标,求同存异,最后实现团队远景,创业者在组建团队时应掌握一些技巧。

(一)知己知彼

绝大多数创业团队的核心成员都很少,一般是三四个人,多的也不过十来个人。一个优秀的创业团队的所有成员都应该相互非常熟悉,知根知底。这样可以很好地避免团队成员之间因为相互不熟悉而造成的矛盾、纠纷,提高团队的向心力和凝聚力。同时,团队成员的熟悉也有利于成员之间工作的合理分配,最大可能地发挥各自的优势。

(二)能胜任的带头人

在创业团队中,带头人的作用非常重要。带头人正如在大海航行中的巨轮的舵,指引着创业团队的方向。创业团队中领导并不是单单靠资金、技术或专利来决定的,也不是谁提出什么好的点子谁就当头。带头人是团队成员在多年同窗、共事过程中发自内心认可的,应该在创业团队中有巨大的、无形的影响力,有一呼百应的气势和号召力的领导者。

(三)正确的理念

要坚信创业企业能够顺利发展。不要一开始就想着失败,尤其不要用那些"经典"的理论,如"只能同甘,不能共苦"、"天下没有不散的筵席"等支配自己的思想和行动,应该坚信团队的事业一定成功。

(四)严格的规章制度

俗话说:"没有规矩不成方圆。"创业在最初时就把该说的话说明,该立的字据一定要立清楚,不要碍于情面。要把最基本的责、权、利说得明白透彻,尤其股权、利益分配更要讲清楚,包括增资、融资、扩股、减资、人事安排及解散等。这样在企业发展壮大后,才不会因利益、股权等分歧使团队之间产生矛盾,进而导致创业团队的解体。

阅读材料

辽宁禾丰牧业

禾丰的7人创业团队为我们创造了一个经久不散的经典案例。这7个人中，张铁生年龄最大，金卫东、丁云峰、高峻松、王凤久、邵彩梅、王仲涛较为年轻，其中1个博士、4个硕士、2个大学生，7人都在跨国公司做过，从事过管理工作和技术工作。他们在1994年创业时平均年龄30多一点。共同的知识背景与共同的工作经历，让这支团队有共同的相似性，但同时这支创业团队也具备了不同专业、不同经验的互补性。他们一起奋斗，一起创业，情同手足。逆境中，互相帮助，同舟共济；顺境中，一起分享快乐。

是什么促使了这支创业团队的成功呢？

愿景为基础。禾丰创业之初的目标是“打破国际垄断，创民族品牌”。这个目标实现之后，他们又提出了“10年成为全世界顶级饲料供应商”。过去10年时间，他们的资产扩大了近170倍，今后10年他们的目标是资产再扩大50倍，这意味着禾丰一年将生产1000多万吨的饲料，500多亿元的销售额，20多亿元的利润，要在不到20年的时间里做到行业第一。

制度为保障。制度保障是禾丰发展最为核心的部分。他们相信：合理的制度约束，可以保护团队。在公司章程里他们规定了三件事：第一，7个人都要终身为公司服务，不得从事与公司竞争的饲料行业。第二，任何人违背公司利益，将被取消公司股东股份。第三，身为股东，在日常工作中不享有任何特权，而根据业绩被提升、免职乃至开除。但如果是公司原因，则可以享受股东待遇。另外，禾丰最初是借钱办起来的，每个股东并没有拿出真金白银，他们按照谁的贡献大、谁的股份多的原则进行分配。7个人中，金卫东占35%，丁云峰占15%，其余5个人各占10%，公司发展后，金卫东又主动降到20%左右，拿出股份分配给了新进入的优秀核心员工。

情感为纽带。团队成员都希望自己所在的团队有民主、平等的氛围。金卫东在打工时形成的威信，确立了他在禾丰的核心位置，但他没有搞一言堂。他允许大家相互间有“坦率地争吵”、“会争吵”的开放式工作氛围，这是禾丰形成凝聚力的重要原因之一。

练习与思考

1. 创业需要做哪些准备？

2. 创业应该具备什么样的心态?

3. 如何打造一个好的创业团队?

参考文献

[1] 高英:《李开复谈创业 中国教父级CEO的创业真经》,北京:北京工业大学出版社,2011。

[2] 樊一阳、徐玉良等:《创业学概论》,北京:清华大学出版社,2010。

[3] 葛玉辉:《大学生创业测评》,北京:北京清华大学出版社 ,2010。

[4] 麦天和:《创业导师·创业行》,北京:中国经济出版社,2010。

[5] 敖以能:《矢志创大业:成功创业的思维、方法与案例》,北京:中国经济出版社,2010。

[6] 陈炜煜:《创业学》,北京:中国物资出版社,2010。

[7] 李晓波、李洪波:《大学生就业与创业指导教程》,北京:化学工业出版社,2010。

第十章

创业实践

创业其实就是一个创建企业的过程，从前期的行业选择、资金筹集到后期的营业开张、承担风险，每一步都需要创业者脚踏实地地去奋斗、去打拼。在当今的市场经济浪潮中，大学生们利用自己的聪明才智，借助资本市场的平台，打造属于自己的事业方舟是完全有可能的。

本章学习要点

1. 如何确定创业项目；
2. 熟悉创业计划书的内容与结构；
3. 创业项目的实施；
4. 案例分析。

第一节　确定创业项目

案例

一美分垒起的大富翁

在20世纪80年代末，美国斯坦福大学有一名叫默巴克的普通学生，他利用闲暇时间承包了学生公寓的打扫工作。第一次打扫学生公寓时，默巴克在墙角、沙发缝、学生床铺下面扫出了许多沾满灰尘的硬币，这些硬币有1美分、2美分和5美分的。默巴克将这些硬币还给同学时，谁都没有表现出丝毫的热情。

此后，默巴克给财政部和央行写信，反映小额硬币经常被人丢掉的事情。财政部很快给默巴克回了信，信上说："每年有310亿美元的硬币在全国市场上流通，但其中的105亿美元正如你所反映的那样，被人随手扔在墙角和沙发缝中睡大觉。"看到这样的回信，如果换作一般人也许只会发出一声感叹，之后也就不了了之。但默巴克的脑子里却偏偏冒出了这样一个想法：如果能使这些硬币流通起来，利润该有多么可观！

两年之后，默巴克从斯坦福毕业了。他很快成立了自己的"硬币之星"公司，推出了自动换币机，与一些连锁超市建立合作关系，共同经营换币业务。这样一来，顾客只要将自己手中的硬币投入换币机，机器就会自动点数，打印收条，顾客可以凭收条到超市服务台领取纸币现金。而自动换币机会收取9%的手续费，这笔费用由默巴克与超市按比例分成。

只用了短短5年时间，默巴克的公司就在美国8900家主要连锁超市中设立了10800台换币机，并成为了纳斯达克的上市公司。默巴克也从一个一文不名的穷光蛋，变成了万人瞩目的大富翁。

启示：创业项目的来源很广泛。如果你留心，处处都能寻到创业项目的踪迹。哪些项目才能用来创业呢？当然是有市场前景的项目，也就是项目有商机可挖。对于想尝试创业的新手或者眼光不犀利的人士来说，初次判断项目是否适合创业就是要判定该项目现在或者将来是否具有赢利点。

要进行创业，就必然会面临创业项目的选择，这是一个需要经过排列组合"运算"后才能得出结果的问题。不管是一个人投资还是几个人合伙投资，是一家公司投资还是几家公司联合再投资，都会面临如何选择投资项目的问题。项目如果选择不好，必将造成投资失败的结果。因此，对于创业项目的选择，必须要慎重对待。

一、选定创业项目需要考虑的主要因素

在创业初期，对创业项目进行选择是创业者首先面临的一个重要问题。实践告诉我们，创业项目选定是否合适是决定创业能否成功的首要前提。选定创业项目时我们通常要考虑以下几个主要因素：个人爱好与特长、对拟选项目及其相关行业的熟悉程度、市场机会及把握市场机会的能力、风险的承受能力、国家的相关政策与法律。

（一）个人爱好与特长

当我们决定开始创业之后，首先就要思考这样一个问题：我喜欢做什么事情？我

能够做什么事情？我们只有选择了自己喜欢做，同时又有能力做的事情，才会主动、全身心地投入到创业行动中去，才有可能在面对逆境时，努力地去克服困难，最终实现创业的理想与目标。

（二）对拟选定项目及其相关行业的熟悉程度

选择创业项目不光要考虑我们的爱好、特长与能力，还要考虑到我们对拟选的行业是否熟悉。通常情况下，创业者往往会在自己比较熟悉的行业里选择创业项目，这种做法也使得创业的成功率大大提升。经验告诉我们，许多工作的完成需要的并不是天才，更多地取决于是否熟悉这项工作。比如，开礼品店、饭馆、茶楼、服装店、文化娱乐休闲服务等，并不需要我们具有很高的智商，只要我们熟悉了，再稍微思考一下，就可以总结出该行业的基本规律，自然而然地也就找到了赚钱的方法，再加上勤奋与努力就能取得创业成功。这种成功的例子很多。比如，被誉为“经营之父”的松下幸之助，在创业初期之所以会选择电器插座这个项目，就是因为他之前曾在这一行业当过学徒，熟悉了这一行业；被誉为“领带大王”的曾宪梓之所以会选择领带这个项目进行创业，也是因为他在领带厂里打过工，对领带的生产经营非常熟悉。由此可见，在熟悉的行业里选择合适的创业项目是我们取得创业成功的关键。

（三）充分的市场调研

只有把产品放在市场中，它才能够得以生存。这就需要我们认真调查分析拟选项目是否存在市场机会以及我们是否有能力把握住这个机会，同时还要衡量我们在市场竞争中能否取胜。比如有人打算开办服装店，经过调查分析发现，很多老年人喜欢穿着传统款式的、较为宽松的服装，但在本地市场上没有人生产经营这样的服装。也就是说，很多老年人对这类服装的需求尚未得到满足，这就是一个市场机会。

（四）风险的承受能力

我们都知道创业是存在风险的。我们给老板打工是靠拿工资吃饭，风险很小，而自己创业当老板，就会面临着种种意想不到的风险。因为创业过程中许多因素是我们难以控制的，一旦资金投入进去，谁也无法保证百分之百的成功。因此，在进行创业项目投资之前，无论自己对该项目多么熟悉，也无论自己的能力有多强，都必须想想“未来最坏的情况会是什么？当最坏的情况出现时，我能否承受”。如果以上几个问题的答案是肯定的，只要我们选择的创业项目的预期回报率符合自己创业的预期目标，就可以进行创业投资。相反，如果当最坏情况出现时，我们难以承受，无所适从，那么，不管项目的利润空间有多大，前景有多么诱人，我们都不可贸然投资。

我们虽然讲要慎重考虑创业风险，但绝不是让我们创业的同学惧怕风险。要让我们的创业者正确地看待风险，做到既不能无视风险的存在，过于乐观；又不能盲目冒险，草率行动，要把创业风险控制在我们能够承受的范围之内。

（五）国家相关政策与法律

在选定创业项目的过程中，我们还要考虑国家的相关政策和法律因素。这里我们主要从两个方面考虑：一是拟选的创业项目是否属于我们国家政策和法律禁止或限制的范围。如果拟选的创业项目属于禁止的项目，无论预期的利润空间有多大都必须放弃；如果拟选的创业项目属于限制的项目，一般也要放弃，因为选择这些项目进行创业投资可能会付出高昂的代价，并且发展前景也不理想。二是拟选的创业项目是否属于国家政策和法律鼓励的项目。如果拟选的创业项目属于鼓励的项目，即使短期内利润不太高，只要项目本身发展前景好也可以考虑进行投资。

二、选择投资项目的几个原则

（一）把规避风险永远放在选择投资项目的首位

我们在选择投资项目时，不要急于想着怎样赚钱，而是首先应该考虑选择什么项目不赔钱。如果能保证在创业经营过程中不赔钱，加之我们对这个项目相关行业的逐渐熟悉，那么接下来的应该就是赚钱了。

（二）确定最大风险承受能力

如果我们现在投入的创业资本是 30 万元，但其中 15 万元是借来的，那么我们的风险承受能力最多也就是 15 万元，再加上市场中的一些不确定因素，我们甚至还要考虑把风险承受能力设在 10—12 万元的范围内，因为这样才能保证我们在创业失败的情况下还能够维持正常的生活。

（三）尽可能选择熟悉的业务范围

别人的衣服未必适合你。同样，由于人的优势能力各不相同，别人能够成功的创业项目对你来说未必能够成功。当然，对于别人来说不能成功的项目，对你来说或许能够成功。我们在选择投资项目时，要尽可能地选择我们熟悉的投资业务，不能盲目地投资。在投资前，要先想想我能干什么，我会干什么。

（四）投资数目较小的时候选择多数人在做的常规项目

创业者在创业初期一般都会遇到的一个共同难题就是缺少资金。在资金较少的情况下，我们只能选择多数人在做的常规项目进行投资，就是跟着别人的脚步走，别人干什么我们就跟着干什么，越是很多人都会去干的事，往往风险相对就越小。比如很多街道都有卖炒货的，全市有很多家卖炒货的，别人卖，我们也跟着卖，即使赚不了多少钱，一般也不会赔钱。

（五）高科技项目只是少数人才能够成功的投资项目

投资高科技项目虽然符合时代的发展趋势，但是投资高科技项目的成功率远远低于投资卖炒货的成功率。如果我们掌握着高科技核心技术，而且有风险投资者给我们投资来开发高科技项目，一旦成功我们将身价倍增，即使失败了，我们也只是搭上了精力和时间。但如果我们在首次创业时就选择高科技项目进行投资，并且还没有很好地掌握核心技术的话，还是保守一点好。

综上可知，我们选择投资项目，要因人而异、因时而异、因地而异、因环境而异。有人会问：选择什么投资项目比较好？对于我们刚刚起步的创业者来说，只能投资小额资本项目，因为这类项目无所谓好与不好，你会做就好，不会做就不好，关键是要比竞争对手做得更好。

三、选定创业项目的方法与策略

（一）调查分析市场供求差异，选定创业项目

市场需求具有多样性，它是随着环境的变化而不断变化的。从宏观上来说，市场需求总量和供给总量两者之间是很难达到平衡一致的，总会存在着一定的差距。这时创业者可以通过对市场的调查分析来预测市场供求差异，从中寻找创业机会，选定创业项目。有时市场需求总量和供给总量之间达到了平衡，但市场供求结构不平衡，仍然存在着一定的需求空隙。这时创业者也可以通过分析供求结构差异，从中找到创业机会，选定创业项目。

（二）调查分析人们工作生活中存在的难题，选定创业项目

记得有位成功企业家说过这样一句话，“别人的困难就是企业成功的机会”。这句话对于创业者来说具有很大的启发意义。我们创办企业的直接目的就是要取得利润，但是我们的盈利是建立在他人需求得到满足的基础上的。企业只有通过提供正当合法的产品或服务来满足他人的需求、为他人解决工作生活中的难题，才能达到盈利的目的。

创业者一定要深入调查分析人们在生活工作中存在的难题，只有及时发现人们在生活工作中存在的难题，发现解决他们难题的契机，才能发现合适的创业项目。

（三）分析寻找隐藏在当前市场上热销商品背后的商机，选定创业项目

有不少创业者在选择创业项目时，常常只看到当时市场上什么产品走俏热销，就选择经营什么产品。结果是别人赚得盆满钵满，自己却赔得一塌糊涂。因此他们常常埋怨上天不公，抱怨自己运气不佳。实际上，市场经济具有公开性和公平性，它对每个人都是公平的，关键是看我们能否把握住这个机会。

那么，为什么市场上一些商品走俏热销，当我们去经营它时反而赔钱呢？这是因为任何一种产品都有其自身的市场生命周期。产品市场生命周期，是指一种产品从开始进入市场到被市场淘汰的整个过程。我们一般把产品市场生命周期分成四个阶段，即介绍期（或引入期）、成长期、成熟期和衰退期。当我们发现市场上某种产品走俏热销时，多数情况下，这种产品已经进入了成熟期。这时，我们去生产经营这种产品为时已晚。如果是创办生产性项目，从投资建造厂房到购买安装设备，从招募工人到采购原料，从开始生产到产品上市，都需要很长时间。往往等我们的产品生产出来投放市场时，这种产品有时已经进入衰退期，最终也只能赔钱了。如果是创办商业性项目，从筹集资金、选择门店到商店装修布置，从办理一系列相关法律手续到正式进货开业，虽然开业准备所需要的时间比开办生产性项目所需要的时间短一些，但也需要一定的过程，这种情况下往往是经营时间不长，生意就由热转冷了，最后也只能落个赔钱的结果。

因此，当我们看到市场上某种产品，特别是时尚类产品正处于走俏热销的时候，一定要谨慎对待，千万不要跟风。如果你准备选择项目进行创业，恰当的做法是以畅销商品为导向，深入调查分析隐藏在热销商品背后的市场商机，以此选定创业项目。

（四）调研分析当前市场上现销商品的欠缺方面，选定创业项目

我们会发现在当前市场上销售的一些商品存在这样或那样的问题，不能很好地满足顾客的需求。比如有的在性能方面不完善，有的在结构方面不合理，有的样式过于古板，有的颜色过于单一等。创业者可以通过调查分析，针对这些商品存在的缺陷，结合自己的兴趣、特长和对该行业的熟悉程度，有针对性地选择一种或少数几种顾客不太满意的商品进行完善改进，以此选定创业项目。

（五）进行市场细分，选定创业项目

市场细分是企业通过市场调研，根据消费者需求的差异性，把某一产品的整体市场划分为若干个在需求上具有某种相同或相似特征的消费者群体，从而形成各种不同细分市场的过程。市场细分的实质是对消费者需求进行细分。企业进行市场细分的目的就是要发现不同消费者群体需求的差异性，进而把需求基本相同或相似的消

费者群体归为一类，这样就可以把某种产品的整体市场划分为若干个细分市场。

市场细分不是简单地对产品分类，而是对同种产品需求各异的消费者进行分类。消费者的需求、欲望、购买行为及购买习惯的差异性，是市场细分的重要依据。市场细分也是一种存大异、求小同的市场分类方法。消费者由于所处的社会、经济、自然条件等因素的不同，以及消费者的性别、年龄、文化、职业、爱好、经济条件、价值观念的不同，使得他们的需求、欲望、购买行为具有明显差异。市场细分还是一个聚集的过程，而不是分解的过程。市场细分是在存大异求小同的基础上，把对某种产品的特点最敏感的消费者，按照多种变量连续进行集合，直到形成企业的某一细分市场。

因此，市场细分对于企业经营具有较强的现实意义，它有助于企业寻找、发掘新的市场机会，选择富有吸引力的目标市场，从而确定创业项目。同时，它有助于企业集中人力、物力和财力生产经营适销对路的商品，也有助于企业制订和调整市场营销策略，以更好地适应市场的需要。

第二节 制订创业计划

一、创业计划的概念

创业计划是创业者在创立企业之前就应该事先准备好的，它用来描述与拟创办的风险企业相关的全部内外部环境条件和要素特点，为企业业务的发展提供指导，并对企业业务进展情况提供衡量标准的一份计划。通常情况下，创业计划是对市场营销计划、生产和销售计划、财务计划、人力资源计划等职能计划的综合，同时也会提出企业创立的前两三年内所有长期和短期的决策方针。创业计划一般是用书面的形式表现出来，我们通常把这种书面的创业计划称为创业计划书。它包括企业筹资、融资、企业战略规划与执行、企业的生产与营销等一切经营活动的蓝图，是初创企业的行动纲领。其主要目的在于为风险投资者提供一份创业项目介绍，向他们展示初创企业的潜力和价值，并说服他们对项目进行风险投资；对创业者自身而言则是一份创业行动的“路线图”。

二、创业计划的作用

创业计划书也是一份翔实全面的商业计划，其主要用途是递交给风险投资商，以便于他们能对企业或项目做出评估，从而决定对初创企业进行投资。创业计划书有相对固定的格式，它基本上包括了投资商对投资项目所有感兴趣的内容。

创业计划书的好坏，在一定程度上决定了投资交易的成败。对初创的风险企业来说，创业计划书的作用尤其重要。当明确了创业目标和确定了创业动机，并且资金、技术、物力、人力、市场等各方面的条件都已基本成熟后，创业者就必须准备一份完整的创业计划书，因为创业计划书是整个创业过程的灵魂和纲领。从初创企业的成长经历、产品与服务、市场营销、团队管理、股权结构、人事、财务、运营到融资方案，只有内容翔实、数据准确、体系完整、装订精致的创业计划书才能够吸引住风险投资商，才能使拟创业项目融资需求成为现实。我们认为，创业者的融资成败与创业计划书的质量高低有很大关系。

融资项目要获得风险投资商的青睐，良好的融资策划和财务包装，是融资过程中必要的环节。其中最重要的是应当做好一份符合标准的高质量的创业计划书。当前我们中国企业在国际上的融资成功率并不高，究其原因不是我们的项目本身不好，也不是我们的项目投资回报率不高，而是因为我们项目方编写的创业计划书与创业策划能力让风险投资商感到失望。

三、创业计划的内容

（一）封面

封面的设计要具有审美观和艺术性，一个好的封面会给人留下良好的第一印象，使阅读者赏心悦目。

（二）计划摘要

计划摘要位于创业计划书的最前面，它涵盖了计划书的要点，浓缩了计划书的精华，是整个计划书的高度概括。计划摘要应力求简明扼要，一目了然，以便读者能在最短的时间内评审计划并做出判断。

计划摘要一般要包括以下内容：公司介绍；主要产品和业务范围；市场概况；营销策略；销售计划；生产管理计划；管理者及其组织；财务计划；资金需求状况等。中肯客观的分析往往更能赢得信任，从而使人容易认同我们的创业计划书。

最后，还要介绍一下创业者自己的背景、经历、经验和特长等。创业者的素质对企业的业绩往往起着关键性的作用。在这里，创业者应尽量展示出自己的优点和强烈的进取精神，以便给投资者留下一个良好印象。

（三）企业介绍

主要介绍所创企业的主要经营范围、产品和服务、企业的竞争优势以及成立的地点、时间等基本情况。并说明创办企业的思路，创业意识的形成过程，企业的目标和发展战略等。

(四)战略规划

公司业务描述,介绍公司的宗旨和目标、公司的发展规划和策略等。

(五)创业组织

创业者需要一支有战斗力的管理队伍来共同完成创业目标。企业管理的好坏,直接决定了企业经营风险的大小。而高素质的管理人员和良好的组织结构则是管理好企业的重要保证。因此,风险投资家会特别注重对管理队伍的评估。

企业的管理人员应该是互补型的,而且要具有团队精神。一个企业必须要具备负责产品设计与开发、市场营销、生产作业管理、企业理财等方面的专门人才。在创业计划书中,必须要对企业主要管理人员的情况加以阐明,详细介绍他们过去的经历与背景,他们所具有的能力以及在本企业中的职责等。此外,在这部分创业计划书中,还应对公司的组织结构做一简要介绍,包括:公司的组织机构图;各部门的功能与责任;各部门的负责人及主要成员;公司的报酬体系;公司的股东名单,包括认股权、比例和特权;公司的董事会成员;各位董事的背景资料等。

(六)产品服务

在进行投资项目评估时,投资人最关心的问题之一就是,风险企业的产品、技术或服务能否解决以及能在多大程度上解决现实生活中的问题,或者说风险企业的产品(服务)能否帮助顾客开源节流。因此,产品介绍是创业计划书中必不可少的一项内容。通常,产品介绍应包括以下几点:产品的概念、性能及特性;主要产品介绍;产品的市场竞争力;产品的研究和开发过程;发展新产品的计划和成本分析;产品的市场前景预测;产品的品牌和专利等。

在产品(服务)介绍部分,创业者要对产品(服务)作出说明,说明的内容要详细准确,也要通俗易懂,能够让不是专业人员的投资者也能明白。一般情况下,产品介绍都要附上产品原型、照片或其他介绍。同时,产品介绍必须要回答以下几个问题:

1. 顾客希望企业的产品能够为自己解决什么问题,顾客能从企业的产品中获得什么好处?

2. 企业的产品与竞争对手的产品相比有哪些优缺点,顾客为什么会选择本企业的产品?

3. 企业为自己的产品采取了哪些保护措施,企业拥有哪些专利、许可证,或与已申请专利的厂家达成了哪些协议?

4. 为什么企业的产品定价可以使企业获得足够的利润,为什么用户会大批量地购买企业的产品?

5. 企业采用何种方式去改进产品的质量、性能，企业对发展新产品有哪些计划，等等。

产品(服务)介绍的内容比较具体，因而写起来相对容易。虽然夸赞自己的产品是企业推销的重要手段，但应该注意，企业所许下的每一项承诺都是“一笔债”，都要尽全力去兑现承诺。要牢记，创业者和投资者所建立的是一种长期合作的伙伴关系。如果企业不能兑现承诺，不能偿还债务，那么企业的信誉必然要受到极大的损害，这也是真正的企业家所不屑的。

(七)市场预测

当企业要开发新产品或要开拓新市场时，首先就要进行市场预测。如果预测的结果并不乐观，或者预测的可信度让人质疑，那么投资者就要承担更大的风险，这对多数风险投资者来说都是不可接受的。市场预测首先要对需求进行预测：市场中是否存在对这种产品的需求以及需求的程度能否给企业带来所期望的利益？新的市场规模有多大？产品需求的未来发展趋向及其状态如何？影响需求都有哪些因素。其次，市场预测还要包括对市场竞争的情况——企业所面对的竞争格局进行分析：市场中存在的主要竞争者有哪些？是否存在有利于本企业产品的市场空档？本企业预计的市场占有率是多少？本企业进入市场后会引起竞争者怎样的反应，这些反应对企业的发展会有什么影响，等等。

在创业计划书中，市场预测应包括以下内容：市场现状综述；竞争厂商概览；目标顾客和目标市场；本企业产品的市场地位；市场格局和特征等。创业者对市场的预测应建立在严谨、科学的市场调研基础上。因此，应重视对环境的预测，尽量扩大信息搜集的范围，并采用科学的预测手段和方法来进行市场预测。创业者应该牢记的是，市场预测不是凭空想象出来的，对市场错误的认识是企业经营失败的最主要原因之一。

(八)营销计划

营销是企业经营中最富挑战性的环节，影响营销策略的主要因素有：消费者的特点；产品的特性；企业自身的状况；市场环境方面的因素。

最终影响营销策略的则是营销成本和营销效益两大因素。在创业计划书中，营销策略应包括以下内容：市场机构和营销渠道的选择；营销队伍和管理；促销计划和广告策略；价格决策。

对初创企业来说，由于企业和产品的知名度较低，很难进入其他企业已经稳固的销售渠道中去。因此，企业就不得不暂时采取高成本低效益的营销战略，如上门推销，大打商品广告，向批发商和零售商让利，或交给任何愿意经销的经销商销售。对企业的发展来说，这些做法一方面可以利用原有的销售渠道，另一方面也可以开发新的销售渠道以适应企业的发展。

（九）生产计划

创业计划书中的生产制造计划应包括以下内容：技术设备现状和产品制造；新产品投产计划；技术提升和设备更新的计划；质量控制和质量改进计划。

在筹集资金的过程中，为了提高企业在投资前的评估价值，创业者应尽量使生产制造计划更加详细、可靠。一般而言，生产制造计划应回答以下问题：企业生产制造所需的厂房、设备情况如何；怎样保证新产品在进入规模生产时的稳定性和可靠性；设备的引进和安装情况如何，谁是供应商；生产线的设计与产品组装是怎样的；生产周期标准的制订以及生产作业计划的编制；物料需求计划及其保证措施；质量控制的方法有哪些；相关的其他问题等。

（十）财务规划

对财务规划进行具体分析需要花费较多的精力，其中就包括现金流量表，资产负债表以及损益表的制备。流动资金是企业的生命线，因此企业在初创或扩张时，对流动资金需要有预先周详的计划和进行过程中的严格控制。损益表反映的是企业的赢利状况，它显示了企业在运作一段时间后的经营结果。资产负债表则反映在某一时刻的企业状况，投资者可以用从资产负债表中的数据计算得到的比率指标来衡量企业的经营状况以及可能的投资回报率。

财务规划一般要包括以下内容：创业计划书的条件假设；预计的资产负债表；预计的损益表；现金收支分析；资金的来源和使用。

可以这样说，一份创业计划书囊括了创业者在筹资过程中需要做的事情，而财务规划则是对创业计划书的支持和说明。因此，一份好的财务规划对评估风险企业所需的资金数量，提高风险企业取得资金的可能性是十分关键的。如何制订好财务规划呢？这首先要取决于风险企业的远景规划——是为一个新市场创造一个新产品，还是进入一个财务信息较多的已有市场。

着眼于开发一项新技术或有意于打造一种新产品的创业企业不可能参考现有市场的数据、价格和营销方式。因此，它需要对所进入市场的成长速度和可能获得的纯利进行预测，并把它的设想、管理队伍和财务模型推销给投资者。而准备进入一个已有市场的风险企业则可以很容易地掌握整个市场的规模和改进方式。风险企业可以在获得目标市场信息的基础上，对企业第一年的销售规模进行规划。

企业的财务规划应做到与创业计划书的假设相一致。事实上，财务规划和企业的生产计划、人力资源计划、营销计划等都是密不可分的。

要完成财务规划，必须要明确下列问题：产品在每一个期间的发出量有多大；什么时候开始产品线扩张；每件产品的生产费用是多少；每件产品的定价是多少；使用什么分销渠道，所预期的成本和利润是多少；需要招聘哪些类型的人；招聘何时开始，工资预算是多少，等等。

（十一）风险与退出

不是说有人竞争才有风险，风险也有可能是进出口汇兑的风险、餐厅的火灾风险等，应该注意的是当风险来时我们如何应对风险。面临企业的风险和未来的成功，作为投资者应该考虑资本退出的方式和办法以及预期的收益等。

完成风险与退出分析，应明确下列问题：公司在市场、竞争和技术方面都有哪些基本的风险；准备怎样应对这些风险；公司还有哪些附加机会；在现有资本基础上如何进行扩展；在最好和最坏情形下，五年计划表现如何？

如果估计不那么准确，就应该估计出误差范围到底有多大。如果可能的话，对创业企业的关键性参数做最好和最坏的设定是一种较好的选择。

四、创业计划的编写步骤

编写创业计划书是对一个初创企业投资项目的未来前景进行展望，并探索其合理思路，确认实施项目所需的各种资源，寻求相关支持的过程。需要注意的是，并不是所有创业计划都要完全包含上述大纲中的全部内容。创业项目不同，相互之间的差异性也就很大。

第一阶段：学习创业经验。

第二阶段：对创业进行构思。

第三阶段：展开市场调研。

第四阶段：起草创业计划方案，形成创业方案全文。完善好全文，设计好封面，把整个创业要点提炼出来形成提要，然后按照上述顺序将整套创业方案排列起来。

第五阶段：最后修饰阶段。首先，根据我们的创业计划书内容，把最主要的部分做成一个1—2页的摘要，放在封面之后。其次，检查创业计划，切记不要有错别字之类的错误，否则别人会怀疑你做事的严谨性。最后，对计划书的封面进行设计、编写计划书目录并插入页码，然后进行打印、形成纸质文档，装订成册。

第六阶段：检查。可以从以下几个方面加以检查：创业计划书能否显示出我们具有管理公司的能力；能否显示我们偿还贷款的能力；能否显示出我们已进行过完整的市场分析；能否让被投资者轻易领会。创业计划书应该备有目录，方便投资者查阅计划书各个章节的内容，同时还要确保目录中的信息流具有逻辑性；前面是否有计划摘要，因为投资者首先会看计划摘要，为了能吸引住投资者的眼球，计划摘要应写得引人入胜;在语法上是否准确无误;能否打消投资者对产品(服务)项目投资的顾虑。

如果有必要,我们也可以准备一些样品或产品模型。

附创业计划书模版

创业计划书

公司名称:__________________

公司主营:__________________

团队成员:__________________

________年____月

一、计划摘要

二、企业介绍

三、战略规划

四、创业组织

五、产品服务

六、市场预测

七、营销计划

八、生产计划

九、财务规划

十、风险与退出

第三节 实施项目计划

案例

1. 四年打工逐步积累创业资金

河北大学导演系05级学生李立寅:“上大学时,我就萌生了创业的想法。大学四年没闲着,我利用课余时间拍摄婚礼纪录片,4年积累了5万元创业资金。”李立寅创建了“雕虫小记文化传播服务中心”,主营广告片摄制、婚庆专辑制作。目前公司经营已经步入正轨,并和省会的电视台建立了合作关系,他个人的月收入已达万余元。

在李立寅看来,大学四年的打工经历,不仅为他筹集了创业资金,更让他提升了个人能力,积累了社会资源和经验。“建议大学生不要盲目创业,可以先在校打工或是先就业。这样不仅可以筹集创业资金,而且能够积累经验和资源。”李立寅建议说。

2. 小额担保贷款助公司突破瓶颈

初次创业时,李茂青是通过打工积累了创业资金。在第二次创业时,李茂青选择了申请小额担保贷款。“一个好的创业者应该善于运用各种资本条件”,李茂青说,“2009年我到省会劳动就业服务局进行了咨询,申请了5万元贷款,省会小额担保贷款管理中心为我提供了担保”。有了小额担保贷款,李茂青很快为新项目上齐了配套设施,迅速打开了省会市场。目前,企业已拥有了省会怀特集团等长期合作客户。

“很多人认为申请贷款的门槛有点高,但我认为这是有必要的”,李茂青说,“对于创业者来说,申请贷款毕竟有风险。创业者一定要先认清自己的还贷能力,这样才能提高申请贷款的成功率。”

启示:对于创业资金不足的大学生来说,可以通过各种融资途径获得资金,从而开始自己的创业之路。

一、创业资金筹集

俗话说“巧妇难为无米之炊”,创业者也一样,没有资金也不可能创业成功。创业的前提条件就是要拥有一定的创业资金。而对于当今有创业志向的大学生来说,资金问题无疑是摆在创业道路上的第一只“拦路虎”。究竟应该如何筹集创业资金呢?

在筹集创业资金时又要注意哪些问题呢?

(一)筹集创业资金的原则

1. 自备一定的创业资金

我们知道,创业具有一定的风险性,完全依赖外部资金的方式来准备创业启动资金显然是不太现实的,特别是对于没有任何经验的首次创业者。因此,应当尽可能地自备创业所需的全部或部分资金。如果自身所拥有的创业资金达到创业所需资金的50%以上,就会有利于向外筹集资金,也会有利于提高创业成功率。

2. 向外借款量力而行

估算一下自己通过正常打工或者其他方式收入所具备的债务偿还能力。尽可能地将外部筹集的资金数额控制在自己有能力偿还的范围之内,要做到即使创业失败,依然能够保证正常的生活。

3. 为自己和家人留足生活费用,保证家庭的正常生活

创业是有风险的。因此,在创业时不能把所有的资金全部投入到创业上。在憧憬创业成功之后的美好生活时,也要为创业失败做好心理上的准备,安排好生活上的退路。

(二)筹集创业资金的渠道

1. 亲情融资

创业者筹集创业启动资金时会立刻想到的、最常见的而且最有效的方式就是向亲朋好友借钱,它是负债筹资的一种方式。向亲朋好友借钱一般不需要支付利息。换句话说,向亲友借钱没有资金成本,并且这种方式具有速度快、风险小、成本低的特点。但是,在向亲朋好友借钱创业的时候,也会给亲朋好友带来一定的风险,甚至是资金损失。如果创业失败,不能及时偿还借款很可能就会影响双方之间的感情。

2. 合伙人或员工入股

寻找合伙人投资是指按照“共同投资、共同经营、共担风险、共享利润”的原则,直接吸收单位或个人投资、合伙创业的一种筹资途径和方法。合伙创业不但可以有效筹集到资金,还可以充分发挥人才的作用,并且有助于利用和整合各种资源,尽快形成生产能力,降低创业风险。但是,合伙创业比较容易产生意见分歧,造成办事效率低下;也有可能会因为权利与义务的不对等在合伙人之间产生矛盾,不利于合伙基础的稳定。

职工入股对于太小的公司意义不大,因为公司所能筹措到的资金数目与职员人数成正比。一般来说,待企业得到了一定的发展,规模有所扩大,扩张需要大量资金时,可以考虑员工入股这种筹资方式。如果企业的经营情况不好,一般不宜推行员工股份拥有计划。因为企业的员工非常了解企业，此时推行员工拥有计划很容易使他们产生被利用的感觉或抵触情绪，而使职员入股计划难以成功。

当然，如果公司规模发展到了一定程度，公司经营情况看好，或者即使经营情况不太理想时，但公司经理人员和职员会在避免企业破产和职工失业问题上有共识，那么采用员工入股就是可行的筹资渠道。

3. 银行贷款

贷款是最为传统的筹款方式。目前为中小企业提供贷款的各商业银行也纷纷筹建中小企业信贷部。

贷款有信用贷款、抵押和担保贷款。信用贷款主要针对信誉良好、偿债能力强、关系密切的大企业。刚刚创办的小企业是很难争取到信用贷款的。为保证贷款的可靠性需要贷款人提供抵押或有第三者提供的担保。每个金融机构都有自己的放款策略和方针，有的侧重于企业的资金流动，有的要求第三方的担保，有的要求资金做抵押，也有的看重一些综合指标等等。贷款是通过企业申请，银行审查的方式获取的。企业向银行贷款，均应事前提出申请。与银行有长期业务关系的私营企业按年度、季度需款情况，在年初编制借款计划，报给开户银行。临时性生产经营贷款的，必须在三天前向银行申请，写明贷款数额、用途、还款期限。新开户的私营企业，以前从未发生过贷款关系的私营企业，要在十天前向开户银行，提出申请贷款计划，并且提供申请书与证明本企业材料的文件、证件。银行根据私营企业的申请、计划，考查私营企业的贷款用途、还款能力、信用程度，确定贷或不贷。贷款额度确定后，私营企业向银行办理手续、订立借据，根据国家颁发的经济合同法签订契约，双方恪守执行。

4. 租赁

对于刚刚创办的企业来说，要进行正常生产需要投入一定的固定资产，特别是高科技企业，固定资产设备一般比较昂贵，创业者往往没有充足的资金购买这些固定资产，这时采用租赁的方式获得固定资产可以说是较为理性的选择。即使在资本充裕的条件之下，出于优化财务结构方面的考虑，也可以采用租赁的方式。

5. 供应商

能够从供应商那里获取的融资主要有传统的商业信贷。比如，卖主在你付款之前把货送到。高明的现金管理策略应该要求供应商提供赊销条件等。

6. 风险投资

所谓风险投资，是指对处于创建期和成长期的高科技企业进行股权或债权投资，并参与企业管理，以期获得较高报酬率。风险投资市场在国外发育成熟。在我国，风险投资已开始萌芽。据一项调查结果显示，专门从事风险投资的金融机构已有四十多家。另外，还有一些企业、个人从事风险投资。

那么，创业者有了好的开发项目，如何进行风险投资呢？

第一步:拟订好经营计划书。在拟订经营计划书时,注意以下几点:

(1)尽量详细描述产品的市场规模和前景。企业成功与否的根本在于开发的产品有无生命力,能否适应市场变化。风险投资会仔细地考察企业对市场了解程度、产品的市场前景,以此作为决定是否投资的前提。

(2)拟定经营计划书时应详尽介绍产品的独特之处、技术上的先进性、工艺上的可行性、原材料获取的经济性。结合产品市场前景,初步估算出产品的经济效益,做好财务预测。

(3)将经营计划书编写得尽量完美。注意经营计划书的包装,页面设置应留出宽大的白边,隔行打印。虽然计划书没有统一格式,但一般依次是封面、标题页、详细提要、目次表、详细内容。

第二步:寻找风险投资者

我国风险投资市场虽没有完全培育,但已有了一定的发展。目前从事风险投资的有:华登风险投资基金、中国经济技术投资担保公司等。在吸收风险投资方面,有时要积极寻找一些从事这种业务的企业。例如,四通利方在开发中文之星初期,就得到四通集团风险投资,从而解决了开发费用,使四通方面顺利渡过了种子期、创建期。

第三步:风险投资合同的谈判

很多创业者可能生平第一次参加这样的谈判,对谈判的技巧和法律细节不清楚。因此很有必要找一位熟悉风险投资的律师或咨询顾问协助谈判。在谈判时尽量争取对企业的经营权和控制权,使企业成功时有足够的经济回报,争取选择可减轻企业创办人员税赋的金融手段。

二、企业命名

公司、企业发展如何,除经营者本人的学识、能力、社会关系等因素外,还与公司名称有重大的关系。公司命名的规则又与一般的商品命名不同。公司名称既重“连续性”(像索尼、索格的连续性),也重“国际性”(是否可以通行无阻止于东、西半球),更重“发音性”和“简单明了”、“企业形象提升”等诸多特性,比单纯商品命名难度要更大一些。

(一)企业命名原则

1. 应挖掘企业名称的文化底蕴;
2. 应拓展企业名称的历史潜能;
3. 应开发企业名称的时代内涵;
4. 应强化标志性和识别功能,避免雷同;
5. 应加强企业命名与品牌、商标的统一性;

6. 应避免无特征的企业名称，要突显名称的“个性”。

(二)企业命名技巧

1. 企业名称应简短明快

要字数少，笔画少，易于和消费者进行信息交流，便于消费者记忆，同时还能引起大众的遐想，寓意丰富。名称字数的多少对认知程度是有一定影响的。字数越少认知程度越高，也就是说，名字越短越具有传播力。

2. 企业名称应符合企业理念、服务宗旨，这样有助于企业形象的塑造

如蓝鸟大厦的“蓝鸟”两字，真有如蓝色海洋中的一座岛屿，宁静、祥和，为了人们提供一方憩息之地，向消费者倾出了“蓝鸟之情”，从而树立起良好的企业形象。

3. 企业名称应具备自己的独特性

具有个性的企业名称可避免与别企业名称雷同，以防混淆大众记忆，并可加深大众对企业的印象。如，北辰集团的“北辰”，天地快件中的“天地”，联想集团的“联想”等名称，都具有独特个性，使人印象深刻。

4. 企业名称应具备不同凡响的气魄，具有冲击力、有气魄，给人以震撼

如，四通集团的“四通”，取自英文 STONE 同音，意为石头，象征着坚石不断向高新技术的尖端冲击。

5. 企业名称要响亮，易于上口

如果企业名称响亮而又具有节奏感，就会具有较强的传播力。如果企业名称比较拗口，节奏感不强，就不利于发音，也不利于传播，从而很难达到大众的共识。

6. 企业名称要富于吉祥色彩

如，金利来远东有限公司的“金利来”原来叫“金狮”，因考虑到“金狮”用有些方言表达时，有“金输”的含义，因而将“金狮(GOLDLION)”改为“金利来”，寓意给人们带来滚滚财源。

7. 企业名称的选择要富有时代感

富于时代感的名称具有鲜明性，符合时代潮流，并能迅速为大众所接受。

8. 企业名称要考虑世界各地的通用性

如可口可乐公司在 20 世纪 20 年代制订中国市场策略时，决定将该公司的名称“CoCa-CoLa”直译过去，于是翻译者将该名称发音相似的汉字进行排列组合，运用在饮料的包装上，当印有这些汉字的瓶装饮料出现在市场上时，竟极少有人问津。究其原因，原来翻译过来的汉字按字间理解是“蜡制的母马”或“紧咬蜡制品的蝌蚪”的意思。试想有这样名称的企业生产的饮料有谁会要呢？因而可口可乐公司重新设计名称，瓶上所注明汉字则改为“口中快乐”——可口可乐。

总之，判断一个企业名称好坏，标准在于是否易于记忆，其形象是否鲜明、表达能力是否很强、独特性如何、传播方便与否等。企业名称应当是“音、形、意”的完美结合，以达到好看、好记、好印象的效果。

以往，许多企业在使用名称上常常采用多维方式，即企业名称与产品名称分离，不同产品又有不同的名称。这种方式虽然能使企业降低经营风险，然而也有许多不足之处。比如：增加了费用，如设计费、广告费、包装设计费；不利消费者辨别，从而造成混乱；企业名称与品牌的不一致性，不利于企业形象的树立与传播。

随着信息时代的到来，信息传播媒介与渠道日益繁多。因此，为了避免以上种种不足，企业名称与品牌命名应尽量统一，以起到相辅相成的作用。如果一家企业以本企业的名牌产品作为企业名称可提高企业知名度，那么，一种产品如利用名牌企业的名称作为品牌，也可提高产品的市场占有率，“SONY”公司就是一个很好的典范。

三、公司注册与税务登记

创办企业必须按照一定的程序申请、注册、登记。这样才能做到合法创业，合法经营，创办的企业才能受到法律的保护。

（一）工商注册登记

工商注册登记即企业法人登记，指国家授权的登记主管机关（工商行政管理机关）依法对企业法人的筹建、开业、变更、分立、合并、终止进行登记注册，确认企业法人的资格和合法经营权，并对企业法人的生产经营活动进行监督管理等活动的总称。

工商登记通常分为设立登记、变更登记和解散登记等。设立登记是公司设立过程中所作的登记，设立登记注册后，公司便告成立。变更登记是改变公司名称、住所、经营方式、注册资金、经营期限等原来的登记注册事项以及增设或撤销公司分支机构时等所作的登记。解散登记是指公司解散时进行的注销登记。

1. 工商登记的地点

工商注册需要到国家行政管理机关办理。创办个体工商户需要到经营场所所在地的工商所办理登记。合伙企业、个人独资企业、投资在2000万元以下的有限责任公司，需要到经营场所的县（区）工商行政管理局登记。资金在2000万元以上的有限责任公司，需要到省（市）一级工商行政管理局登记。

2. 注册步骤

个体工商户和私营企业的开业登记注册，一般要经过以下三个步骤：

（1）申请和受理。申请是指开业要向有关部门提交开办企业的申请报告。申请报告应写明开办企业的宗旨、名称、地址、组建负责人的姓名、企业的性质，生产经营范围、生产经营模式、资金总额、职工人数、筹建日期以及其他需要写明的内容。受理是登记主管机关接受创业者的正式登记申请。受理登记需要申请者缴纳登记费用和管理费用。

(2)审查和核准。审查和核准是注册审批工作的关键环节，主要由工商行政管理机关完成。

(3)发布和公告。在审查核准的基础上，工商行政管理机关填写“企业法人营业执照”或“营业执照”，颁发给申请者。这标志着创业者所创办企业已经取得了合法的经营地位，同时也取得了企业名称专用权和生产经营权。

(二)税务登记

创业者在领取工商营业执照后30日内，向当地税务部门办理开业税务登记，申请税务执照。税务登记分为地税税务登记和国税税务登记。办理税务登记应填写统一的税务登记表，提交相关材料。企业领取到税务登记证后，便可以申请发票，开张营业。

四、开张营业

(一)企业选址

企业选择合适的经营地址是相当重要的，无论创立任何企业，地点的选择都是决定成败的重要因素。特别是以门市为主的销售、餐饮等服务业，店面的选择，往往是决定成败的关键。

1. 选址要考虑的因素

(1)考虑“地利、人和”。开店应“重地利、看人潮”，是零售业开店经营的传统。店铺的地理位置及其商业性质直接影响着经营业绩。开办连锁公司应建立选址标准，明确选址的基本条件。

(2)安全便利。安全性包括：顾客的安全，如店外的道路交通是否安全，店内的通道是否畅通；店铺的安全，如是否有健全的安全设施；商品的安全，如陈列商品是否会掉下来，店铺的布局是否有死角，是否装置监控系统等。

便利性包括：交通及停车，如店铺离车站远近，是否有停车场；能否满足一次性购物的需求，是否有公共卫生设施；出入口的设计是否便于顾客进出；商品包装、展示及收银作业是否有适当的操作空间；收银机的数量是否与顾客流量相适应等。

2. 经营场地的选择

(1)办公楼。不同类型的企业可以根据各自的具体情况选择不同大小、不同地段、不同楼层的办公场地。办公场地的大小应根据办公人员的多少、客户情况和部分产品的存放、陈列需要而定。办公场地应具备以下功能：满足工作人员办公、开会及客户接待等需要；文件及贵重物品存放的需要；部分产品存放、陈列需要等。地段主要应根据业务情况而定，如果业务遍及全市，则选择市中心区域为好，便于客户和业务员联系及送配货。楼层应根据产品而定，如果需经常搬运笨重或易碎物品，则选择低层为好。

（2）商场。如果开设专柜或者开专卖店、商店等，那就需要物色合适的商场柜台或店面。应根据产品的特点选择，如食品、日用消费品等易耗品，消费者购买频繁，宜选择居民区附近，特别是商业网点不发达的新建居民区；对于耐用消费品、贵重物品等单次消费金额大的产品，应选择地段好及商店、商场集中或声誉良好、知名度较高的商场和商厦为好，虽然物业价格较高但销量有保障。

（3）厂房。工厂位置的选择应根据产品特点、原料及产品运输、水电供应、废物排放、环保、消防、厂房质量、面积大小、地势高低等情况综合分析，全面评估，慎重考虑。

（4）仓库。仓库位置应根据产品特点、交通运输、库房质量、面积大小、地势高低、排水、消防等情况而定。

对从事餐饮、设计、咨询、培训类的微小企业，也可考虑选址在居民楼，以及各类单位的"门面房"。

3. 店铺设计

（1）注意形象。在感性消费时代，消费者往往凭直觉来评价店铺的好坏。因此，店铺形象是决定经营成败的一个非常重要的因素。店铺形象包括店面形象和店内形象。

店面形象。如，店名、店徽、招牌、外观装修、橱窗以及店面的色彩和照明等。

店内形象。如，经营商品品牌、卖场布局、陈列方法、店内顾客、售货员、店内设备及设施等。

（2）环境愉快舒适。其内容包括：店铺附近有无路灯及美化设施，店铺装修是否美观大方，是否冬暖夏凉，空气是否经常保持新鲜，等等。

（二）开业规划

开业规划主要安排开业的一些事情，在开业当天要引起客户的关注。因此，需要仔细考虑和规划。主要包括：媒体邀请，广告策划，邀请潜在客户、贵宾、地方官员、朋友、家属、亲戚、邻居及同业相关人员参加，餐点安排，摄影、促销活动等。俗话说："好的开始是成功的一半"，因此，一定不能小看这一环节。

第四节　大学生创业案例与评析

大学生成功创业的案例很多，当然，失败的案例也不少。虽然成功者是在不同领域取得了成功，但有一点是相同的，那就是当很多学生正在为找工作发愁时，他们却已经成为了老板。本节将介绍四个大学生创业的案例，三个成功者的案例，一个失败者的案例，希望大家能从他们的成功之中总结经验，从他们的失败中吸取教训，对大家即将开始的创业之路有所启发。

案例一

王振海是济南大学泉城学院2006级经济专业的学生，即将毕业的他还是山东大学和济南大学三家打印社的老板。“我之所以能在大学创业，可能因为一开始给别人打工不太顺心”。高二就考上大学的王振海自认有些随性，进大学第二个月，就在学校附近的餐馆当钟点工，1小时5元的收入让他很满意。

但干了一个月他就放弃了。“天已渐冷，刷盘子洗碗本来就很辛苦，可老板说话太刺激人。可能是自己性格的问题，受不了老板的训斥”。王振海说，“那时就在心里面告诉自己：我再也不给别人打工了！”

王振海的创业从夜市摆地摊开始。第一次进货，他就亏了本。“那一批货花了360元，全是耳钉、项链等小饰品，但我没经验，进价非常高，超过夜市平均价，最后只好赔钱卖，总共赔了100多元”。这次教训让王振海开始学会“价比三家”。济南西市场和老东门小商品批发市场是他的进货地，第二次进货，王振海连续跑了3天，掌握了每一家的价格。在一家饰品批发店，王振海正好赶上一个大姐进货，人家直接说：“拿货。”老板给她的就是最低价。“我呢，是去问最低价是多少，别人一听你就是外行。”王振海之后再和批发商问价，也学会了问：“拿货多少钱？”

一个星期进一次货，但平时只要白天没有课，他就去西市场、老东门这些小商品批发市场磨价，后来不仅能拿到市场最低价，他还和很多商户达成协议，卖不掉的可以在经营范围内随意调换其他商品。一开始他只摆饰品摊，后来又加上工艺品摊，再后来又加了服装摊。每天晚上3个小时，王振海在夜市一人看3个摊。

他说：“3个月的练摊经历，是我最自由也是最轻松的阶段。”后来济南市取缔夜市，他将积压的货全部送给了同学，用赚的钱买了一台高配置的台式电脑。“练摊完全是靠自己的努力，靠吆喝，靠口才，靠自己吃苦赚来的钱，真的不舍得花。”

到了大二，证券投资学课程又将王振海的视线吸引到股市。用练地摊的积蓄，加上向同学借的一点儿钱，2008年3月，王振海凑足了1万元入市资金，一头扎进了股市。

“上课时，老师在上面讲，我就在下面画K线图，研究股票走势，自认为不太重要的选修课、公共课，我都在底下炒股。那时候股市行情好，比较幸运，短短半年，翻了一番，好像点一下鼠标就能赚到钱。但我心里总是忐忑不安的，股票的涨和跌是影响我心情的唯一因素，其实并不怎么快乐。”王振海说。2008年国庆节前，他把股票全部抛出，之后就没再踏入股市一步。

“炒股赚钱和练摊赚钱的感觉不一样，炒股赚了后，我和同学出去玩，都是我请客，原来不舍得买的东西也都买了。到后来我在自动取款机上准备取款1000元，却提示余额不足时，我才知道钱已经花完了。”王振海说，赚来的1万元一个月就花完了，之后又开始花本金，半年时间内又花了5000元。

新学年马上要到了，王振海手中的钱却只够一半的学费。2009年7月的一天，暑假没回家的王振海想起自己学费还没着落，便喝了一次闷酒。回校时路过校内打印社，平时并不熟悉的店老板得知他在为学费发愁时，非常热心，表示愿意借给他5000元。王振海交上了学费，之后就经常去打印社帮忙。很短的时间，他就精通了打印社的业务。

恰巧此时店主要回老家，需要把手里3家打印店转让出去，自信敢闯的王振海瞅准了这个机会决定接手。一下子承包这3家打印店需要10万元的费用。王振海先在网上发布出租广告，很快以相对较高的价格把另两家位于山东大学的打印店转租，收来的租金交给了原来的老板，并承诺两个月后支付剩余的款项。

接手打印社后，每天早上6点，王振海就要起床去开店门，打扫卫生。打印社还能照标准相、代为冲洗相片，兼卖耳机、U盘、电话卡等。很快，他雇了两名大学生帮着看店，自己只是负责进货和设备维修，每月来算一次账，待在店里的时间并不长。

负债经营两个月后，王振海就将余款付清，从此拥有了3家打印店的所有权，成为一个名副其实的小老板。即将毕业的王振海准备将3家打印社转让出去筹备资金，与老家的一个酒厂谈区域经销权的合作。他说，如果谈判不成功，就准备找个工作，踏踏实实干上几年，磨炼一下自己过于随性的性格。

“如果你觉得无路可走的时候，就坐下来歇一歇，也许前方就会突然出现一条路。”他说。

（资料来源：http://info.china.alibaba.com/news/detail/v0-d1026440481.html）

评析：从这个案例当中可以看出王振海一开始就不愿意给别人打工，不满足自己的现状，想拥有自己的事业，这些因素激发出了他创业的原动力。王振海之所以创业能够成功，与其自身的各方面素质有很大关系。王振海自尊心较强，敢于尝试，并且善于总结失败教训，用心寻找经营窍门；善于沟通，能够说服经销商，为自己的经营创造有利条件；懂得珍惜劳动成果，善于学习，具有敏锐的市场洞察力；学习证券投资学课程之后立即把目标视线转移到股市，说明善于理论联系实际，学以致用，对风险具有较高的警惕性，善于用人和管理，人缘较好。

案例 二

胡启立是武汉科技学院电信学院应届本科毕业生，红安农村人。4年前，他借债上大学。在大学期间，他打工、创业，不仅还清了债务，为家里盖起了两层洋楼，自己还在武汉购房买车，拥有了自己的培训学校。

1. 从小收购土特产卖

胡启立1982年出生在红安县华河镇石咀村一个普通农家，父亲在当地矿上打工，母亲在田里忙活。

在胡启立3岁那年，父亲在矿上出事了，腿部严重骨折瘫痪在床，四处求医问药。3年后，父亲总算能下地走路了，可再也不能干重活累活。为给父亲看病，家里几乎家徒四壁。

胡启立的父亲不能下地干活，只得开了家小卖部，卖些日用品。胡启立小小年纪就经常跑进跑出“添乱又帮忙”，也正是因为这个原因，他从小就接触到了买和卖。

慢慢长大了，胡启立在商业方面开始显露才能。

在2002年，胡启立读高中，学习成绩还不错，正在读高一的弟弟辍学外出打工，给哥哥赚学费。胡启立心里不是滋味，心中暗暗发誓，一定要考上大学，让家里人过上好日子。

胡启立说，他从那时就开始规划自己的大学生活：大一好好学习，尽量多去学点东西；从大二开始，寻找机会挣钱，力争大学毕业的时候，自己能当上老板。

高考时，他本打算报考一所商学院，却遭到家人的反对，好在他对电子也有兴趣，最后选择了武汉科技学院电子信息工程专业。

2. 贴海报发现校园商机

2002年9月，胡启立带着对大学生活的憧憬，和从姑姑那借来的4000元学费，到武汉科技学院报到。

进校后，胡启立感觉大学生活比高中生活轻松多了，空闲时间也多，他利用这些空闲时间逛遍了武汉所有高校，也熟悉了武汉的环境，这为他的下一步创业打下了基础。

大学空余时间相对充裕，稍不注意就会养成懒散的习惯。胡启立是个闲不住的人，他决定提前走入社会，大一下学期就开始了自己的创业之路，比原定计划提前了半学期。

就在2003年春季一开学，胡启立开始给一所中介机构贴招生海报，这是他找到的第一份兼职工作，并且交了10元钱会费。

“贴一份0.20元，贴完了来结账。”中介递给他一沓海报和一瓶糨糊，胡启立美滋滋地开始往各大校园里跑。

“贴海报，看起来容易，其实很难做的。”胡启立没想到贴份海报，还要受人管，一些学校的保安轻则驱赶一下，严重的会辱骂甚至动手。

3天后，胡启立按规定将海报贴在了各个校园，结账获得25元报酬。同行的几人嫌少，都退出了，而胡启立却又领了一些海报，继续干起来。不过，他心里也开始在想别的门道了。

一次，他在中国地质大学附近贴海报时，看到一家更大的中介公司，就走了进去，在那里遇到一位姓王的年轻人。

王某是附近一所大学的大四学生，在学校网络中心搞勤工俭学。几个学生商量，能不能利用网络中心的电脑和师资，面向大学生搞电脑培训。网络中心同意了，但要求学生们自己去招生。

“只要你能招到生，我们就把整个网络中心的招生代理权交给你。”王某慷慨地说。胡启立想，发动自己在武汉的同学帮忙，招几个人应该是没问题，就满口应承下来。

做招生宣传要活动经费，胡启立没有经验，找几个要好的同学商量，结果大家都不知道要多少钱。有的说要5000元，有的说要2000元，最后胡启立向王某提出要1800元活动经费，没想到王某二话没说，就把钱给了他。

胡启立印海报，买糨糊，邀请几个同学去各个高校张贴，结果只花了600元钱，净落1200元。这是他挣到的第一笔钱。

尽管只花了600元钱，但招生效果还不错，一下子就招到了几十个人。然而，这些学生去学电脑时却遇到了麻烦，因为动静搞大了，学校知道了这个事情，叫停了网络中心的这个电脑培训班。胡启立几次跑到网络中心，都没办法解决这个事情。他无意间发现网络中心楼下有个培训班，也是搞电脑培训的，能不能把这些学生送到那去呢？

对方一听说有几十个学生要来学电脑，高兴坏了，提出给胡启立按人头提成，每人 200 元。非常意外地，胡启立一下子拿到了数千元钱。

3. 办培训学校，圆了老板梦

2005 年，“胡启立会招生”的传闻开始在关山一带业内传开了。一家大型电脑培训机构的负责人找胡启立商谈后，当即将整个招生权交给他。

随着这家培训机构一步步壮大，胡启立被吸纳成公司股东。但胡启立并不满足，他注册成立了自己的第一家公司——一家专门做校园商务的公司。

胡启立谈起成立第一家公司的目的：“校园是一个市场，很多人盯着这个市场，但他们不知道怎么进入。成立公司，就是想做这一块的业务，我叫它校园商务。”

同时，胡启立发现很多大学生通过中介公司找兼职，上当受骗的较多，就成立了一家勤工俭学中心，为大学生会员提供实实在在的岗位。他的勤工俭学中心影响越来越大，后来发展到 7 家连锁店。“高峰时，每个中心能有一万元左右的纯收入。”

在 2005 年下半年，由于业务越做越大，胡启立花 20 多万元买了一辆丰田花冠轿车，在校园和自己的各个勤工俭学点奔跑。后来，他又将丰田花冠换成 30 多万元的宝马 320。记者问他为何换名车，他说：“谈生意，好车有时候是一种身份证明吧。”

在给一些培训学校招生的过程中，胡启立结识了一家篮球培训学校的负责人，开始萌生涉足体育培训业务的念头。经过多次考察比较，2006 年年底，胡启立整体租赁汉阳一所中专校园，正式进军体育培训。当年招生 100 余人，今年的招生规模预计是 300 人。“以前都是为别人招生，这次总算是为自己招了。”

4. 师生眼里，他是个怪才

尽管现在成了校园里的创富明星，但胡启立一点也不张扬。

虽然在外面买了房子，但胡启立现在还和以前一样住在学生宿舍，吃食堂，而且他看上去和大多数同学差不多，只不过稍显得老成一些。

只是在学校很难见到他的人，用同学们的玩笑话来说：“谁要想见他，都要提前一个月预约。”他和同学关系都比较好，虽然经常不在学校，但是如果有消息的话，一般不出半天就会通知到他。

“他是个怪才，我们都很佩服他。”胡启立的同学裴振说。其实，班里对胡启立的看法，分成两派：一部分人十分羡慕他，大学还没毕业就能自己赚钱买车买房；另一部分人认为他虽然创业成功了，但学习没跟上，而且他现在从事的工作和专业没什么关系，等于放弃了自己的专业，怪可惜的。

胡启立在大学期间，学校也为他创业提供了帮助，从院长到老师，都为其创业和学习付出了许多心血。由于忙于创业，耽误了一些课程，学校了解他的特殊情况后，特事特办，按规定允许他部分课程缓考。

他认为在现在大学生就业形势整体不太好的前提下，大学生自主创业，不仅解决了自己的就业问题，做得好的话还可以为别人提供岗位。“但要是能兼顾学业就更好了。”

（资料来源：http://www.doc88.com/p-806573733550.html）

评析：胡启立并没有把家庭状况较差，缺乏资金等当作一种不利于自己发展的因素而抱怨，反而把这种沉重的压力化作有利于自己发展的动力。也正是因为家庭的背景，使其较早地接触到买卖，为其以后的创业之路积蓄了充足的精神能量。在中学时，他就发誓要改变家庭状况，让家里人过上好日子。胡启立同学计划性强，善于规划，在大二时就想力争到毕业时自己能当上老板，他善于观察，环境适应能力较强，能吃苦耐劳，善于思考，从问题中发现市场机会，注重外在形象，善于利用人际关系。

从胡启立创业感言——“但要是能兼顾学业就更好了”可以看出，大学生创业可能有得有失，“鱼”和“熊掌”的关系必须认真处理好。

案例 三

一个年轻人开拓出了一种叫作“小管家”的新家政商业模式。凭借新模式，这位创业者在北京，仅一个社区就年收入170万元。面对我国汹涌而来的社区经济，“小管家”铺就的是一条“沃尔玛”式的道路，一扇虚掩的财富大门正在徐徐打开……

张松江，出生于1978年，土生土长的北京人，如今是新理念保洁服务有限公司的总经理，公司注册商标为“小管家”。

尽管人们还都把他的公司称之为“家政公司”，但在张松江看来，他的“小管家”从开始就已经背离了传统家政。在极短的时间内，离经叛道使得“小管家”由穷困潦倒转而获取巨额利润，并因此搭建起一个面向未来的庞大商业帝国架构。对于传统的家政行业来说，“小管家”的成功模式所产生的影响很可能是颠覆式的。

创业出师不利

1999年，张松江在北京联合大学毕业，到择业时他才发现，自己怀里的一张大专毕业证书几乎没有任何用处。他与其他3个朋友商量，决定一起创业。

他在报纸看到一家美国品牌保洁公司招加盟商的广告。4个人就跑到那家公司去看——那写字楼里面简直可以用金碧辉煌来形容。在对方“专业”的讲解后，他们相信了“保洁市场利润空间无与伦比”。

于是，4个人立即凑了3.9万元加盟金，交给了那家公司。随即，对方给他们进行了为期两天的保洁清洗培训。

他们本来以为，像什么饭馆的招牌清洗、灯箱清洗、建筑物外墙清洗、大型油烟机清洗、中央空调清洗……商机无处不在。然而，等他们跑去谈生意时，却到处吃闭门羹，根本没人用他们。两个月过去了，他们没有找到一个客户。

最初筹集的钱花光了，大家只好每人再筹集了5000元。直到第四个月，终于等到了一位“大”客户。这位“大”客户是他们租住的那栋写字楼的经理。那位经理要求他们把这栋写字楼的地毯洗一遍。那些地毯的总面积超过3000平方米。为此，张松江报价为每平方米3元，也就是说，活干完了应该可以拿到9000元钱的报酬。

张松江领着员工大干了一场，可等他们干完了，那位经理只给了1500元钱，随后丢下一句：“就这么多，没钱了。”

碰壁次数多了，张松江渐渐明白了保洁行业到底是怎么一回事。在原来做培训的时候，那家“美国品牌”公司告诉他们，做保洁清洗，市场的价格绝不低于每平方米10元钱。但在现实中，市场行情是每平方米1元钱。不仅如此，如果没有人脉关系，就算凭1元钱的低价钱你也休想拿下一个仅有微薄利润的保洁工程。

一则广告触发灵感

张松江郁闷到了极点，从不对家人诉苦的他，最后还是将创业的烦恼告诉了父亲。望着创业遇到挫折的孩子，父亲平静地说：“没有关系，钱的事不用担心，我给你筹。”

父亲的话给了张松江莫大的安慰。当晚，张松江躺在床上，翻来覆去睡不着觉。他打开灯，随手翻开一张报纸。翻着翻着，报纸上一则广告吸引了他。那则广告说，北京的SOHO现代城推出了可移动墙壁的房屋。

可移动的墙壁——所有开发商都把墙壁做成死的，他们却做成活的。这墙活了，他们生意不就活了吗？别人的生意这样，我呢？要想有利润就得有别人没有的东西，就得把大家都认为是不能改变的固定思维模式打破。思维的闸门一旦打开，张松江再也抑制不住自己。他想到了由户外转向户内。

虽然户内保洁也有人做，但是现在的户内保洁太没有特点了。像

SOHO现代城这样的高档社区，肯定需要一种更高档次的服务。麦当劳、肯德基走遍全球，凭的不就是一个严格的操作规程与标准嘛！对于保洁来说，这个标准应该是对卧室、卫生间、厨房等不同性质房屋进行分类，然后确定不同的服务标准。

越想越兴奋，他把自己的想法、计划都写在了纸上。

从第二天开始的十几天时间里，他进一步完善方案，然后鼓起勇气去找SOHO现代城中海物业公司的经理。那位将近50岁、有着丰富经验的物业经理被眼前的年轻人打动了。

他说："每天来这里要求做我们清洗业务的人多了，但是没有一个人能够提出你这样的想法。这里的活，我交给你了。"这时，父亲筹到的10万元钱也交到了张松江手里。他把几个朋友一起合伙参股的钱退掉，然后自己注册了新理念保洁服务有限公司。在SOHO现代城的地下室里开始了新的旅程。

那段日子是极为艰苦的。地下室的潮湿程度达到了早晨放一只公文包，晚上拿走的时候都会从上面往下滴水。没有椅子，他们就坐在地上，每天跟民工一样吃2.8元一份的盒饭。

好在没过多久，就有一位客户提出要他们去家里做地板打蜡，没有做过地板打蜡的张松江竟然大着胆子答应了。等到了客户家里，面对地板，张松江和自己的员工面面相觑：怎么办？

虽然张松江有着种种超前设计，但是对这户内具体的活完全不懂。张松江一想，这打蜡应该和擦地一个道理，于是就把地板蜡放到擦地机里，挨着屋子擦。在地板湿的时候，地面确实很光亮。可是等地板一干，张松江傻眼了：原来的地面只是不光亮而已，而现在不仅依旧不光亮，而且还用擦地机擦出了一圈圈白乎乎的擦痕，简直不成样子。无奈之下，张松江当晚找到做过打蜡的朋友，来了个现学现卖。第二天一早，张松江立即带着员工来到客户家，给客户认认真真地把地板重新打好。等客户回来看到光亮的地板时，非常满意，付给了他们800元钱。

钱赚到了，但张松江却非常难过。这样的服务离自己的要求差得太远了。别说特色，连最基础的东西都做不好，这怎么能有前途呢？

张松江找到SOHO现代城的经理，提出了一个要求，那就是给现代城一些已经装修好但是还没有出租的房间进行免费保洁打蜡。这是任何一位经理都乐于接受的好事情。但是，对于张松江来说，这太重要了。他要通过为这些房间保洁磨炼自己员工的技术，研究一套有自己特点的操作规程与操作技巧。

工夫不负有心人，通过与员工对一间间房屋、一个个细节部分的实践、记录与推敲，张松江总结出了自己的一套针对不同房间的工作程序和工作标准，在技术上也取得了飞跃。

以地板打蜡来说，他将擦玻璃的方法移植到了地板上，而且在工具、使用方法上都做了重大改进。因此，他们擦地板比传统打蜡法多花一倍的时间，但是擦出来的效果却让人感觉比传统打蜡服务高出几个档次。

就这样，张松江第一个月就赚到了 3 万元钱，开始打开了局面。靠着自己的坚毅和勤奋，他一步步地接近了自己的目标，实现了飞跃，完成了很多人梦寐以求的事。

（资料来源：http://zhidao.baidu.com/question/91516450.html）

评析：张松江是在找工作压力的逼迫下开始走向创业之路的。在“专业”人员的引导之下，对保洁项目的利润、前景充满了信心，但等到他亲自去做时却事与愿违。创业的道路上更多的是挫折，是困惑，创业的梦想并不是那么容易实现。但张松江善于思考，思路开阔，从一则广告中找到了创业的突破口。在创业的过程中，他能吃苦耐劳，积极进取，坚持不懈，并且有家庭的大力支持，最终成就了他的创业梦想。

案例 四

西安理工大学 2007 届毕业生小黄曾参加了陕西市政府举行的全市落实创业政策恳谈会。

会上，他一道出自己想建立一个大学生求职网站的想法就得到了市长陈宝根的赞赏和支持。在市长的鼓励下，这个充满了创业激情的小伙子迅速完善了先前酝酿许久的创业计划书、架构起未来网站的基本框架。

但一个绕不开的问题是，由于自己并不会写电脑程序，网站的建立必须由专业的技术人员来完成，这名技术核心人物在哪里？苦苦找寻数月无果，小黄只好暂时收起创业梦想，先找份工作，给别人打工。“对创业条件分析不足，这是我最大的失败。”小黄这样总结自己失败的起步。

大学最后一学期，迎接小黄的是一场接一场的招聘会、一次又一次的失望而归。“我们不停地奔波于各种招聘会，在海量的招聘信息里想要找到一个适合自己的企业却很难。”在与企业的接触中，小黄了解到企业也存在类似的烦恼。因为缺乏对学生的了解，企业仅通过一次招聘会或一次简单的面试签订用人协议，事后却发现招聘来的员工并不适合这份工作，为此浪费了大量人力物力。于是，他萌发出这样一个想法——办一个不同寻常的求职网站。

小黄介绍说，在网站中，他将为企业和大学生搭建起一个长期稳定的接触平台，只要大学生和企业登录注册，双方就可以通过这个平台相互了解。企业甚至可以跟踪大学生在校期间的各方面表现，决定毕业时是否录用。接下来的几个月，小黄开始了广泛的市场调研。他登门 20 多家企业，与人力资源管理部门负责人沟通了这一想法，网站的特色服务内容得到 70%的人的肯定。“我会用两到三年的时间向外界推广网站，吸纳大学生和企业登录，并向企业收取一部分会员费。三年后，点击量有了一定提升，广告将成为网站盈利的又一渠道。未来，在继续完善网站服务内容的基础上，推出一系列连带产品，我相信这会有更大的发展前景。”实际上，小黄已明确了网站的盈利模式。至于网站的长远规划，小黄表示他已制订了相应的计划。尽管制订了自己的创业计划、确立了盈利模式、进行了市场调研，也得到了父母兄长的资金支持，但小黄却忽视了创业最为关键的因素之一——组建得力的团队。

“刚开始我以为这不是问题，懂程序的人多，肯定能吸引到这样的人。”直到制订创业计划的后期，小黄才向身边好友发布信息，结果只找到一个做网站的高中好友。“人太少了，编好这个网站的程序至少要两年”，小黄说，目前高校内具备这方面技术的人太少，而有丰富经验和能力的人却不愿意放弃工作跟他一起创业，好比没有左膀右臂。小黄孤军奋战的结果只能是退下阵来。“合理的创业方案、资金和团队是创业的三大要素，缺一不可，之前我却没有认识到这一点”。小黄感到有些后悔。他说，如果当初有人能给他指导和提醒，或许就不会出现这样的错误，“学校应该开设创业指导选修课，给有创业想法的大学生一定的指引”。

目前，小黄暂时放下了自己的创业计划，开始忙于找工作。“等有了几年工作经验，我还会继续完成创业梦想。这几年，我会构建自己的生活圈，寻找创业的最佳团队”。

(资料来源：http://wenku.baidu.com/view/c8d4eb1dc5da50e2524d7f83.html)

评析：小黄是一个善于思考、善于发现市场机会的人，他的两个想法都非常好。第一个创业想法得到了市长的赞赏和支持，第二个想法获得了 70%的企业人力资源管理部门的肯定。但他对自己是否有能力做好一个项目并没有冷静的思考，缺少对自己现有资源的评估，不能立足实际，对创业的基本知识比如团队的建设了解较少。

创业者在创业之前对自己要有一个明确的定位，既包括对拟定创业项目的定位，也包括对自己能力的定位，还要对自己拥有的资源进行客观评估。

阅读材料

三名大学生的创业故事：梦想从外卖开始

大学生创业网讯，二十出头的庞家民正是青春张扬的年纪，当别人都在体育场上打篮球的时候，在放学路上与同伴说笑的时候，而他却要和他的搭档或是忙碌在闷热的厨房里配餐，或是骑着电动车匆匆忙忙地去送外卖。

2013 年 4 月 15 日，阳光明媚，微风吹拂，记者来到西宁市城西区虎台三巷走访了大学生创业的小康外卖。下午 3 点多正是餐馆清闲的时候，记者来到小康外卖时，依然看到庞家民和苏路忙碌的身影，他们正在从卡车上卸载蔬菜。

创办小康外卖的是三个大学生。庞家民，25 岁，2012 年毕业于青海师大体育教育专业，乐观、随和，是一个阳光大男孩；苏路，现就读于青海师范大学，体育教育训练学硕士，很高，很瘦，很腼腆；李月，青海师大体育运动训练专业，大四学生，现在实习，也是他提出了经营小康外卖这一设想。

只要热爱就会有动力

据了解，小康外卖是这三名大学生于 2012 年 11 月开始运营的。经过一年的精心经营，目前小店已小有规模。“我们 3 个是老乡，并且都是校友，去年毕业后，没有找到合适的工作，经过商量，三个人觉得开一家外卖店会实现自己的梦想”，庞家民笑着说。

面对严峻的就业压力，通过创业寻找生活的方向是一种独辟蹊径的方式。可对于刚毕业的大学生来说，刚开始没有经验，也没有资金，即使有一个很好的想法但最终大多都是不了了之。但也有人说，只要热爱，只要坚持，就会有源源不断的动力。小康外卖就是在这样三个热情洋溢的大学生的坚持下热热闹闹地开起来了。

小康外卖，店面只有 20 多平方米，一扇隔窗将厨房和配餐室分成两间。一进门的地方是配餐室，左边摆放着一张用来办公的小桌子，再往里整齐地堆放着各种新鲜蔬菜，右边是配餐灶具。虽有些拥挤，但这小小的房子支撑起了三个年轻人最初的梦想。

“刚开始家人就希望我去当老师，找一份稳定的体面的工作。不过我的家人还是很开明，他们很支持我的想法。”小康说，“刚开始，我们每个人向家里要了 2 万，用这些钱置办起来各种用具”。

当时，小康他们也想过贷款，但是由于各种原因一直没能实现。但是在前几日的采访中了解到，小康告诉记者，他们的店名已经更改了，很快就会办理新的营业执照，并且今年他们再次向创业园申请了贷款，很快就能到。

“所有的材料都是我们亲自去二手市场去购买，再自己改装利用。我现在都能清楚地记得这些家具是从哪里买来的。专门制作牌匾的地方一问需要3000元，我愣了一下，想着用钱的地方还很多，必须要节省，就自己找材料做，最后花了400，省下的钱就可以用到必要的地方”。说起刚开始的创业，庞家民满脸的喜悦和忧伤。

记者在采访中了解到，去年刚开业的时候，由于资金短缺，小康外卖请不起师傅，而小李的爷爷以前做过厨师，在了解到孙子在青海西宁创业时，就千里迢迢来到西宁帮助他们。“我们真的很感激，在最困难的时候，小李的爷爷来帮助了我们”，庞家民说。

一心做好一件事

俗话说得好，“只要天天下田，没有不收成的庄稼”。通过近一年的坚持，现在，小康外卖已经进入了一个稳定发展的阶段。他们的顾客群体主要就来自青海师范大学、青海师大附中、西建中英文学校、虎台中学、湟川二分校以及海湖新区、海晏路、冷湖路、西关大街、盐湖巷、五四大街、西川南路以及附近的网络会所、茶艺和宾馆。

“大家反映都很好，特别是上班族，经常没有时间，我们的服务正好可以弥补他们饮食不规律的问题”，庞家民说。

“现在关键还是资金有限，有时候也觉得压力大，没有资金我就没法扩大规模，偶尔会抱怨一下，但是我们不会放弃，我们以后还要做出品牌，开办连锁店，有可能的话还要进入其他的领域”，庞家民告诉记者。

目前，小康外卖从最初的6个菜，现在新增到12个，并且每天都送一个汤，在每周三配送水果，他们不仅要做到实惠顾客，同时要保证顾客的营养搭配。这样给顾客增值的感觉在一定程度上吸引了很多的学生群体。目前，小康外卖还在积极尝试与周围的其他行业合作，并每周制作海报进行宣传，多形式、多元化地开拓市场。“我们要做的是长远的事业，所以，现在就必须把基础打好”，庞家民说。

“我只要到附近的理发店、奶茶店、附近的网络会所进行消费，就可以得到一张一元的代金券，尽管只是一元，四年下来就会积累不少”，青海师范大学化学系的小杨说。

据了解，这种合作是小康外卖和理发店、奶茶店、附近的网络会所各承担五角，这样对双方都是一种促进，实现互惠互利。

庞家民他们每天都会整理营业额并与其他的日期进行对照、分析，再找出问题，制订更好的计划。当然，在送外卖的过程中，尽管自己很努力，但偶尔也会遇到一些为难的事情。据了解，他们一天平均会接触200多个客户，什么脾气的顾客都会遇到。大多数老顾客都特别体谅，但是送餐时间太集中，正好又是交通高峰期，难免有人会抱怨等太久，甚至会骂或者退餐。“一笑而过，遇到各种情况我们都要这样提醒自己，继续做好接下来的工作，现在脸皮都增厚了”，庞家民笑着对记者说。

当问到以后有什么打算时，庞家民很坚定地告诉记者：“我会坚持的，人这一辈子，一心做好一件事比什么都重要。现在我们还不敢盲目扩大规模，但是只要努力，我相信我们的外卖会做得越来越好，越来越大。”

〔资料来源：大学生创业网（http://www.studentboss.com/html/news/2013-04-17/131313.htm）〕

练习与思考

1. 选择创业项目需要考虑的主要因素有哪些？
2. 选择投资项目的原则有哪些？
3. 创业计划书一般包括哪些内容？
4. 筹集创业资金的渠道有哪些？
5. 搜集自己身边大学生创业成败的案例，并分析原因。

参考文献

[1] 张晓梅：《创业管理》，北京：高等教育出版社，2011。
[2] 倪峰：《创新创业概论》，北京：高等教育出版社，2012。
[3] 骆守俭：《创业精神导论》，北京：高等教育出版社，2012。
[4] 邓顺国：《网上创业》，北京：高等教育出版社，2008。
[5] 白静、陶韶菁：《赢在“挑战杯”》，北京：清华大学出版社，2009。
[6] 刘猛：《大学生就业与创业指导》，北京：中央民族大学出版社，2011。
[7] 陈德人、吴吉义：《大学生网络创业》，北京：高等教育出版社，2011。
[8] 吴从娟、许强：《就业与创业指导》，北京：化学工业出版社，2011。
[9] 付鹏：《创业综合培训教材》，北京：科学技术文献出版社，2011。

附　录

大学生就业指导服务相关网站

1. 教育部（全国大学生就业公共服务立体化平台）
   http：//www. ncss. org. cn
2. 全国大学生就业一站式服务系统
   （请从校园就业信息网“大学生就业一站式服务系统”登录）
3. 中国（教育部）留学服务中心——中国留学网
   http：//www. cscse. edu. cn
4. 人力资源和社会保障部
   http：//www. mohrss. gov. cn
5. 人力资源和社会保障部职业技能鉴定中心
   http：//www. cettic. gov. cn
6. 国家职业资格证书全国联网查询网
   http：//zscx. nvq. net. cn
7. 卓博人才网
   http：//www. jobcn. com
8. 中国就业网
   http：//www. chinajob. gov. cn
9. 中国国家人才网
   http：//www. newjobs. com. cn
10. 21世纪人才网
    http：//www. 21cnhr. gov. cn
11. 中国大学生就业在线
    http：//www. 100hr. com. cn

12. 应届毕业生求职网
http://www.yjbys.com
13. 中国创业网
http://www.ccyw.org.cn
14. 创业教育网
http://www.kab.org.cn
15. 大学生创业网
http://www.studentboss.com
16. 中国中小企业信息网
http://www.sme.gov.cn
17. 中国简历网
http://www.5520.org
18. 一苇网(职业测评)
http://www.yiiway.com
19. 大学生职业规划网
http://www.baijun.org
20. 国家公务员考试网
http://www.gwyks.com
21. 大学生村官网
http://www.54cunguan.cn
22. 大学生志愿服务西部计划
http://xibu.youth.cn
23. 考研论坛
http://bbs.kaoyan.com
24. 自考 365
http://www.zikao365.com